KB088497

삼각관계로 바라보는 국제정치

세계정치 36

삼각관계로 바라보는 국제정치

발행인 서울대학교 국제문제연구소
주소 서울시 관악구 관악로 1(220동 504호)
전화 02-880-6311
팩스 02-872-4115
전자우편 ciscis@snu.ac.kr

2022년 5월 11일 초판 1쇄 찍음
2022년 5월 19일 초판 1쇄 펴냄

지은이 정성철, 김종학, 김태형, 최규빈, 김보미, 박재적, 천자현
기획 서울대학교 국제문제연구소
책임편집 정성철

편집 김천희
디자인 김진운
마케팅 최민규
펴낸곳 (주)사회평론아카데미
펴낸이 고하영
등록번호 2013-000247(2013년 8월 23일)
전화 02-326-1545   팩스 02-326-1626
주소 서울시 마포구 월드컵북로6길 56
이메일 academy@sapyoung.com   홈페이지 www.sapyoung.com

세계정치 36

삼각관계로 바라보는 국제정치

서울대학교 국제문제연구소 편
정성철 책임편집

사회평론아카데미

* 이 저서는 2022년도 서울대학교 발전기금 국제문제연구소 출판지원금에 의해서 수행된 연구 결과물임.

서문

삼각관계로 바라보는 국제정치

"정책에 대한 입장은 그 사람의 자리에 달렸다(Where you stand depends on where you sit)." 정책결정과정에서 참여자들의 정책에 대한 입장이 그들의 조직에 따라 좌우되는 경향을 지적한 마일즈 법칙(Miles' law)이다. 이는 국제정치학 연구내용과 분석수준의 관계를 연상시킨다. 어떠한 분석수준을 취하는지에 따라 연구의 관점과 범위가 결정되기 마련이다. 등산과 유사하다. 막 산을 들어선 후 바라볼 수 있는 풍경은 집 몇 채와 사람들의 배열이다. 중턱에 오르고 나면 비로소 한 마을 전체가 보이지만 차량과 사람의 세세한 움직임을 관찰하기 어렵다. 정상에서 바라보는 풍경은 산줄기와 하천의 흐름을 담고 있는 반면에 건물과 도로의 모습은 어렴풋하다. 산의 어디쯤 머물러 앉았는지에 따라 볼 수 있는 것과 그렇지 못한 것이 결정되는 것이다. 모든 것을 관찰할 수 있는 명당은 존재하지 않는다. 자신이 보고픈 풍경이 있다면 그에 맞추어 발걸음을 옮겨야 한다.

그동안 국제정치학에서 분석수준에 대한 논의는 중요했다. 어떠한 분석수준을 바라보는지에 따라 국제정치연구와 외교정책연구를 구분했기 때문이다. 널리 알려진 대로 월츠(Kenneth Waltz)는 체제수준의 결과를 다루는 국제정치학이 국가수준의 외교정책을 공부하는 외교정책연구와 차별화된다고 보았다.[1] 나아가 그는 체제수준의 결과를 설명하기 위한 독립변수도 체제수준에서 찾을 것을 제안하며 국가와 개인의 속성을 통해 국제정치를 이해하는 설명은 불완전하다고 주장했다. 부분을 통해 전체를 설명할 수 없다는 논리이다. 이러한 월츠의 주장을 불편해하는 이들이 많았다. 특히 주요국의 외교정책이 국제정치를 추동하는 핵심이라고 볼 때 월츠의 주장은 수용 불가였다. 미국의 외교에 대한 이해 없이 제2차 대전 이후 국제정치를 설명할 수 없다는 입장이다. 흥미롭게도 월츠의 세력균형론을 활용하여 각국의 외교정책을 설명하는 작업들은 널리 지속되었다.

이러한 논쟁을 배경으로 국제정치학은 국제체제와 양국관계에서 발생하는 현상을 설명하고자 노력했다. 글로벌/지역 수준의 국제정치의 안정성을 논하거나 두 국가 수준의 무력충돌 혹은 경제협력을 설명하는 작업들이 대표적이다. 미소 중심의 양극체제 속에서 제3차 대전을 맞이할지에 대한 우려는 국제체제의 극성에 따른 안정성 연구를 낳았다. 소련의 붕괴 이후 미국 중심의 세계질서가 확장되자 두 민주국이 펼치는 협력의 원인과 결과에 대한 연구가 본격화되었으며, 중국이 명실상부 제2의 경제대국으로 부상하자 미중 세력전이의 여부와 결과를 예상하는 작업이 활발해졌다. 2000년대 이후 국제체제와 양자관계에 대한 연구는 지위와 위계성, 패권과 국제질서, 상호인식과 정치제도 등의 다양한 개념과 이론을 발전시키면서 탈(脫)단극체제의 미래와 결과에 대한 논의

---

1   Kenneth N. Waltz, *Theory of International Politics* (Reading: Addison-Wesley, 1979).

를 진행하고 있다.

이러한 주류 국제정치학의 연구경향과 별도로 일련의 연구자들은 국제정치 속 삼각관계를 주목하였다. 무엇보다 냉전기 미국-소련-중국의 삼각관계에 대한 학술적·정책적 관심은 높았다. 국내 학계에서도 한국-미국-일본, 북한-중국-소련 삼각관계에 대한 외교사 연구는 꾸준히 지속되었다. 다만 삼자수준의 국제정치에 대한 이론화 작업은 상대적으로 빈약했다. 소수의 학자들이 삼자 간 전략적 상호작용이 일어나는 삼각관계의 중요성과 유용성에 주목하였다. 대표적으로 저비스(Robert Jervis)는 삼각관계 속 행위자는 서로 직접적 영향뿐 아니라 간접적이고 지체된 영향을 행사한다고 지적하였다.[2] A가 B한테 한 행동이 결국 C에게 영향을 준다. A-B 관계가 변하면, A-C, B-C 관계도 시간의 흐름 속에 일정한 영향을 받는다. 세 행위자 중 하나를 제외하고 양자만을 관찰한다면 그 분석은 한계에 직면할 수밖에 없다. 중소 분쟁이 미중 데탕트와 미소 데탕트를 순차적으로 부추긴 역사를 상기해볼 수 있다.

한편, 네트워크의 관점에서 삼각·사각관계에 대한 연구도 지속되고 있다. 어떠한 관계망이 존재하는지에 따라 각 행위자의 역할과 영향력이 좌우되고, 양자관계도 연동되어 변화한다는 설명이다. 이즈미카와(Yashuiro Izumikawa)는 냉전기 동아시아 중심축-바퀴살 동맹체제를 미국-일본-한국-대만의 네트워크 관점에서 설명했다.[3] 그에 따르면 유럽식 다자안보협력이 동아시아에 등

2   Robert Jervis, *System Effects: Complexity in Political and Social Life* (Princeton: Princeton University Press, 1997).

3   Yashuhiro Izumikawa, "Network Connections and the Emergence of the

장하지 않은 이유는 단순히 미국이 선호하지 않았거나 아시아 정체성이 존재하지 않기 때문이 아니다. 냉전 전반기를 살펴보면, 미국이 아시아 주요 동맹들과 맺은 양자관계는 아시아 국가들 간 양자관계와 서로 영향을 주고받는 과정 속에 "의도치 않은 결과(unintended consequence)"로 아시아 고유의 동맹망을 창출하였다. 이렇듯 네트워크 관점에서 국제체제와 양자관계의 변화와 지속을 분석하는 연구는 꾸준히 증가하는 추세이다.

본 세계정치 특집호는 국제정치 속 삼각관계의 이론화 필요성에 공감한 연구자들이 실시한 이론적·경험적 연구를 담고 있다. 현재까지 진행된 삼각관계 연구의 핵심내용과 연구동향을 점검하고 19세기부터 현재에 이르는 주요 삼각관계 사례들을 면밀히 검토하고 있다. 특히 다양한 삼각관계의 등장과 연동을 살펴보는 작업들은 체제효과와 네트워크 관점에서 진행된 삼각관계 이론화의 적실성과 유용성을 검토할 수 있는 기회를 제공한다. 한미일, 한중일, 남북미 등 다양한 삼각관계에 대한 정책적 관심에 비하여 미진했던 삼각관계에 대한 심층적인 이해를 요구하는 목소리에 대한 화답인 셈이다. 각 장의 주요 내용은 아래와 같다.

제1장 "삼각관계 국제정치의 이론화 모색"(정성철)은 삼각관계 국제정치에 대한 이론적 논의를 검토하고 향후 연구주제를 제시하고 있다. 그동안 국제정치의 삼자수준에 관심은 지속되었으며 국제체제의 하나로 삼각관계를 채택하는 시도도 존재했다. 삼각관

Hub-and-Spokes Alliance System in East Asia," *International Security* 45, 2 (2020).

계는 세 양자관계의 성격에 따라 네 가지 유형—"삼각 협력", "위협-동맹", "중추-날개", "삼각 갈등"—으로 나눌 수 있다. 거대한 동맹망의 중심인 미국이 21세기에 들어서 중국과 러시아와 숙적관계를 맺으면서 다수의 삼각관계가 증가하고 있는 추세이다. 향후 삼각관계의 변화, 즉 삼각관계 내 양자관계의 연쇄적 변화와 삼각관계 유형 자체의 전환에 대한 체계적 이해와 더불어 복수의 삼각관계의 중첩과 연동, 중추 국가의 등장과 역할 등에 대한 체계적 연구와 심화된 분석이 요구된다.

제2장 "삼각관계 체계이론으로 본 근대 한·중·일 관계의 전개(1871-1907)"(김종학)는 근대 동아시아 조·청·일 삼각관계의 성립과 전환을 추적한다. 청일수호조규(1871)와 조일수호조규(1876)로 청과 일본, 조선과 일본은 근대적 국제관계를 수립하였지만 조선과 청 사이에는 의례적 사대관계가 유지되면서 모순적 삼각관계가 등장하였다. 결국 일본이 청일전쟁에서 승리하자 기존의 조청일 삼각관계는 일본 우위의 삼각관계로 전환되는 동시에 글로벌 차원의 영러일 삼각관계와 연동되는 변화를 겪었다. 19세기 말에서 20세기 초 동아시아 삼각관계는 조선에 대한 영향력과 우월한 지위를 둘러싼 청국과 일본의 경쟁을 중심으로 펼쳐졌다. 이러한 양국 경쟁은 조러밀약과 거문도사건 등에서 나타나듯 글로벌 차원의 영러 경쟁과 밀접히 연계된 채 진행되는 특징을 선보였다.

제3장 "인도-파키스탄 숙적관계(rivalry)와 파키스탄-미국의 불안정한 동맹"(김태형)은 제3차 인도-파키스탄 전쟁(1971)을 인도-파키스탄-미국의 삼각관계를 통하여 살펴본다. 닉슨 행정부는 파키스탄과의 돈독한 관계를 활용하여 중국과의 관계 개선을 이루

었지만, 파키스탄의 인권유린과 인도의 소련 접근을 완전히 무시할 수 없는 상황에 처하였다. 미국의 기울어진 입장에도 불구하고 파키스탄은 방글라데시의 독립을 막지 못하였고 안보적 위협을 느끼며 핵개발의 경로에 진입하였다. 1970년대 인도-파키스탄 숙적 관계와 미국-파키스탄 동맹관계는 일종의 전략적 삼각관계를 낳았으며, 강대국 소련과 중국은 이들 국가들에게 직간접적 영향을 행사하며 글로벌 수준과 지역 수준의 국제정치가 연동되는 동학을 창출했다.

제4장 "중국-베트남-소련 삼각관계의 형성과 와해—두 전선의 전쟁, 1978-1979"(최규빈)는 베트남의 캄보디아 침공(1978)과 중국-베트남전쟁(1979)을 삼각관계의 관점에서 분석한다. 베트남전쟁 이후 인도차이나반도에서 영향력을 행사하려는 베트남과 이를 경계한 중국을 중심으로 두 개의 삼각관계(베트남-중국-캄보디아, 베트남-중국-소련)가 연동하여 작동했음을 밝히고 있다. 중국은 캄보디아를 후원하면서 베트남의 팽창을 억제하고자 하였고, 베트남은 소련에 기운 대외전략을 채택하면서 중국의 영향력을 줄이고자 하였다. 베트남전에서 미국에 맞섰던 두 혈맹국이 돌연 적대적 관계 속에 전쟁을 치른 원인에는 인도차이나 영향력을 둘러싼 치열한 경쟁과 제3의 역내외 세력들이 존재하였던 것이다.

제5장 "냉전의 종식과 핵보유국의 태동—중·러가 북한의 핵 프로그램에 미친 영향(1980-1994)"(김보미)은 북중러 삼각관계를 배경으로 이루어진 북한의 핵개발을 추적한다. 1980년대 북한은 소련이 원자력 발전소 건설을 대가로 NPT 가입을 제안하자 받아들였다. 하지만 소련과 중국이 각각 남한과 수교를 맺고 동맹을 약

화시키자 북한은 1993년 NPT 탈퇴를 선언하며 핵위기를 고조시켰다. 클린턴 행정부는 북한의 핵시설에 대한 예방타격을 검토하였으나 북한의 반격에 따른 한국과 일본의 피해, 중국과 러시아의 참전 가능성 등을 고려하여 무력 사용을 포기하였다. 느슨한 동맹으로 북한은 핵무기 개발을 선택했지만, 그러한 동맹의 존재는 미국의 북한 핵시설 공격을 자제하게 만드는 주요 요인의 하나로 작용했던 것이다.

제6장 "인도·태평양 지역 미국 주도 삼자 안보협력과 삼각관계"(박재적)는 안보 삼자주의를 활용한 미국의 동맹전략을 주목한다. 다자주의와 비교하여 삼국 간 소다자주의는 보다 유연하고 효율적 협력을 창출한다고 평가받는다. 실제로 2000년대부터 미국-일본-호주, 미국-일본-인도 삼자협력은 폭넓게 진행되면서 쿼드(Quad) 안보협력의 기초를 제공하고 있다. 최근에는 한국-미국-호주, 미국-일본-영국과 같은 삼자협력이 활발해지고 있으며, 작년 9월 미국-호주-영국은 오커스(AUKUS) 삼자동맹을 출범하기에 이르렀다. 이러한 삼자협력을 중국은 자국을 봉쇄하려는 미국의 전략으로 경계하고 있지만, 아시아 국가들은 소다자협력을 기반으로 다양한 양자관계—일본-호주, 일본-인도, 호주-인도 등—를 강화·확대하면서 역내 질서를 건축하고 있다.

제7장 "역사적 기억과 한·미·일 삼각관계의 변화"(천자현)는 한미일 삼각관계에 대한 기존 연구를 비판적으로 검토하면서 한미동맹과 미일동맹의 "병렬적 협력" 모델을 제시한다. 차(Victor Cha)는 냉전기 한미일 삼각관계 연구에서 미국의 아시아 동맹정책에 따라 한일관계가 좌우되는 동학을 제시하였다. 하지만 2017년

자국우선주의를 내세운 트럼프 행정부가 출범하면서 미국의 동맹들은 긴장하였지만 한일관계는 급속히 악화되면서 우려를 자아냈다. 이는 역사적 기억이 시간이 지나면서 반드시 약화되는 것은 아니며 한일관계가 일정한 자율성을 지닌 채 부침을 겪어왔음을 반증한다. 삼각관계에서 힘의 위계에 따라 세 양자관계가 상이한 영향력을 행사한다는 현실주의 접근은 일정한 한계를 내포한다. 기억과 정체성, 국내정치와 같은 비물질적 요인들 역시 삼각관계의 동학을 이끄는 중요한 요인이다.

위 6편의 사례연구들은 삼각관계의 관점에서 국제정치의 핵심 주제―전쟁(2장, 3장, 4장), 핵무기(5장), 동맹(6장, 7장)―를 다루고 있다. 아시아가 근대국제질서에 편입한 이래 주요 전쟁의 발발과 핵무기 개발, 동맹의 형성과 부침의 주요 배경에 삼각관계가 존재했음을 알려준다. 이러한 삼각관계의 변화와 전환은 단순히 권력 배분에 따른 결과가 아니라 지도자의 전략적 판단, 사회세력의 선호와 영향, 국제환경의 변화에 따른 것으로 확인된다. 한편, 글로벌 차원과 지역 차원의 두 삼각관계가 상호 연동되어 작동하는 역사적 사례와 인도태평양 동맹망에서 양자·삼자·사자 협력이 상승작용하는 21세기 현실은 국제정치의 위계성과 역동성을 보여준다. 역사 속 강대국의 전장이었던 슬픈 한반도를 기억하는 이들에게 삼각관계 국제정치의 중요성은 명확하다. 이번 세계정치 특집호가 그러한 삼각관계를 이해하는 또 하나의 디딤돌이 되기를 바란다.

2022년 3월
정성철

차례

세부 차례

제1장

삼각관계 국제정치의 이론화 모색

Theorizing Triangular Relations in International Politics

정성철 | 명지대학교 정치외교학과

이 글은 국제정치의 삼자수준에 주목한 기존 연구를 검토하고 삼각관계의 유형, 부상, 변환을 논한다. 그동안 국제관계이론의 발전은 체제수준에 대한 이해를 바탕으로 진행되었으며, 최근에는 상이한 분석수준들을 결합하려는 시도들이 존재한다. 과거 삼자수준 분석들은 양자 · 체제 수준의 접근이 제기한 의문을 해소하는 역할을 감당했으며, 삼각관계를 가장 단순한 국제체제로 바라보는 연구도 존재하였다. 삼자수준의 상호작용은 세 양자관계의 협력(동맹)과 갈등(숙적)을 통해 발생하므로 총 네 가지 삼각관계의 유형을 상정할 수 있다. 20세기 중반부터 동맹을 맺은 양자관계가 급속히 증가하였고 2000년대 이후 미중 및 미러 숙적관계가 재부상하자 다양한 삼각관계의 중요성이 주목받고 있다. 향후 구체적으로 권력변수와 비권력변수에 대한 종합적 고려 속에 각 삼각관계 유형별 안정성과 유형 전환의 원인, 중추국(pivot)의 영향력과 동맹관계의 위기, 글로벌/지역별 수준의 삼각관계의 중첩에 대한 체계적 이해가 요구된다.

This article reviews international relations (IR) studies on trilateral relationship and discusses its types, rise, and transformation. Most IR scholars see international relations theories as explaining system- or dyad-level outcomes like interstate conflict and cooperation. However, a few studies regarded triangular relations as a simplest system in international politics, while some have highlighted a third party in order to solve puzzles arising from dyadic approaches. As allies and rivals of major powers like the United States have recently increased, the significance of triangular relations like ROK-US-China and ROK-China-Japan have attracted growing attentions from policymakers and scholars at least since the 2010s. For our sophisticated and timely understanding of international politics, future studies should systematically examine which triangular relations endure more or less, what influence pivot players have in triangular relations, and when triangular relations change and transform themselves.

KEYWORDS 삼각관계 triangular relations, 분석수준 levels of analysis, 소다자주의 minilateralism, 동맹 alliance, 숙적 rivalry, 중추 pivot, 위협 threat

I 들어가는 글

국제정치 속 삼각관계가 주목을 받고 있다. 국제정치의 관계와 동학에 초점을 맞춘 연구자들은 기존의 양자 혹은 체제 수준 접근의 한계를 지적하며 삼자(triad) 수준의 중요성을 다시금 일깨운다(신욱희 2017; Woo 2003). 오랫동안 한미일·미중러·북중러 관계는 동아시아 냉전사 연구의 핵심 주제였다. 21세기 국제정치의 변화 속에서 한국이 남북미·한미중·한미일 관계를 적극적으로 활용해야 한다는 정책 제언의 목소리는 높아간다. 주변 4강과의 양자외교에만 집중하기보다 삼각관계에서 중재자 역할을 감당할 때 한국의 전략적 공간이 확보되면서 국익추구가 용이하다는 주장이다. 하지만 이러한 삼각관계를 체계적으로 이론화하여 한국외교의 특수성을 밝히고 방향성을 제시하려는 학술적 노력은 제한적이었다.[1] 최근 소다자주의(minilateralism)와 k-ad 네트워크 분석에 대한 국내외 학계의 관심과 논의는 삼각관계의 이론화의 필요성과 중요성을 말해 준다(민병원 2018; 박재적 2019; Poast 2016).

  미국이 주도한 탈냉전기 국제정치이론은 양자수준에 집중하였다. 소련의 붕괴 이후 민주평화론(democratic peace theory)에 기초한 미국의 대외전략은 자유주의 세계질서를 팽창하고 강화시키고자 하였다(Mearsheimer 2018; Walt 2018). 이라크전이 그 절정이었다. 하지만 글로벌금융위기 이후 중국의 부상에 대한 우려

---

1 '전략적 삼각관계' 분석틀을 활용하여 사례분석을 실시한 국내 연구로는 최운도 (2003); 오세정(2007); 서보혁(2009); 이상숙(2009); 이승열(2010); 김보미 (2019) 등이 있다.

가 커지면서 세력전이론(power transition theory)을 바탕으로 미중 경쟁 논의가 급속히 증가했다(Chan 2007; Ross and Zhu 2008). 흥미롭게도 이 두 이론 모두 양자관계―'서로 전쟁을 하지 않는 두 민주국가'와 '부상하는 강대국과 견제하는 지배국'―를 조명한다. 바이든 행정부 출범 이후 세계는 민주국가를 결집하려는 지배국과 그러한 자유연대를 비판하는 상승국 사이의 경쟁을 목도하고 있다. 중국이 민주화되길 바랐지만 그 희망을 포기한 미(美) 지도부가 중국의 부상을 더 이상 허용하지 않겠다고 나선 것이다. 미중 민주평화를 포기하고 미중 세력전이를 가로막겠다는 속셈이다.

이러한 미중 경쟁 속에 대다수의 연구자들은 양자수준에 머문다. 하지만 이러할 경우 한국과 같은 비강대국은 분석수준에서 제외된다. 강대국 세력전이 혹은 패권안정의 시각에서 국제정치를 바라보면 자연스레 양자 간 역학과 강대국 내부에 집중한다. 그러한 연구가 본문에서 강대국 국제정치에서 비강대국의 역할과 영향에 대해 본격적으로 논하기는 어렵다. 현재 미국과 중국이 '평화로운' 세력전이를 경험할 수 있을지에 대한 관심이 높다. 양국 간 상호의존과 기후변화를 둘러싼 공동의 이익, 이념적·문화적·전략적 유사성, 그리고 국내안정과 여론을 둘러싼 연구가 활발하다. 자연스럽게 한국과 같은 비강대국은 양국 관계에 좌우되는 하부 행위자로 국제환경에 적극적으로 적응해야 할 대상으로 취급된다. 물론 세력전이를 남북한을 비롯한 비강대국 양자관계에 적용하거나 세력전이를 넘어선 동맹전이에 대한 연구도 존재하지만, 대다수 연구는 두 강대국만 바라보고 있다.

이 연구는 국제정치의 삼각관계에 주목한 기존 연구를 검토하고 삼각관계의 유형과 동학에 대한 논의를 전개한다. 우선 국제관계이론에서 분석수준―개인·집단과 관료·국가와 사회·양자·체제―에 대한 논의와 논쟁을 검토한다. 둘째, 삼자수준을 활용한 이론적 논의들과 성과들을 살펴본다. 특히 양자수준 접근에서 파생한 문제를 삼자수준 접근을 통해 해결한 (혹은 해결하고자 한) 연구들을 소개할 것이다. 셋째, 세 국가가 각각의 양자관계에서 협력(동맹) 혹은 갈등(숙적)하는지에 따라 삼각관계의 네 가지 유형을 제시한다. 기존 연구들이 어떠한 유형의 삼각관계에 집중하였는지를 논하면서, 21세기 국제정치에서 삼각관계의 중요성이 부각되는 배경을 설명하고, 삼각관계의 변환과 위기에 대한 체계적 연구의 필요와 세부 주제를 논한다. 마지막으로 한반도 국제정치의 역사 속에서 삼각관계의 중요성을 살펴보면서 한국외교의 특수성을 분석수준 관점에서 살펴본다.

II 국제정치이론의 분석수준

국제정치이론의 발전은 분석수준에 대한 논쟁에서 촉발되었다. 대표적으로 월츠(Kenneth Waltz)는 국제정치이론의 독립변수와 종속변수의 분석수준에 대한 자각을 불러일으켰다(Waltz 1979). 첫 번째 저서에서 개인·국가·체제라는 세 가지 분석수준을 제시한 월츠는 1979년 저서에서 국제정치이론은 종속변수뿐 아니라 독립변수도 체제수준에서 발굴할 때 환원주의에서 벗어날 수 있다고 주장했다. 개인과 국가의 특성을 통해 국제정치를 이해하고자 한다면 '부분'을 통해 '전체'를 설명하는 오류에 빠진다는 것이다. 다수 국가가 참여한 제2차 세계대전의 원인을 히틀러 개인의 세계관이나 나치즘이라는 국가이념에서만 찾으려는 경향을 비판한 것이다. 월츠 자신은 권력분배와 극성의 유형과 같은 체제수준 독립변수를 활용하여 국제정치의 안정성을 설명하면서 구조적 현실주의의 초석을 깔았다.

무엇보다 월츠는 국제정치이론과 외교정책이론이 설명하고자 하는 대상이 상이한 분석수준에 속해 있음을 명확히 하였다. 쿠바 미사일위기 당시 미국과 소련의 대외정책을 세 가지 모델—합리적 행위자, 조직과정, 정부정치—을 통해 설명한 앨리슨(Graham Allison)의 연구를 외교정책연구로 규정하였다. 한 국가의 외교정책은 국가수준에 위치한 것으로 국제정치이론의 종속변수가 아니라는 것이다. 이러한 지적에 대하여 앨리슨은 외교정책연구 없는 국제정치이론의 취약성을 언급하며 반박했지만(Allison and Zelikow 1999), 월츠의 분석수준에 따른 국제정치연구와 외교정책연구의 구분은 현재까지도 널리 활용되고 있다. 월츠를 포함한 구조적 현실주의자의 연구가 외교정책을 설명하거나 예측하는 역할을 감당하기도 하지만, 그들의 연구가 국가 수준을 벗어나 국가 간 상호작용과 체제수준의 영향을 각인시킨 것은 사실이다. 누구도 원치 않은 1차 세계대전이 왜 일어났는지에 대한 질문에 국제체제를 지목한 것이다.

실제로 월츠 이후 대다수 국제정치연구는 전쟁과 무역 같은 국제정치현상을 설명하고자 체제수준과 양자수준 변수에 초점을 맞추고 인과적 설명을 펼쳐나갔다. 가장 대표적인 국제정치이론이라 할 수 있는 세력균형이론은 국제체제 내 권력 분배를 통해 체제의 안정성을 예측하고자 하였다. 패권안정이론의 경우 국제체제에 패권국의 존재와 역할에 초점을 맞추어 국제체제에서 발생하는 패권전쟁과 질서유지를 설명하였다. 이러한 체제수준이론의 등장은 양극체제와 다극체제의 안정성, 제도와 이익에 기반한 국제협력 등을 둘러싼 다수의 오랜 논쟁을 촉발하였다. 예를 들어, 국제체제의 극성과 안정성 논쟁은 기본적으로 어떠한 힘의 배분이 국제 분쟁을 억제하는지를 다루고 있다(예: Midlarsky and Hopf 1993). 국제제도를 둘러싼 자유주의와 현실주의 간 논쟁은 국제제도가 국제체제 안정의 원인인지 결과인지를 두고 펼쳐졌다(예: Mearsheimer 1995).

이러한 체제수준 접근과 별도로, 협상모델에 기초한 양자수준에 대한 관심은 냉전기부터 꾸준히 증가하였다. 저비스(Robert Jervis)가 안보딜레마의 속성과 이에 영향을 주는 요인들을 제시한 후(Jervis 1978), 다수의 연구자는 두 국가가 사적 정보와 신뢰 부족 속에 펼치는 상호작용에 관심을 가졌다. 미국과 소련이 펼치는 체제경쟁 속에서 협상모델은 게임이론을 바탕으로 정교한 분석과 전망을 제시하며 자리매김에 성공하였다. 이러한 접근에서 국가들은 반복게임을 펼치면서 배신이 아닌 협력을 통해 장기 이익을 추구하는 합리적 행위자로 간주되었다(Keohane 2005). 이러한 가정은 상호의존론의 기초를 제공하면서 국제협력의 장밋빛 미래를 제시하였다. 한편, 민주국가 간 협상모델은 왜 민주주의가 서로를 상대로 전쟁을 벌이지 않는지를 설명하였다. 자발성에 기초하여 효율적 자원동원이 가능한 민주국가는 너무나 강인한 적대국이 될 수 있다. 따라서 민주 지도자가 전쟁을 일으킨다면 덜 버거운 상대를 선택할 것이라는 전망이 제시되었다(Bueno de Mesquita et al. 1999).

탈냉전기 양자수준에 기초한 대표적 이론은 국내청중비용(domestic audience cost)이다. 대표적인 피어론(James Fearon)의 연구에 따르면, 두 국가가 위기 상황에서 민주국이 위기를 고조시킬 경우 상대국은 이를 허세(bluffing)로 판단할 가능성이 낮다(Fearon 1994). 위기를 고조시킨 후 별다른 성과 없이 후퇴하면 민주 지도자는 국내 비난 속에 정치력을 잃기에 그들이 허세를 부리지 않으리라는 믿음이 존재한다는 것이다. 반대로 비민주국의 위기 고조 행위는 상대국을 위협한 후 협상에서 우위를 차지하려는 허세라는 인식이 깔려 있다고 주장한다. 따라서 이들 국가가 위기를 고조시킬 경우 이에 맞받아치며 응수할 가능성이 높다. 이러한 '전략적 상호작용(strategic interaction)'은 양자 간 협력과 갈등을 설명하기 위한 핵심으로 널리 인정받았다(Lake and Powell 1999). 한 국가의 무력사용을 살펴본다고 하더라도 (잠재적) 타겟의 역량과 의지, 인식과 행동을 배제한 분석은 무의미하다. 국가는 마치 머리를 쥐어짜며 상대의 수를 읽으려는 체스 선수인 것이다.

이러한 체제·양자수준에 기초한 연구를 비판하며 새로운 변화를 요구하는 목소리가 1990년대부터 등장하였다. 체제수준과 비(非)체제수준을 엄격히 구분하는 것이 아니라 복수의 분석수준을 가로지르려는 시도가 눈길을 끌었다(Ray 2001). 신고전 현실주의(neoclassical realism)는 구조적 현실주의가 강조한 체제 내 권력배분을 제1독립변수로 삼으면서 국가수준의 변수—이념, 정치체제, 사회 응집력 등—를 제2독립변수로 제시하여 한 국가의 대외정책, 특히 과소균형(under-balancing)과 과대균형(over-balancing)을 설명하고자 하였다(Rose 1998; Lobell, Ripsman, and Taliaferro 2009). 한편, 세력이동 상황에서 양국 간 세력균형의 변화뿐 아니라 쇠퇴국 혹은 상승국의 국내정치 혹은 특정전략을 통하여 양국 관계를 설명하는 이론도 제시되었다(Schweller 2015; 2018). 이러한 연구는 양자수준 결과를 설명하기 위하여 양자수준과 국가수준에 존재하는 두 변수의 결합을 강조한다. 종속변수가 위치한 분석수준에서 독립변수를 설정할 뿐 아니라 다른 분석수준에서 제2의 독립변수를 선정하여 두 독립변수의 상호작용으로 외교정책/국제정치를 설명하는 전략을 택한다.

이처럼 분석수준 간 결합은 이론의 설명력을 높이기 위한 고육지책이다. 세력균형론에 따르면 세력불균형에 대응하여 균형정책을 펼치지 않는 국가는 아웃라이어이다. 지배국을 따라잡은 상승국이 등장한 상황에서 양자 간 협력과 평화도 전통적 세력전이론의 관점에선 비정상이다. 이를 설명하기 위해 다른 분석수준, 즉 국내정치에 눈을 돌리고 있는 것이다. 이렇듯 독립변수의 수를 늘려 이론의 설명력을 확보하려는 시도를 이론발전에 무익한 임시변통(ad hoc)으로 비판할 수 있다. 또한 기존 구조적 현실주의가 국제정치를 설명하는 국제정치이론인 반면 신고전 현실주의는 외교정책이론에 불과하다고 평가할 수 있다. 이에 대하여 신고전 현실주의자들은 자신들이 국제정치이론을 지향한다고 주장하지만(Ripsman, Taliaferro, and Lobell 2016), 아직까지 그들의 작업 성과를 평가하기는 이르다.

이렇듯 분석수준을 결합하려는 시도와 별개로 삼자수준과 같은 새로운 분석수준에 대한 강조는 찾기 어렵다. 기존의 분석수준에 대한 주요 논의들은 삼자수준을 배제시켰다. 예를 들어, 싱어 (J. David Singer)는 ① 국제체제(international system)와 ② 국가체제(national system)(Singer 1961); 월츠는 ① 개인, ② 국가, ③ 체제(Waltz 1959); 저비스(Robert Jervis)는 ① 정책결정(decision-making), ② 관료, ③ 국가/국내정치, ④ 국제환경(Jervis 1976: 15); 리비(Jack S. Levy)와 톰슨(William Thompson)은 ① 개인, ② 조직, ③ 국가와 사회, ④ 양자, ⑤ 체제로 분석수준을 제시하였다 (Levy and Thompson 2010). 삼자수준은 찾을 수 없다. 지도자, 집단, 관료, 여론과 사회, 국가, 양자, 지역, 체제와 같은 다수의 수준들 속에서 삼자수준은 가리워졌던 것이다. 하지만 냉전기 미국-중국-소련, 한국-미국-일본, 북한-중국-소련 등 특정 삼각관계에 대한 외교사 연구는 지속되었으며, 국제정치이론을 논하면서 삼자수준을 활용한 연구자들은 꾸준히 존재했다.

III 국제관계연구와 삼자수준

삼자수준을 통해 국제정치를 이해하려는 시도는 끊이지 않았다. 앞서 언급한 바와 같이 체제수준과 양자수준을 주로 활용한 국제정치이론의 발전은 부정할 수 없다. 지금도 대다수 국제정치/외교정책 관련 논의는 국가·양자·체제라는 세 가지 수준을 통해 이루어진다. 반면에 세 행위자를 상정하여 국제정치를 설명하려는 이론적 작업은 간헐적으로 지속되었다. 대표적으로 저비스는 그의 저서 *System Effects*에서 "삼각관계(triangular relation)"를 가장 단순한 국제체제로 소개한다(Jervis 1997, Ch. 5). 그에 따르면 체제 내 요소와 관계의 변화는 체제 내 다른 부분을 변화시킨다. 따라서 체제는 그것을 구성하는 부분과 구분된 체제만의 특성과 행태를 보이기 마련이다. 체제 내 변화는 간접적이고 지체된 영향을 창출하기에 체제접근은 일방의 선형적 인과관계보다 쌍방의 순환적 인과관계를 상정하는 것이 바람직하다. 따라서 국제정치의 삼각관계는 세 국가와 세 양자관계가 긴밀히 연계되어 시차를 두고 영향을 주고받는 체제인 것이다.

그렇다면 과연 삼각관계를 설명/예측하는 국제정치이론은 존재하였는가? 비록 삼자수준을 하나의 독립된 분석수준으로 강조하지 않았지만 삼각관계를 상정한 국제정치이론은 찾을 수 있다. 대표적으로 동맹 형성과 완충지대 이론이 존재한다. 월트(Stephen Walt)는 그의 위협균형이론(balance of threat theory)에서 두 국가(A, B)의 동맹형성을 공동의 위협(C)에 따른 반응으로 설명하였다(Walt 1987). 1970년대 초반 중소분쟁을 기회로 삼아 미중 관계 개선의 물꼬를 튼 키신저는 다음과 같이 말한 바 있다.

"우리는 중국에 대한 환상을 갖고 있지는 않다. 우리는 중국을 적으로 생각한다. 그러나 우리는 두 개의 적이 있는데, 소련과 중국이며, 두 나라는 서로 싸우게 되었다. 상당히 솔직하게 말자면, 그래서 우리는 하나의 적을 다른 하나의 적에 대항하여 활용할 수 있는지 알아보려고 시도하고 있다." (홍석률 2012, 100-101에서 재인용)

이렇듯 1960년대 닉슨 행정부는 중국에 대해 소련에 대한 공동 대응을 제시하며 연합전선을 구축하였다. 공동의 위협이 두 나라를 묶은 것이다. 자유주의 학자들은 이념적·문화적 유사성에 기초한 동맹 형성을 조명하기도 하였지만, 다수의 국제정치학자들은 제3자 위협을 동맹 형성의 가장 중요한 요인으로 받아들였다. 냉전 종식 이후 미국이 주도하는 동맹망의 와해를 예상하는 목소리도 터져 나왔지만 테러와 중국이라는 "새로운" 위협은 냉전의 유산인 미국의 동맹망을 여전히 유지시키고 있다. 최근 바이든 행정부가 추진하는 가치와 기술을 공유하는 자유연합도 중국과 러시아의 지정학 팽창, 경제적 압박, 사이버 공격이라는 권위주의 위협을 바탕에 두고 있다.

한편, 완충지대 논의도 삼자수준을 전제한다. 일반적으로 완충국가는 숙적관계인 두 강대국 사이에 위치하여 양쪽의 충돌을 완화시키는 역할을 감당하는 국가를 뜻한다. 중국(대륙)과 일본(해양) 사이의 조선, 독일과 러시아 사이의 폴란드가 대표적 완충국가로 알려져 있다. 이러한 완충지대에 속한 국가들의 대외환경과 대외전략은 강대국 숙적관계를 포함한 삼자관계 속에서 충분한 이해가 가능하다. 1816년부터 1992년까지 외교권을 잃은 50개 국가들을 검토한 파잘(Tanisha M. Fazal)에 따르면 권력과 동맹보다 완충국의 지위가 국망을 결정하는 주요 변수였다(Fazal 2004). 완충지역을 차지하여 국력을 배양하고 전략적 우위를 확보하려는 강대국의 노력이 줄기차게 이어졌기 때문이다. 특히 그 완충지역이 자국 방어의 핵심인 "전략적 영토(strategic territory)"라면 완충국을 차지하려는 강대국은 열전을 불사하게 된다(Reiter 2009).

이러한 삼자수준에 기초한 이론과 별도로 양자수준 접근에 대한 비판이나 보완 차원에서 삼자수준은 자주 활용되었다. 즉 두 국가 이외 제3자를 끌어들여 양자수준에서 설명되지 않거나 논란이 제기되는 문제를 해결한 것이다. 네 가지 예를 들 수 있다. 첫째, 절대적 이익과 상대적 이익을 둘러싼 자유주의와 현실주의의 논쟁이다. 앞서 언급한 바와 같이, 자유주의자는 국가는 장기적 관점에서 무엇이 큰 이익을 주는지 고민하고 협력한다고 주장하였다. 이에 현실주의자는 국가는 자신의 이익이 아니라 자신과 상대의 이익을 비교하기에 지속적 협력은 어렵다고 비판했다. 내가 3을 얻더라도 상대가 5를 얻으면 상대적으로 -2라는 사실이 더 중요하다는 지적이다. 하지만 슈웰러(Randall Schweller)는 A국이 B국, C국과 개별적 협력을 통해 자국은 3씩 얻지만 상대는 5를 얻는 상황을 제시하였다(Schweller 1998). A국은 총 6을 얻기 때문에 두 양자관계에서 발생하는 상대적 불이익을 무시할 수 있다. 실제로 자유무역을 지속하는 국가들은 다수의 국가들이 선호하는 협력의 파트너가 될 수 있다. 반대로 무역보복 등을 감행할 경우 기존의 다른 파트너들도 더 이상의 협력을 꺼릴 수 있다. 트럼프 행정부가 중국산 물품에 고율의 관세를 부과하자 전 세계 국가들은 동시에 미국이 보호무역으로 회귀할 가능성을 우려했다.

둘째, 민주평화론과 관련하여 민주주의 초강대국의 존재를 부각한 연구가 존재한다. 두 민주주의가 왜 전쟁을 벌이지 않는지를 놓고 학자들은 오랜 논쟁을 지속하고 있다. 이에 대하여 파버(Henry S. Farber)와 고와(Joanne Gowa)는 미국이라는 제3국이 다른 두 민주국가의 협력을 주도했다고 주장하였다(Farber and Gowa

1995). 두 민주국가 사이의 협력(종속변수)을 양자·각국 수준의 변수(독립변수)를 통하여 설명한 연구들은 다수 존재하였다. 하지만 파버와 고와는 양자수준에 머물지 않고 미국이라는 제3자를 끌어들여 민주평화라는 현상을 설명하고자 하였다. 그들에 따르면 미국이 주도하는 안보연합에 속한 두 민주국가는 전략적 이해를 공유하기에 서로 적대하지 않는다. 달리 말해 미국 없는 민주평화는 허상이라는 주장이다. 민주국가 간 협력이라는 경험적 발견을 출발점으로 삼은 민주평화론이 그동안 양자수준 분석단위에 대한 엄밀하고 다양한 통계분석을 지속했지만, 미국을 포함한 삼자수준을 조망할 통찰은 부족했던 것이다.

셋째, 영국과 미국 간 '평화로운 세력전이'를 독일이라는 제3국을 끌어들여 설명하는 연구가 존재한다. 세력전이론은 지배국과 상승국의 힘이 역전되면서 대규모 충돌이 발생하는 경로를 제시한다. 하지만 19세기 말과 20세기 초 영미관계는 강대국 간 세력전이가 패권전쟁의 충분조건이 아님을 알려준다. 따라서 지배국과 상승국의 양자수준과 국가수준에 존재하는 다양한 변수를 살펴보는 연구는 최근까지도 이어진다(Sample 2018; Schake 2018). 몇몇 학자는 독일의 존재를 지목했다(Friedberg 2010; Mearsheimer 2001, 164-165, 246-247). 프리드버그(Aaron Friedberg)에 따르면 미국과 독일이라는 두 상승국을 맞이한 영국은 전자와 협력하면서 후자를 관리하는 전략적 선택을 내렸다. 최근까지도 미중관계를 패권국과 도전국 관점에서 바라보는 연구들이 일반적이지만 유럽과 일본, 인도와 주요 동맹국들을 고려하지 못하는 한계를 지닌다(예: Allison 2017). 다만 글로벌이 아닌 지역

수준에서 발생하는 세력전이(예: 남아시아의 인도-파키스탄, 중동의 이란-이라크)에 대한 연구는 지역 수준의 양자관계에 글로벌 강대국의 영향력을 고려하는 차별성을 보여준다(Lemke 2002, Ch. 6).

넷째, 과소균형정책(under-balancing)의 원인을 제3국의 전략에서 찾는 연구가 존재한다. 제2차 세계대전을 앞두고 독일에 대하여 프랑스와 영국이 펼친 정책을 유화정책의 실패로 규정하곤 한다. 히틀러의 야심을 간파하지 못하고 적절한 균형정책을 취하지 못했다는 비판이다. 하지만 립스맨(Norrin Ripsman)과 리비(Jack Levy)는 1930년대 영국이 "희망적 사고"에 기반한 독일정책을 펼친 것이 아니라 군비확충에 필요한 시간을 벌고자 노력했다고 응수한다. 또한 프랑스는 이러한 영국과 역량을 결집하여 독일을 견제하려고 했을 뿐 독일의 역량과 의도는 올바르게 파악하고 있었다고 평가한다(Ripsman and Levy 2007; 2008). 당시 프랑스의 대독 정책은 영국의 자강정책과 이에 대한 프랑스의 인식을 배제하고 이해할 수는 없다고 주장한다. 이러한 삼자수준의 접근은 프랑스 내 엘리트 분열과 사회 갈등을 과소균형정책의 원인으로 바라보는 설명과 일정한 차별성을 지닌다(Schweller 2006, Ch. 3).

이렇듯 삼자수준 논의는 양자·체제수준 접근의 한계를 뛰어넘는 과정에서 등장하였다. 특히 양자수준의 협력과 갈등을 설명하는 새로운 논리적 주장을 펼치면서 삼각관계를 드러냈다. 왜 상대적 불이익에도 불구하고 그러한 양자협력을 지속하는가? 두 민주국가가 전쟁을 자제하는 이유는 무엇인가? 모든 상승국은 지배국의 두려움을 자극하여 충돌을 부르는가? 왜 심대한 위협에도 불구하고 세력균형을 회복하려는 노력을 회피하는가? 이런 질문들

은 삼각관계 속에서 설득력 있는 해답을 발견할 수 있었다. 양자/
체제수준의 '특수 사례(empirical anomaly)'가 삼자수준에서는 논
리적 결과로 설명된다. 이러한 삼자수준 설명에 있어서 핵심은 어
떤 삼각관계를 상정하느냐, 어떠한 제3자를 주목하느냐이다. 냉전
기 민주평화를 설명하기 위해 미국을 지목하고, 영미 간 평화로운
세력전이를 독일의 도전으로 설명하는 작업은 유사성을 지닌다.

  이러한 국제정치학의 삼각관계 연구는 중추(pivot) 행위자
에 대한 논의까지 포함한다. 세 양자관계가 존재하는 삼각관계에
서 다른 두 국가 중 누구와도 연대할 수 있는 유연성을 지닌 존
재를 디트머(Lowell Dittmer)와 저비스는 중추(pivot)라 지칭했다
(Dittmer 1981, 489-490; Jervis 1997, 181-195). 이들은 중추의 위치
가 곧 영향력 발휘로 연결된다고 주장하며 냉전기 중소 갈등으로
미국이 1970년대 초반 이러한 이점을 누렸다고 평가하였다. 하지
만 이후 삼각관계의 생성과 동학을 둘러싼 체계적 연구는 미진하
였다.[2] 개별 연구자들이 특정 삼각관계 사례에 대한 분석은 지속되
었지만, 삼각관계와 관련된 이론적 작업은 미루어졌다. 최근 국제
정치의 협력과 갈등 양 측면에서 다양한 삼각관계가 주목을 받으
면서 삼각관계 이론화는 본격적으로 이루어지리라 본다. 다만 미
중 경쟁이 핵심 연구주제로 자리 잡은 상황에서 기존의 체제/양자
수준 접근법에서 벗어나고 개별 행위자의 국력과 국력배분에 매몰

2   흥미롭게도 내전연구에서 제3자 개입 문제는 핵심 연구주제의 하나로 자리 잡았
    다. 정부군과 반란군 간 전쟁이 발생할 시 미국을 비롯한 제3자의 개입이 해당 내
    전의 지속과 결과에 미치는 영향 등에 대한 광범위한 연구가 지난 30여 년간 이어
    져 오고 있다. 대표적 연구로는 Balch-Lindsay, Enterline, and Joyce(2008)와
    Werner(20008) 등을 들 수 있다.

된 사고를 지양해야 한다. 삼각관계 속 세 행위자의 능력과 의지, 세 양자관계의 속성과 변화에 대한 종합적 고려가 필요한 것이다.

IV 삼각관계의 유형, 부상, 그리고 변환

1. 유형

삼각관계는 세 양자관계가 서로 영향을 주고받는 삼자수준에서 등장한다. 이러한 삼각관계는 세 행위자(A, B, C)와 세 양자관계(AB, BC, AC)의 특성에 따라 유형화가 가능하다. 캐플로우(Theodore Caplow)와 슈웰러(Randall Schweller)는 세 국가의 국력 정도에 따라 삼각관계의 다양한 유형을 열거한 반면에(Caplow 1956; Schweller 1998), 디트머(Lowell Dittmer)는 우호적 관계와 적대적 관계의 조합에 따라 "삼자동거", "낭만적 삼각관계", "안정적 결혼"이라는 세 유형을 제시하였다(Dittmer 1981). 이 연구는 양자관계를 우호적 관계(동맹, A)와 적대적 관계(숙적, R)로 구분하고 세 양자관계의 유형에 따라 네 가지 삼각관계를 상정한다. 즉, (1) 세 우호적 관계로 이루어진 '삼각 협력'(3A); (2) 두 우호적 관계와 한 적대적 관계로 이루어진 '중추-날개'(2A1R); (3) 한 우호적 관계와 두 적대적 관계로 이루어진 '위협-동맹'(1A2R); (4) 세 적대적 관계로 이루어진 '삼각 경쟁'(3R)이다(그림 1-1 참조). 이러한 유형화는 기존 동맹 및 숙적 연구의 개념적/조작적 정의와 데이터를 활용하

여 삼각관계를 체계적으로 연구할 토대를 제공한다.[3] 또한 세 행위
자 간 권력배분에 머물지 않고 관계구성을 기초로 삼각관계의 변
환을 다양한 변수를 고려하여 설명하도록 인도한다.[4]

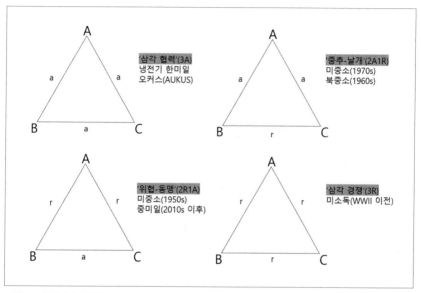

그림 1-1. 삼각관계의 유형

그렇다면 이러한 네 가지 삼각관계 유형을 대표적 연구를 통
하여 살펴보자. 우선, 세 양자동맹(협력) 관계로 구성된 삼각관계

3   마오즈(Zeev Maoz)와 그의 동료들 역시 국제관계의 간접적 관계(예: 친구의 적,
     적의 친구)를 연구하면서 양자관계를 우정과 적대로 양분한 후 각각 동맹과 분쟁
     데이터를 활용하여 측정하였다(Maoz et al. 2007).
4   국력배분에 기초한 삼각관계 유형화는 국력변수가 삼각관계의 형성과 변화에 가
     장 중요하다는 가정에 기초한다. 그러나 본 연구는 삼각관계의 변환—협력/갈등
     수준의 변화와 유형 자체의 전환—이 권력배분 이외 다양한 변수들 역시 주목한
     다.

('삼각 협력')를 상정할 수 있다. 냉전기 한미일 관계와 현재의 오커스(AUKUS) 동맹—미국, 호주, 영국—을 생각할 수 있다. 기존 연구에서 "삼자동거" 혹은 "삼각경영" 유형으로 소개된 바 있다. 이러한 삼각 협력 유형에서 최강국은 흔히 중심 역할을 수행한다. 차(Victor Cha)는 그의 한미일동맹연구에서 냉전기 한일 간 갈등을 완화하는 미국의 역할을 강조하였다(Cha 1999). 기본적으로 미국의 리더십으로 삼각협력체제가 수립되었지만, 역설적으로 미국의 동맹의지가 약화되는 상황에서 한일은 밀착했다고 주장한다. 그에 따르면 미국의 동맹의지가 후퇴하자 한일은 상호협력에 방점을 두고 긴밀해졌다. 이렇듯 삼각 협력에서 각국은 두 양자관계를 상호보완적 수단으로 활용할 수 있다. 물론 외부위협이 증가할 때 모든 동맹관계를 강화할 수도 있겠지만, 그렇지 않은 상황에서 강대국과 맺은 동맹을 중심으로 안보전략을 재정비한다면 이웃국과의 협력은 보조수단이다. 탈냉전기 미국-일본-호주, 미국-일본-인도 안보협력은 아시아 동맹관계를 네트워크로 발전시키려는 미국의 전략 속에 확대되고 쿼드(QUAD)를 구성하면서 현재 바이든 행정부가 주도하는 자유연합의 밑바탕이 되었다.

둘째, 두 동맹과 한 숙적으로 구성된 삼각관계('중추-날개')가 존재한다. 디트머가 '낭만적 삼각관계'로 규정한 1970년대 미중소 관계뿐 아니라(Dittmer 1981), 1960-70년대 북중소 관계와 1960년대 북베트남-중국-소련도 이 유형에 속한다. 1961년 북중·북소 동맹을 체결한 북한은 사이가 틀어진 중국과 러시아와 개별적으로 우호 관계를 유지하며 전략적 자율성을 추구하였다. 이러한 삼각 관계 유형은 두 날개(wing) 국가(B, C)와 이 중 하나를 선택할 수 있는 중추(pivot) 국가(A)로 구성된다. 물론 중추국은 양쪽으로부터 압박을 받으며 딜레마에 빠질 수도 있지만 두 날개 국가의 숙적 관계가 해소되지 않는 상황에서 일정한 전략적 공간을 확보한다. 하지만 중국-소련-베트남 구도 속에서 중월전쟁(1979)을 맞이한 베트남의 사례가 보여주듯이 양국 간 균형 잡기가 실패할 경우 중추국의 지위는 일시에 사라져 버린다.

셋째, 한 동맹과 두 숙적이 구성하는 삼각관계('위협-동맹')가 존재한다. 앞서 논의한 월트의 동맹이론이 제시한 삼자관계이다. 제3의 국가를 위협으로 바라보는 두 국가가 동맹을 맺고 있는 삼각관계이다. 1950년대 미중소 관계가 대표적이다. 제2차 대전 이후 미국과 소련은 한국전쟁과 베를린위기를 거치며 냉전에 돌입하였고, 중국 공산당이 한국전에 참전하면서 미중은 적대관계를 시작하였다. 이러한 삼각관계에서는 두 국가와 적대적 관계를 맺고 있는 A국은 그들의 공동 위협이다. A국이 전향적 정책을 취하거나 A국의 국력/위협이 감소할 경우, B국과 C국이 맺은 동맹은 약화된다. 1960년대에 들어 미국은 중소 분쟁을 적극적으로 활용하여 중국과 "암묵적 동맹(tacit alliance)"을 형성하고 소련과 관계 개선을 추구하여 삼각관계의 변환을 일구어 내었다. 비록 디트머가 '안정적' 결혼이라고 명명한 유형이지만, 제3자 위협에 대한 인식차와 각국의 국내정치 등은 동맹 약화와 종식을 낳으면서 종종 위기와 전환을 맞이한다.

넷째, 세 숙적관계로 구성된 삼각관계('삼각 경쟁')가 존재한다. 제2차 대전을 앞둔 미국-소련-독일 관계를 생각할 수 있다. 비록 독소 불가침 조약이 맺어지긴 했지만, 당시 독일이 소련의 부상을 두려워했다는 사실은 널리 알려졌다. 또한 독일은 미국의 잠재력을 우려한 나머지 유럽을 통일한 자국과 아메리카 대륙의 미국이 최종 경쟁을 벌일 것을 염두했다는 역사적 설명이 존재한다 (Tooze 2006). 서로 숙적관계를 형성하고 있는 세 강대국이 등장할 경우 국제체제의 불안정성은 매우 높아진다. 세 국가 중 두 국가가 협력관계를 맺은 순간 나머지 국가는 바로 생존이 위태롭기 때문이다. 만약 한 국가가 사라지고 두 국가만 남을 경우에는 양자 간 세력균형 속에 국제체제는 안전을 맞이한다. 이러한 논의를 전개한 슈웰러(Randall Schweler)는 제2차 대전의 근본 원인으로 독일–러시아–미국 삼극체제를 지목하였다(Schweller 1998).

2. 부상

이러한 국제정치 속 삼각관계는 얼마나 자주 등장하는가? 앞서 언급한 바와 같이, 삼각관계는 양자가 맺는 동맹과 숙적관계가 연계되어 출현한다. 달리 말해, 양자 간 동맹 혹은 숙적이 늘어날수록 전략적 상호작용을 맺는 삼자관계도 증가한다. 아래 〈그림 1-2〉에 나타났듯이, 동맹을 맺은 양자관계는 제2차 대전 이후 급속히 증가하고, 냉전 종식 후 다시 늘어나 현재 동맹을 맺은 150여 양자관계가 존재한다. 이는 20세기 중반 이후 국제제도의 증가와 확장 속에 조약체결을 통한 국가 간 협력이 일반화되었다는 사실을 일깨워준다. 주목할 것은 현재 미국의 동맹국 수가 50을 넘는다는 것이다. 전 세계 동맹 양자관계 중 약 1/3이 미국을 포함하고 있는 상황이다. 따라서 만약 미국이 다른 국가와 숙적관계에 놓이면 그 여파로 다수의 삼각관계가 형성된다. 미국의 동맹인 A국과 미국의 숙적인 B국이 새로운 관계에 돌입하기 때문이다. '친구의 적'과 '적의 친구'가 만난 셈이다. 이렇듯 양자 동맹관계는 제3자를 포함하여 전략적 상호작용을 펼치는 삼각관계로 발전할 개연성을 안고 있다. 다수의 동맹과 우방을 보유하고 있는 글로벌/지역 강국이 새로운 숙적을 맞이하면 '위협-동맹'과 '중추-날개' 삼각관계가 다수 부상하는 결과로 이어진다.[5]

그림 1-2. 주요국과 미국의 동맹국 수, 1900-2012[6]
출처: Correlates of War project's Formal Alliances v4.1; Gibler(2009).

5   쿼큰부시(John Quackenbush)는 양자수준 양적연구에서 강대국을 포함하거나 국경을 맞댄 양자로 한정한 기존 politically relevant dyad를 확장하여 politically active dyad 개념을 제시하였다. 비록 A와 B 양국이 비강대국이고 국경을 공유하고 있지 않더라도, (1) A의 동맹국이 B와 국경을 맞대고 있거나 (2) A의 강대국 동맹국이 B와 분쟁 중이라면 두 국가 A와 B는 politically active dyad에 포함된다.
6   주요국은 전 기간에 걸쳐 미국, 러시아(소련), 중국, 일본, 영국, 프랑스, 독일로

그렇다면 강대국 숙적관계는 어떠한 변화를 겪었는가? 두 국가가 숙적관계를 맺을 때는 일정 기간 다수의 무력분쟁을 겪는다고 보는 "지속적 숙적(enduring rivalry)" 연구가 존재한다. 이와 달리 "전략적 숙적(strategic rivalry)" 연구는 두 국가가 서로를 (1) 경쟁자, (2) (잠재적) 위협, (3) 적으로 인식하는지를 기준으로 삼는다(Thompson 2001). 시대와 국가에 따라 상이할 수밖에 없는 무력충돌의 비용과 지리적 거리의 영향 등을 고려하여, 이 연구는 전략적 숙적을 통해 양자 갈등의 변화를 살펴보고자 한다. 〈표 1-1〉에서 알 수 있듯이, 20세기 중반 숙적관계의 수는 줄어들었지만 이후 증가하여 2010년 40쌍의 숙적관계가 존재한다. 하지만 주요국을 포함한 숙적관계는 20세기 초 10여 개가 넘었지만 이후 줄어들어 한 자리 수에 머물고 있다. 다만 주요국들이 서로 맺은 숙적관계는 1990년에 사라졌지만 이후 부활하여 2010년에는 미중·미러·중일 세 주요국 숙적관계가 존재하였다. 2010년 주요국을 포함한 숙적관계는 총 7개(미중, 미러, 중일, 미국-쿠바, 중국-타이완, 중국-인도, 영국-아르헨티나)이다.

종합하면 탈냉전기 주요국의 숙적관계와 동맹관계는 결합하여 다수의 삼각관계를 형성하고 있다. 물론 북대서양조약기구와 같은 다자동맹을 통해 '삼각 협력' 사례가 다수 등장한 것은 사실이다. 또한 세 국가가 동시에 대립하는 '삼각 경쟁'이 증가할 가능성도 배제할 수는 없다. 1960년대 미국-중국-소련이나 1940년대 미국-소련-독일과 같은 삼각경쟁이 세계정치에 미친 영향력은 지

한정하였다.

표 1-1. '전략적 숙적' 관계

연도	숙적	주요국 포함 숙적	주요국 간 숙적		미국의 숙적
1900	46	18	14	미영, 미프, 미일, 영프, 영독, 영러, 영중, 프독, 프일, 독러, 독중, 러중, 러일, 중일	영국, 독일, 일본
1910	39	13	9	미독, 미일, 영독, 영러, 프독, 독러, 러중, 러일, 중러	독일, 일본
1920	40	10	7	미일, 영러, 프독, 독러, 러중, 러일, 중일	일본
1930	39	10	7	미일, 영러, 프독, 독러, 러중, 러일, 중일	일본
1940	32	12	10	미독, 미일, 영독, 영소, 영일, 프독, 독소, 소중, 소일, 중일	독일, 일본
1950	35	7	4	미소, 미중, 영소, 프독	소련, 중국
1960	43	6	3	미소, 미중, 소중	쿠바, 소련, 중국
1970	58	7	3	미소, 미중, 소중	쿠바, 소련, 중국
1980	60	7	2	미소, 소중	쿠바, 소련
1990	56	5	0	(없음)	쿠바
2000	47	6	2	미중, 중일	쿠바, 중국
2010	40	7	3	미러, 미중, 중일	쿠바, 러시아, 중국

출처: Thompson and Dreyer(2011).

대하였다. 하지만 현재 주목을 받고 있는 삼각관계는 미국-중국, 미국-러시아의 소위 '기축적 양자관계'를 중심으로 그네들의 동맹 혹은 숙적이 포함된 삼자들('위협-동맹'과 '중추-날개')이다.[7] 중국과 러시아가 미국의 전략적 숙적이 되자 미국의 동맹들은 자연스럽게 (다시) 중국과 러시아와 갈등 관계에 놓이면서 전략적 딜레마에 빠져버린 것이다. 또한 중국과 러시아의 지정학 팽창으로 위기를 느낀 국가들은 미국과의 관계 개선을 모색하면서 미국의 (잠재적) 동

---

7   국제체제의 핵심적 양자관계를 뜻한 기축적 양자관계의 개념과 그 사례에 대해서는 신욱희(2021, 23-30)를 참고할 것.

반자로 급부상하고 있다. 동남아 및 동유럽 국가들이 대표적이다. 공동 위협에 대응하는 동맹이 형성되거나 강화되고, 두 국가 사이에서 헤징 전략을 취하며 미래의 선택을 고민하는 국가들이 늘어난 것이다.

이를 두고 신냉전의 도래를 지적하는 이들이 늘고 있다(예: Kaplan 2019). 최근 러시아의 우크라이나 침공으로 러시아와 주요국 및 주변국과의 관계가 급랭하였고, 글로벌 팬데믹 상황에서 중국은 역내 주요 국가들(호주와 인도 등)과 높은 수준의 갈등을 경험하고 있다. 미국과 중국이 다영역 경쟁 국면에 돌입한 사실이 무엇보다 가장 심각하다. 물론 현재의 미중관계가 20세기 미소관계와 경제적 상호의존과 초국가 위협 등으로 질적으로 다르다는 주장은 설득력이 있다. 과거 미국에게 군사적·이념적 위협이었던 소련과 달리 중국은 미국과 경제적·사회적으로 연계된 행위자이다(Nye 2021). 하지만 주요국의 숙적과 동맹이 포함된 다수의 삼각관계 출현은 전 세계 대다수 국가들에게 전략적 압박이 한층 상승했음을 의미한다. 미중 양자뿐 아니라 전 세계 거의 모든 국가들은 이들과 경제적·사회적 관계를 긴밀히 맺고 있기 때문이다. 기존의 연계망을 재정비하는 작업은 비강대국에게 더 많은 부담과 비용을 요구할 수밖에 없다.

3. 변환

그렇다면 향후 삼각관계 연구는 어떠한 주제에 집중해야 하는가? 본 연구는 삼각관계의 변환, 즉 (1) 삼각관계 내 협력/갈등 수준의

'변화'와 (2) 삼각관계 유형의 '전환'을 체계적으로 비교분석하는 작업에 주목한다. 그동안 삼각관계의 변화와 전환에 대한 연구는 간헐적으로 진행되었다. 삼각관계 변화에 대한 대표적 연구는 차의 한미일 연구를 들 수 있다(Cha 1999). 그는 한미-미일-한일 세 양자관계의 역동성을 미국을 중심으로 설명하고자 하였다. 공산권의 위협에 맞선 한일 협력은 역사적 숙적 의식으로 어려움을 겪었다. 하지만 닉슨 독트린 이후 미국이 아시아 전략을 수정하자 한국과 일본이 상호협력을 강화하였다는 주장이다. 유사한 방식으로 맨단(Tanvi Madan)은 냉전기 미국-인도 관계를 중국을 중심으로 설명하고 있다(Madan 2020). 그녀에 따르면 양국의 협력 수준은 중국에 대한 인식이 얼마나 일치했는지에 따라 좌우되었다. 반면에, 이즈미카와(Yasuhiro Izumikawa)는 미국과 동아시아 3국(일본, 한국, 대만)의 동맹관계를 분석하면서 각각의 양자동맹이 서로 영향을 주고받는 네트워크 이론을 활용하였다(Izumikawa 2020). 물론 미국과 아시아 동맹 사이의 양자관계가 핵심이었지만 네 국가가 형성하고 있는 양자관계의 상호작용 속에서 중심축-바퀴살 동맹체제가 안착하였다.

한편, 삼각관계 전환을 연구한 예로는 앞서 언급한 디트머의 미중소 분석이 대표적이다(Dittmer 1981). 그에 따르면 1950년대 '안정적 결혼'(위협-동맹)이었던 미중소 삼각관계는 1970년대 '낭만적 삼각'(중추-날개)으로 전환되었다. 냉전 초기 미국은 소련과 중국에게 공동 위협이었지만, 중소 갈등이 시작되면서 미국은 중소 사이에서 중추적 행위자로 부상하였다는 것이다. 한편, 이상숙(2009)은 제2차 북핵위기 시 북미중 전략적 삼각관계에서 중국의 역할을 조명하였다. 이 연구에 따르면 북한의 핵과 미사일 실험이 증가하면서 중국은 북한을 두고 미국과 인식을 공유했지만("안정적 결혼") 곧 북미 양측과 개별적 우호적 관계를 유지하면서("낭만적 삼각") 북핵 문제 해결에 나섰다. 마오즈(Zeev Maoz)와 그의 동료들은 모순적으로 '적의 친구가 친구'거나 '적의 적이 적'인 "불균형" 삼각관계(중추-날개, 삼각 경쟁)와 그렇지 않은 "균형" 삼각관계(삼각 협력, 위협-동맹)를 구분한 후 경험적 분석을 시도하였다(Maoz et al. 2007). 그 결과에 따르면 불균형 관계는 균형 관계만큼 자주 등장하지만 분쟁 가능성은 더욱 높다. 삼각관계의 유형에 따라 안정성에 차이가 있다는 주장이다.

이러한 연구를 바탕으로 삼각관계 연구가 주목할 이슈와 내용은 무엇인가? 본 연구는 삼각관계 변환에 대한 체계적 연구가 주목할 다섯 가지 연구주제를 논하고자 한다.

우선, 물질적 변수와 비물질적 변수의 영향력과 중요성에 대한 비교연구이다. 그동안 삼각관계의 약화 혹은 전환에 대한 상당수 연구는 상대적 국력에 주목하였다. 삼국의 국력 수준에 따라 삼각관계의 유형을 제시하고 각 유형의 특성을 나열할 것이다(Caplow 1956; Schweller 1998). 하지만 삼각관계 속 국가의 역사적 경험과 상호 인식과 같은 비물질 변수들에 대한 관심을 배제할 수 없다(신욱희 2017; Cha 1999). 구조적 현실주의자들은 국체체제 내 권력배분으로 국제정치를 설명하려고 하였지만, 다수의 연구자들은 행위자의 인식과 정향의 중요성을 끊임없이 강조하였다.[8] 예를 들어, 차는 미국의 상대적 쇠퇴 속에 한일이 방기의 두려움 속에 협력을 강화했다고 주장하지만, 천자현(2022)에 따르면 국가의 집단기억은 줄곧 양국관계에 지대한 영향을 행사하고 있다. 트럼프의 미국이 동맹들에게 무임승차를 경고하며 압박했지만 한일관계는 역사적 문제가 경제적 문제로 확산되며 급속히 악화되었다. 그렇다면 인식/정향변수가 권력변수와 분리되거나 연계되어 어떠한 삼각관계의 지속과 변화를 낳는지에 대한 면밀한 검토가 필요하다. 상대적으로 권력 배분이 정태적이라면, 인식과 전략은 지도부의 교체에 따라 동태적 성향을 보인다. 따라서 이러한 비물질 변수에 대한 충분한 고려와 이해는 "스트롱맨 시대"를 살아가는 우리에게 시의적절한 정책적 함의를 보다 제공할 수 있다.

둘째, 네 가지 삼각관계 유형 간 전환에 대한 집중적 분석이 필요하다. 앞서 언급하였듯이 냉전기 미중소 삼각관계는 미국이라는 공동 위협을 두고 두 공산국가가 협력하는 '위협-동맹'으로 시작하였다. 하지만 이념과 국경을 둘러싼 중소 분쟁이 격화되자 '삼각 경쟁'이 대두되었다. 그러나 곧 미국과 중국은 암묵적 동맹을 맺고 미소 데탕트가 시작되면서 미국을 중추로 삼는 삼각관계가 등장하였다. 제2차 대전 이전 미국-독일-소련은 세 양자 숙적관계로 이루어진 '삼각 경쟁'을 구축했지만, 독일은 소련과 불가침 조약을 맺은 후 제2차 대전을 일으켜 미국을 적대시했고, 독일이 소련을 침공하자 소련과 미국은 독일에 대항한 연합군 세력의 핵심이 되었다. 이 두 역사적 사례가 보여주듯이 '삼각 경쟁'은 곧 '중추-날개'나 '위협-동맹'으로 쉽사리 전환된다. 다양한 극체제를 논하면서 슈웰러는 삼극체제가 가장 불안정한 구조라고 지적한 바

8   이렇듯 권력배분에 기초한 신현실주의 체제이론이 도리어 환원적 성격을 지닌다는 비판으로는 Wendt(1987, 340-344)를 참고할 것.

있다(Schweller 1998). 그렇다면 과연 어떠한 삼각관계 유형이 가장 안정적인가? 각 유형의 불안정성을 야기하는 원인과 조건은 무엇인가? 탈냉전기 한중일 삼국은 '삼각 협력'을 추구하는 모습을 보였지만 최근 '삼각 경쟁'으로 치달으며 우려를 자아내고 있다. 이러한 삼각 경쟁은 어떠한 모습으로 전환될 것인가? 한편, 러시아의 우크라이나 침공으로 미국-중국-유럽의 삼극체제에 대한 관심이 고조되고 있다. 미국과 유럽이 중국에 공동 대응할 것인가(위협-동맹), 아니면 유럽이 미중 사이에서 중추적 역할을 시도할 것인가(중추-날개)?

셋째, 삼각관계에서 중추 국가의 등장과 영향에 대한 체계적 분석이 필요하다. 삼각관계에서 상대적 자율성을 누리는 중추 행위자는 보유한 자원과 무관한 권력을 행사하게 된다. 그러나 어떠한 삼각관계에서 두 국가의 초대를 받으면서 영향력을 행사하는 국가가 존재하며, 이러한 중추 국가가 어떠한 역할을 감당할 수 있는지에 대한 이해는 부족하다. 미국은 중소 분쟁을 기회로 삼아 그들과 개별적으로 관계 개선을 시도하여 중추 지위를 달성했지만, 한국을 비롯한 미국의 아시아 우방들은 자국을 미중 사이에 낀 신세로 표현하곤 한다. 최근 중국과 인권과 무역을 둘러싼 심각한 갈등을 경험한 호주는 미국에 더욱 밀착하여 '중추-날개'에서 '위협-동맹' 삼각관계로의 전환을 추구했다. 한편, 일본과 인도는 탈냉전기 미국이 주도하고 포함된 3자 협력의 일원으로 활동하면서 동시에 미국이 없는 다양한 다자협력까지 역내외 국가들과 추구하면서 영향력 확대를 꾀하고 있다(박재적 2022). 이렇듯 숙적관계에 놓인 두 국가와 모두 우호적 관계를 유지하고 전략적 자율성과 외교적 영향력을 확보할 수 있는 조건은 무엇인가? 기존의 연구에서 '낭만적 삼각'이라 부른 삼각관계 속에서 비강대국 중추 행위자에게 국제정치 현실은 오히려 냉혹할 수 있다.

넷째, '3자 위협'과 '삼각 협력' 속에서 동맹위기의 원인에 대한 연구가 필요하다. 다수의 동맹연구는 동맹 체결 이후 발생하는 동맹 간 문제를 지적하였다. 방기(abandonment)와 연루(entrapment)에 대한 두려움이 대표적이다(Snyder 2007, 180-192). 그 중에서 동맹 약화를 가져오는 핵심 원인으로 위협인식의 격차가 오랫동안 주목받았다. 1960년대 후반부터 주한미군 철수를 둘러싼 한미 갈등은 결국 북한위협에 대한 상이한 인식에서 출발하였다. 미국-파키스탄-인도의 삼각관계에서 미국-파키스탄 동맹관계의 악화는 결국 양국이 인도에 대한 평가가 상이한 데서 시작되었다. 한편, 삼각 협력의 경우도 역할 인식의 차이가 종종 위기를 발생시킨다. 1950년대 후반 한미일 협력의 핵심 장애는 "미국이 설정한 한국의 역할과 이승만이 인식한 자신의 역할" 사이의 간극이었다는 평가는 시사하는 바가 크다(신욱희 2004, 56). 이렇듯 위기에 처한 동맹을 삼각관계 내외 변수와 국력 및 비국력 변수에 대한 종합적 고려를 통하여 접근할 때 양자수준 동맹연구의 이해를 한층 증진시킬 수 있을 것이다.

다섯째, 글로벌/지역 차원의 삼각관계가 중첩되면서 상호작용의 확장이 발생할 수 있다. 무엇보다 '위협-동맹' 삼각관계에서 두 국가로부터 견제를 받는 국가는 적극적인 관계 개선을 시도할 유인이 크다. 최규빈(2022)에 따르면 베트남은 중국과 캄보디아의 밀착을 바라보면서 인도차이나 영향력 확보를 위해 소련과의 관계 개선을 통해 대중국 영향력을 확보하고자 하였다. 비록 중월전쟁을 맞이하고 소련 붕괴 때까지 고립을 피할 수 없었지만 베트남은 두 삼각관계 속에서 전략적 선택을 취한 것이다. 1971년 인도는 동파키스탄 개입을 앞두고 소련과 우호조약을 맺어 파키스탄-중국 연합에 맞서고자 하였다. 하지만 이러한 인도의 움직임은 닉슨 행정부를 자극하여 미국이 중국과 더불어 파키스탄에 기운 전략을 취하는 배경이 되었다(김태형 2022). 아시아의 중국-인도-파키스탄 삼각관계가 글로벌 차원의 미중소 삼각관계와 연동되어 진행된 것이다. 이렇듯 삼각관계가 중첩되거나 외부 행위자가 영향을 미치는 사례(3+1)에 대한 체계적 연구가 더욱 필요하다. 냉전기 미국 중심의 아시아 바퀴살(hub-and-spoke) 동맹들이 네트워크로 변환하는 지금 다른 수준/지역의 삼각관계들이 중첩하여 작동하는 사례는 늘어나리라 예상된다.

V 나가는 글

한국의 대외정책은 흔히 남북관계를 출발점으로 삼는다. 남북분단과 한국전쟁 이후 체제경쟁에 내몰렸고, 1990년대 중반부터 북한의 핵무기와 인권문제를 당면한 역사와 현실의 반영이다. 숙적이면서 동족인 북한의 존재는 남북관계라는 양자수준을 "하나의 독립된 분석수준"으로 바라보게끔 인도했다(하영선 1988, 11-12). 한편, 1953년 이후 한미동맹은 또 다른 주요한 양자관계로 한국의 대외관계의 핵심축이었다. 1960년대 일본과 수교를 맺고 1990년대 초 소련·중국과 수교를 맺은 이후 이들 강대국과 맺은 양자관계는 한국외교의 중심부를 구성하였다. 이러한 역사적 흐름 속에서 정책연구는 북한과 미·중·일·러 주변 4강, 그리고 이들과 한국이 맺는 양자관계를 중심으로 진행되었다.

이러한 양자 중심 외교에 대한 고민과 반성은 1990년대 이후 등장하였다. 남북관계가 주기적으로 위기를 맞이하고, 주변 강국과 양자관계에서 자율성 확보가 쉽지 않은 상황에서 다자외교의 중요성이 부각된 것이다. 전 세계적으로 세계화의 파도 속에서 국가들도 다양한 다자관계를 통해 안보·경제 이익을 확보하는 형국이다. 한국은 전통적 한미일 삼각관계뿐 아니라 한중일·남북미·한미중 삼각관계에 눈을 돌리기 시작하였다. 아직 삼각관계에 대한 이론적 논의가 미숙한 상황이었지만 비강대국이 위치권력을 확보하여 자율성과 영향력을 일정 부분 확보할 수 있으리라는 기대가 작용한 결과였다.

사실 한반도 외교의 특수성은 역사 속에서 꾸준히 삼각관계에 놓였다는 점이다. 임진왜란은 조-명-일, 병자호란은 조-명-청, 청일전쟁은 조-청-일, 러일전쟁은 조-러-일의 삼각구도 속에서 발발하였고, 이후 분단으로 한반도는 두 삼각관계(한미일 vs 북중러)가 경합하는 지역이었다. 사실 한반도가 강화도조약을 기점으로 근대 국제체제에 편입한 이후 조선이 맞대한 최초의 딜레마는 조청일 삼각관계에서 발생하였다(김종학 2022). 친청과 친일을 두고 국내가 분열되는 상황에서 외세의 개입과 압력이 날로 높아지면서 망국의 길로 접어들었다. 냉전 이후에는 미중 경쟁이 본격화자 한국은 두 강대국으로부터 선택을 강요받고 있다. 북한 역시 북중소 삼각관계 속에서 1980년대에 핵무기 개발을 시도하여 현재까지 지역 불안을 가중시키고 있다. 중소의 제한된 지지가 북한의 핵개발을 자극했지만 중소(중러)의 존재가 미국의 예방타격을 가로막은 측면도 부정하기 힘들다(김보미 2022). 이렇듯 삼각관계 속 한반도의 국제정치는 19세기부터 지금까지 이어져오고 있다.

따라서 삼각관계의 동학에 대한 체계적 이해는 한반도를 둘러싼 국제정치를 설명하고 예측하는 데 유의미한 기여를 할 것이다. 전통적 양자외교와 추상적 다자외교에 대한 논의에서 벗어나 주요한 삼자관계를 설정하고 이해하는 노력이 필요하다. 즉, 기존의 분석수준에 머무르지 말고, 분석수준을 가로지르며 통합하거나 상이한 분석수준을 채택하는 일탈이 기대한다. 강대국 국제정치에서 살아날 방법은 강대국 국제정치학의 교훈을 이해하는 데 머물지 않고 우리 국제정치를 주체적으로 바라볼 때 찾을 수 있다. 지정 좌석에서 일어나 우리 자리를 찾아 나설 때 가려진 풍경이 드러날 것이다.

참고문헌

김보미. 2019. 『김일성과 중소분쟁: 북한 자주외교의 기원과 형성(1953-1966)』. 서울: 서강대학교 출판부.

_____. 2022. "냉전의 종식과 핵보유국의 태동: 중·러가 북한의 핵프로그램에 미친 영향(1980-1994)." 『삼각관계로 바라보는 국제정치』(세계정치36). 서울: 서울대학교 국제문제연구소.

김상배. 2009. "스마트 파워의 개념적 이해와 비판적 검토: 중견국 네트워크 권력론의 시각." 『국제정치논총』 49(4): 7-33.

_____. 2011. "네트워크로 보는 중견국 외교전략: 구조적 공백과 위치권력 이론의 원용." 『국제정치논총』 51(3): 51-77.

김종학. 2022. "삼각관계 체계이론으로 본 근대 한·중·일 관계의 전개(1871~1902)." 『삼각관계로 바라보는 국제정치』(세계정치36). 서울: 서울대학교 국제문제연구소.

김태형. 2022. "인도-파키스탄 숙적관계(rivalry)와 파키스탄-미국의 불안정한 동맹: 1971년 3차 인도-파키스탄 전쟁과 3국관계의 교훈." 『삼각관계로 바라보는 국제정치』(세계정치36). 서울: 서울대학교 국제문제연구소.

민병원. 2018. "소다자주의에 대한 이론적 접근: 개념, 기능, 효과." 『통일연구』 22(2): 177-218.

박재적. 2019. "인도·태평양 지역 소다자 안보협력-과거, 현재, 미래." 『통일연구』 23(1): 125-54.

_____. 2022. "인도·태평양 지역 미국 주도 삼자 안보협력과 삼각관계." 『삼각관계로 바라보는 국제정치』(세계정치36). 서울: 서울대학교 국제문제연구소.

서보혁. 2009. "헬싱키 틀의 성립과정 연구: 미국, 소련, 서유럽의 전략적 삼각관계를 중심으로." 『한국과 국제정치』 25(2): 61-88.

신욱희. 2004. "이승만의 역할인식과 1950년대 후반의 한미관계." 『한국정치외교사논총』 26(1): 37-61.

_____. 2017. 『삼각관계의 국제정치: 중국, 일본과 한반도』. 서울: 서울대학교출판문화원.

_____. 2021. "동아시아 지역질서연구 시론: 보편/특수에서 전체/부분의 관점으로." 『국제정치논총』 61(4): 7-36.

오세정. 2007. "인도, 중국, 미국의 로맨틱 삼각관계: 9.11 이후 인도와 중국의 외교적 갈등과 협력관계를 중심으로." 『인도연구』 12(1): 101-135.

이상숙. 2009. "북-미-중 전략적 삼각관계와 제2차 북핵위기: 북한의 위기조성 전략을 중심으로." 『국제정치논총』 49(5): 129-48.

이승열. 2010. "북핵 해결을 위한 '제재'와 '협상'의 실패요인 분석: 북미중의 전략적 삼각관계론을 중심으로." 『평화학연구』 11(3): 153-178.

전재성. 2014. "네트워크 이론의 관점에서 본 북핵 문제와 6자 회담." 『국가안보와 전략』14(2): 57-93.

천자현. 2022. "역사적 기억과 한·미·일 삼각관계의 변화." 『삼각관계로 바라보는
　국제정치』(세계정치36). 서울: 서울대학교 국제문제연구소.

최규빈. 2018. "베트남에 대한 중국의 경제지원과 경제제재, 1960-1978." 『국가안보와
　전략』18(2): 103-140.

_____. 2022. "중국-베트남-소련의 삼각관계의 형성과 와해: 두 전선의 전쟁, 1978-
　1979." 『삼각관계로 바라보는 국제정치』(세계정치36). 서울: 서울대학교
　국제문제연구소.

최운도. 2003. "미중일 삼각관계와 그 역학에 관한 시론." 『한국정치학회보』37(3):
　175-195.

하영선. 1988. "한국외교정책 분석틀의 모색." 『국제정치논총』28(2): 3-15.

홍석률. 2012. 『분단의 히스테리: 공개문서로 보는 미중관계와 한반도』. 파주: 창비.

Allison, Graham. 2017. *Destined for War: Can America and China Escape Thucydides's Trap?* Boston: Houghton Mifflin Harcourt.

Allison, Graham T., and Philip Zelikow. 1999[1971]. *Essence of Decision: Explaining the Cuban Missile Crisis.* New York: Longman.

Balch-Lindsay, Dylan, Andrew J Enterline, and Kyle A Joyce. 2008. "Third-Party Intervention and the Civil War Process." *Journal of Peace Research* 45(3): 345-363.

Bueno de Mesquita, Bruce, James D. Morrow, Randolph M. Siverson, and Alastair Smith. 1999. "An Institutional Explanation of the Democratic Peace." *American Political Science Review* 93(4): 791-807.

Caplow, Theodore. 1956. "A Theory of Coalitions in the Triad." *American Sociological Review* 21(4): 489-493.

Cha, Victor D. 1999. *Alignment despite Antagonism: The United States-Korea-Japan Security Triangle.* Stanford: Stanford University Press.

Chan, Steve. 2007. *China, the US and the Power-Transition Theory: A Critique.* London and New York: Routledge.

Dittmer, Lowell. 1981. "The Strategic Triangle: An Elementary Game-Theoretical Analysis." *World Politics* 33(4): 485-515.

Farber, Henry S., and Joanne Gowa. 1995. "Polities and Peace." *International Security* 20(2): 123-146.

Fazal, Tanisha M. 2004. "State Death in the International System." *International Organization* 58(2): 311-344.

Fearon, James D. 1994. "Domestic Political Audiences and the Escalation of International Disputes." *American Political Science Review* 88(3): 577-592.

Friedberg, Aaron L. 2010. *The Weary Titan: Britain and the Experience of*

Relative Decline, 1895-1905. Princeton: Princeton University Press.

Gibler, Douglas M. 2009. *International Military Alliances, 1648-2008*. Washington, D.C.: CQ Press.

Izumikawa, Yasuhiro. 2020. "Network Connections and the Emergence of the Hub-and-Spokes Alliance System in East Asia." *International Security* 45(2): 7-50.

Jervis, Robert. 1976. *Perception and Misperception in International Politics*. Princeton: Princeton University Press.

_____. 1978. "Cooperation Under the Security Dilemma." *World Politics* 30(2): 167-214.

_____. 1997. *System Effects: Complexity in Political and Social Life*. Princeton: Princeton University Press.

Kaplan, Robert D. 2019. "A New Cold War Has Begun." *Foreign Policy* (January 7) https://foreignpolicy.com/2019/01/07/a-new-cold-war-has-begun/ (검색일: 2022년 2월 28일).

Keohane, Robert O. 2005[1984]. *After Hegemony: Cooperation and Discord in the World Political Economy*. Princeton: Princeton University Press.

Lake, David A., and Robert Powell. 1999. *Strategic Choice and International Relations*. Princeton: Princeton University Press.

Lemke, Douglas. 2002. *Regions of War and Peace*. Cambridge: Cambridge University Press.

Levy, Jack S., and William R. Thompson. 2010. *Causes of War*. Malden: Wiley-Blackwell.

Lobell, Steven E., Norrin M. Ripsman, and Jeffrey W. Taliaferro (eds.). 2009. *Neoclassical Realism, the State, and Foreign Policy*. New York: Cambridge University Press.

Madan, Tanvi. 2020. *Fateful Triangle: How China Shaped U.S.-India Relations during the Cold War*. Washington, D.C.: Brooking Institution Press.

Maoz, Zeev, Lesley G. Terris, Ranan D. Kuperman, and Ilan Talmud. 2007. "What Is the Enemy of My Enemy? Causes and Consequences of Imbalanced International Relations, 1816-2001." *Journal of Politics* 69(1): 100-115.

Mearsheimer, John J. 1995. "A Realist Reply." *International Security* 20(1): 82-93.

_____. 2001. *The Tragedy of Great Power Politics*. New York: Norton.

_____. 2018. *Great Delusion: Liberal Dreams and International Realities*. New Haven: Yale University Press.

Midlarsky, Manus I. and Ted Hopf. 1993. "Polarity and International Stability." *American Political Science Review* 87(1): 171-180.

Nye, Joseph. 2021. "With China, a 'Cold War' Analogy Is Lazy and Dangerous."

The New York Times (November 2) https://www.nytimes.com/2021/11/02/
opinion/biden-china-cold-war.html (검색일: 2022년 2월 9일).

Poast, Paul. 2016. "Dyads Are Dead, Long Live Dyads! The Limits of Dyadic
Designs in International Relations Research." *International Studies
Quarterly* 60(2): 369-374.

Quackenbush, Stephen L. 2006. "Identifying Opportunity for Conflict:
Politically Active Dyads." *Conflict Management and Peace Science* 23(1):
37-51.

Ray, James Lee. 2001. "Integrating Levels of Analysis in World Politics." *Journal
of Theoretical Politics* 13(4): 355-388.

Reiter, Dan. 2009. *How Wars End.* Princeton: Princeton University Press.

Ripsman, Norrin M, and Jack S Levy. 2007. "The Preventive War That Never
Happened: Britain, France, and the Rise of Germany in the 1930s."
Security Studies 16(1): 32-67.

_____. 2008. "Wishful Thinking or Buying Time? The Logic of British
Appeasement in the 1930s." *International Security* 33(2): 148-181.

Ripsman, Norrin M, Jeffrey W Taliaferro, and Steven E Lobell. 2016.
Neoclassical Realist Theory of International Politics. New York: Oxford
University Press.

Rose, Gideon. 1998. "Neoclassical Realism and Theories of Foreign Policy."
World Politics 51(1): 144-172.

Ross, Robert S. and Zhu Feng. 2008. *China's Ascent: Power, Security, and the
Future of International Politics.* Ithaca and London: Cornell University
Press.

Sample, Susan G. 2018. "Power, Wealth, and Satisfaction: When Do Power
Transitions Lead to Conflict?" *Journal of Conflict Resolution* 62(9): 1905-
1931.

Schake, Kori. 2018. *Safe Passage: The Transition from British to American
Hegemony.* Cambridge: Harvard University Press.

Schweller, Randall L. 1998. *Deadly Imbalances: Tripolarity and Hitler's Strategy
of World Conquest.* New York: Columbia University Press.

_____. 2006. *Unanswered Threats: Political Constraints on the Balance of
Power.* Princeton: Princeton University Press.

_____. 2009. "Neoclassical Realism and State Mobilization: Expansionist
Ideology in the Age of Mass Politics." in *Neoclassical Realism, the State,
and Foreign Policy,* edited by Steven E. Lobell, Norrin M. Ripsman, and
Jeffrey W. Taliaferro. New York: Cambridge University.

_____. 2015. "Rising Powers and Revisionism in Emerging International
Orders." *Valdai Papers* 16: 1-15.

_____. 2018. "Opposite but Compatible Nationalisms: A Neoclassical Realist Approach to the Future of US–China Relations." *The Chinese Journal of International Politics* 11(1): 23-48.

Singer, J. David. 1961. "The Level-of-Analysis Problem in International Relations." *World Politics* 14(1): 77-92.

Snyder, Glenn H. 2007. *Alliance Politics*. Ithaca: Cornell University Press.

Thompson, William R. 2001. "Identifying Rivals and Rivalries in World Politics." *International Studies Quarterly* 45(4): 557-586.

Thompson, William, and David Dreyer. 2011. *Handbook of International Rivalries*. Washington D.C.: CQ Press.

Tooze, Adam. 2006. *The Wages of Destruction: The Making and Breaking for the Nazi Economy*. New York: Penguin Books.

Walt, Stephen M. 1987. *The Origins of Alliances*. Ithaca: Cornell University Press.

_____. 2018. *The Hell of Good Intentions: America's Foreign Policy Elite and the Decline of US Primacy*. New York: Farrar, Straus and Giroux.

Waltz, Kenneth N. 1959. *Man, the State, and War: A Theoretical Analysis*. New York: Columbia University Press.

_____. 1979. *Theory of International Politics*. Reading: Addison-Wesley.

Wendt, Alexander E. 1987. "The Agent-Structure Problem in International Relations Theory." *International Organization* 41(3): 335-370.

Werner, Suzanne. 2000. "Deterring Intervention: The Stakes of War and Third-Party Involvement." *American Journal of Political Science* 44(4): 720-732.

Woo, Seongji. 2003. "Triangle Research and Understanding Northeast Asian Politics." *Asian Perspective* 27(2): 33-63.

필자 소개

정성철 Jung, Sung Chul

명지대학교 정치외교학과 부교수
서울대학교 서양사학과 졸업, 미국 럿거스대학교 정치학 박사

논저 "Democracy and Diversionary Conflict: External Transparency and Domestic Constraints", "The Indo-Pacific Strategy and US Alliance Network Expandability"(공저), "Religious Identity and the Democratic Peace", "동아시아 세력전이와 한반도 전쟁: 19세기 청일전쟁과 21세기 미중경쟁"

이메일 sungchul.jung@gmail.com

제2장

삼각관계 체계이론으로 본
근대 한·중·일 관계의 전개(1871-1907)

A Review of the International History of Modern East Asia
(1871-1907) based on Triangular System Theory

김종학 | 국립외교원 외교안보연구소

캐플로우 (Theodore Caplow)의 삼각관계 연합 이론을 1871년부터 1907년까지 전개된 한국, 중국, 일본 간의 국제관계사에 적용함으로써 그 이론적 효용성을 검증하는 한편, 근대 동아시아 삼각관계의 고유한 역사적 특징을 고찰한다. 이 체계는 2개의 근대적 조약의 체결로 연동되기 시작하여 일본을 매개로 하는 이중적 삼각관계로 전환되는 것으로 일단락을 맺었다. 캐플로우의 이론은 매우 간명할 뿐만 아니라 국제정치학의 신현실주의와 기본적 전제를 공유한다는 점에서 활용도가 높다. 그럼에도 불구하고 그 이론적 예측은 실제 역사적 전개와 비교하여 다소 차이를 보인다. 근대 동아시아의 국제관계사를 삼각관계 체계이론의 관점에서 접근하기 위해선 그 구성국이 타국에 대한 통제보다는 지정학적 요충지인 한반도를 차지하기 위해 전략적 경쟁을 추구한 것, 영국과 러시아의 패권 경쟁이라는 상위 국제정치 구조의 지속적 영향, 우월한 국제적 지위를 향한 열망이라는 심리적 요소를 고려할 필요가 있음을 주장한다.

By applying Theodore Caplow's Theory of Coalitions in the Triad to the history of international relations between Korea, China, and Japan from 1871 to 1907, verify its theoretical effectiveness, and explore the unique characteristics of the modern East Asian triangular system. This system began to be interconnected by the conclusion of two modern treaties and ended with a transition to a dual triangular system by medium of Japan. Despite its virtue of great simplicity and high usefulness from sharing the basic premises of neo-realism in IR, Caplow's theoretical predictions rather deviate from the actual history. This article argues that in order to approach the modern East Asian international history from the perspective of triangular system theory, it is necessary to consider the fact that each country pursued the strategy to occupy the Korean Peninsula, a geopolitical hub, rather than the control over other countries, the continuous influence of the higher structure of hegemony competition between the UK and Russia, and the psychological factor of aspiration for superior international status.

KEYWORDS 삼각관계 체계이론 triangular system theory, 근대 동아시아 국제관계사 international history of modern East Asia, 국제적 지위 international status, 거문도 사건 Port Hamilton incident, 청일전쟁 First Sino-Japanese War, 영일동맹 Anglo-Japanese Alliance

I 서론

이 글의 목적은 국제정치학의 삼각관계 체계이론을 1871년부터 1907년까지 전개된 한국, 중국, 일본 간의 국제관계사에 적용함으로써 그 이론적 효용성을 검증하는 한편, 근대 동아시아 삼각관계의 고유한 역사적 특징에 관한 고찰을 통해 그 정교화에 기여하는 데 있다.

삼각관계는 국제정치학에 앞서 이미 오래전부터 사회학, 인류학, 심리학 등 여러 사회과학 분야에서 중요한 연구주제가 되어 왔다. 그 선구자로 알려진 독일 사회학자 게오르그 짐멜(Georg Simmel)에 따르면, 가장 작은 사회적 집단을 삼각관계로 확장하는 것은 3개의 양자관계와 3명의 개인 모두에게 영향을 미치는 집단 상태의 심오한 질적 변화(a profound qualitative change of group condition)를 수반한다고 한다(Rawlings and Friedkin 2017, 510-511). 즉, 양자관계가 삼각관계로 발전하는 순간 그것은 양자 논리의 합으로 환원될 수 없는 고유한 체계의 속성을 갖게 되는데, 그 핵심은 한 참가자 또는 두 참가자의 행위가 언제나 나머지 참가자에게 영향을 미친다는 의미에서의 연동성과 그 영향이 선형적 인과관계로 끝나는 것이 아니라 폐쇄된 삼각체계 속에서 지속적인 연쇄 반응을 일으키는 순환성에 있다(Jervis 1997, ch. 5). 따라서 국제관계사 분야에서의 삼각관계 이론의 적용은 외교정책결정에 국제정치 구조가 부과하는 가능성과 제약 요인에 대한 이해를 심화하고, 특정 삼각관계 구조의 역사적 진화 과정을 분석할 수 있는 새로운 지평을 열 것으로 기대된다.

디트머(Lowell Dittmer)가 냉전 시기 미국-중국-소련 관계를 전략적 삼각관계(Strategic Triangle)의 틀로 분석한 후(Dittmer 1981), 국내 학계에서도 북한-중국-미국 관계 등을 대상으로 이를 응용한 연구가 적지 않게 이뤄졌다(정진위 1985; Woo 2003; 오세정 2007; 이상숙 2007; 조병제 2019; 이우탁 2021 등). 그런데 엄밀히 말하면, '전략적 삼각관계'라는 표현이 암시하듯이 이는 체계이론이라기보다는 어떻게 낭만적 삼각관계의 상황을 만들 것인지, 그리고 어떤 외교적 책략(diplomatic maneuver)을 통해 중추 국가를 사이에 둔 두 경쟁국가(wing states)의 불만과 의심을 무마할 것인지를 모색하기 위한 외교전략론에 가깝다.[1] 이는 디트머가 냉전기 미국-중국-소련 관계를 전략적 삼각관계의 사례로 인용하면서, 그 체계 패턴의 변화를 추동한 주요 원인으로 체계 내 동학(dynamics)이 아닌, 긴장 수준(level of tension)의 급격한 증가와 감소라는 외생적 변수를 상정한 사실로도 입증된다.[2]

---

1   디트머는 세 국가 사이에 존재하는 우호적 또는 적대적 교환관계의 체계 패턴(systematic patterns of exchange relationships)에 따라 그 관계 유형을 삼자 동거(*ménage à trois*), 낭만적 삼각관계(romantic triangle), 안정적 결혼(stable marriage) 등 3가지로 분류했다. 특히 두 국가가 나머지 한 국가의 환심을 얻기 위해 경쟁을 벌이는 낭만적 삼각관계의 경우, 양국의 구애를 받는 중추 국가(pivot state)가 높은 수준의 자율성을 누리며 국가 이익을 취할 수 있다는 점을 강조했는데, 국내 학계에서는 이에 따라 강대국과의 양자관계에서 상대적으로 열세에 처한 한국의 전략 공간을 확보하려는 실천적 또는 당위적 문제의식으로부터 큰 관심을 받아온 것으로 보인다.

2   디트머는 1949년부터 1960년까지를 중·소가 동맹관계를 맺으며 미국에 적대적이었던 '안정적 결혼', 1960년부터 1969년까지를 과도기, 1970년부터 1978년까지를 미국이 중추 국가가 되는 '낭만적 삼각관계'의 시기로 구분한 후, 그 관계 변화를 추동한 원인으로서 1958년 대만해협 위기, 1962년 쿠바 미사일 위기, 1969년 중소국경 분쟁을 제시했다. 이와 함께 최소 비용을 통한 최대 편익의 달성이라는 관점에서 보면 3국 관계는 '안정적 결혼'에서 '로맨틱 삼각관계'로, 그리고 다

이 연구는 삼각관계 체계이론을 국제관계사에 적용해보기 위한 시론(試論)으로서, 비록 고전적이지만 사회학자 캐플로우 (Theodore Caplow)의 삼각관계 연합 이론(Theory of Coalitions in the Triad)에 주목하고자 한다(Caplow 1956). 이 이론의 핵심은 권력의 최초 배분 상태가 세 국가 간 연합의 유형을 결정하는 가장 중요한 변수가 된다는 것으로, 따라서 이를 파악하면 어느 정도 연합 결성의 방향을 예측할 수 있다고 주장한다. 또한 그것은 삼각관계를 구성하는 국가들의 목표가 권력의 증대를 통한 타국의 통제에 있다고 본다는 점에서, 국가 간 상호작용을 반복적인 거래 행위(transactional action)로 보고 그 속에서 유리한 가치(positive value)의 극대화를 지향하는 것으로 간주하는 전략적 삼각관계와는 전제에서 근본적 차이가 있다.[3]

〈표 2-1〉은 캐플로우가 제시한 삼각관계 내 초기 권력 배분에 따른 관계 유형과 그로부터 예상되는 국가 행위 및 특정 연합의 결성 가능성을 정리한 것이다.[4]

시 '삼자동거'로 진화해서 최적화 상태에 도달하는 것이 논리적이지만, 실제 국제 정치 현실에서 그것이 이뤄지지 않은 이유를 핵무기의 개발로 인한 대량 학살의 위험과 그 공포에 따른 강렬한 상호 의심에서 구했다.

3   캐플로우의 삼각관계 이론의 전제는 다음과 같다. 첫째, 삼각관계의 구성국 간에는 권력의 차이가 존재할 수 있다. 둘째, 삼각관계의 구성국은 다른 국가에 대한 통제를 추구한다. 다른 두 국가에 대한 통제는 한 국가에 대한 통제보다, 서로 통제하는 관계는 아무 국가도 통제하지 않는 것보다 선호된다. 셋째, 권력은 가산적 (加算的, additive)이다. 즉, 연합의 권력은 그 구성국의 권력의 합과 같다. 넷째, 연합은 현존하는 삼각관계의 상황 속에서 형성된다. 즉, 모든 삼각관계에 연합형성을 위한 사전 조건(pre-coalition condition)이 존재한다.

4   흥미롭게도 이 삼각관계에서도 전략적 삼각관계와 마찬가지로 가장 약한 나라가 최대의 수혜를 기대할 수 있다고 예측한다. 즉, 제2유형에서 가장 강한 A는 BC 연합으로 인해 결과적으로 가장 약한 나라로 판명된다. 또 제3유형에서 개연성이

표 2-1. 캐플로우의 삼각관계 연합 이론의 도식화

유형	초기 권력배분 상태	예상되는 국가 행위와 연합
제1유형	(A, B, C 삼각형) A=B=C	- AB, BC, CA의 연합 가능성 동일
제2유형	(A, B, C 삼각형) B=C, A가 두 나라보다 다소 강한 경우	- B의 경우, A와 연합을 맺으면 C보다 강해지지만, AB 연합 내에서 A보다 약세이므로 그 통제를 받음. - C의 입장은 B와 같음. - **따라서 BC 연합의 가능성이 가장 높음.** - 이 경우, 개별적으론 가장 강한 A가 결과적으로 가장 약한 국가가 되는 역설이 발생함.
제3유형	(A, B, C 삼각형) B=C, A가 두 나라보다 약한 경우	- A는 AB 또는 AC 연합을 통해 그 지위를 강화할 수 있음. - B의 입장에서 BC 연합을 맺더라도 그 이전의 상태, 즉 C와 동등하고 A보다 우월한 상태엔 변화가 없음. BC 연합의 유일한 가치는 AC의 연합을 방지하는 데 있음. - C의 입장은 B와 같음. - **따라서 AB 또는 AC 연합의 가능성이 가장 높음.**
제4유형	(A, B, C 삼각형) B=C, A가 B+C보다 압도적으로 강한 경우	- B는 C와 연합해도 여전히 A보다 약하며, C와의 관계에도 변화가 없음. - C의 입장은 B와 같음. - A의 입장에서도 B 또는 C와 연합할 이유가 없음. - **따라서 어떤 연합도 형성되지 않을 가능성이 큼.**
제5유형	(A, B, C 삼각형) B>C, A가 B+C보다 약한 경우	- 어떠한 조합도 나머지 1개국보다 우위를 점할 수 있음. 단, B는 A와 연합하더라도 A에 대한 상대적 열세, C에 대한 상대적 우위에는 변함이 없으므로 AB 연합은 가능성이 없음. - 따라서 BC 또는 AC의 연합이 가능하나, A가 B에 비해 C와의 제휴에서 더 큰 이익을 볼 수 있으므로 **AC의 연합 가능성이 가장 높음.**
제6유형	(A, B, C 삼각형) A>B>C, A가 B+C보다 압도적으로 강한 경우	- 제4유형과 마찬가지로 **연합은 형성되지 않을 가능성이 큼.** - 단, 제4유형에서 B, C는 오직 A에 대한 편승 전략을 취하는 반면, 여기서 C는 A와 연합할 경우 B에 대한 상대적 지위를 향상시킬 수 있으므로 **AC의 연합을 모색함.**

높은 AB와 AC 연합은 모두 가장 약한 A에게 유리하며, 제5유형에서도 C를 제외한 A와 B는 고립될 가능성이 크다. 즉, 세 나라 중에 가장 약한 C가 체계 내 상호작용으로 인해 역설적으로 가장 안전한 국가가 될 수 있는 것이다.

권력의 상대적 배분 구조에 따라 국가의 행위와 특정 연합의 형성 가능성을 예측하는 캐플로우의 이론은 매우 간명하면서도 직관적 이해가 가능한 장점이 있다. 게다가 이른바 신현실주의(neo-realism)와 가장 기본적인 전제를 공유하므로 지난 반세기 동안 발전해온 동맹이론이나 게임이론의 다양한 응용도 가능할 것으로 보인다. 단, 이를 그대로 근대 동아시아의 역사적 현실에 적용하기엔 무리가 있다. 이 시기 동아시아 삼각관계는 지구적 수준(global level)에서 전개된 영국과 러시아 간 경쟁 관계의 하부 체계로 존재했다. 즉, 근대 동아시아 삼각관계는 결코 외부 환경의 영향에서 절연된 체계가 아니었던 것이다. 이는 종종 삼각관계에서 열세에 처한 국가가 체계 내 연합보다는 역외세력과 제휴하는 전략을 추구하게 만드는 유인을 제공했다. 또한 이 삼각관계 내 국가들의 행동 동기는 단순히 안보적 이익을 위한 합리적 판단만이 아니라, 국가적 위신(national prestige) 또는 우월한 지위(superior status)를 향한 열망에 의해서도 추동되곤 했다.

　　이 글에서는 근대 동아시아 삼각관계가 청일수호조규(1871) 및 조일수호조규(강화도조약, 1876)의 체결로 3국 관계가 연동된 데서 시작되었으며, 청일전쟁(1894-1895)의 결과 기존의 구도가 무너지고 일본을 중심으로 하는 이중 삼각관계의 수립으로 일단락된 것으로 전제한다. 이에 따라 본론에서는 근대 동아시아 삼각관계의 진화 과정을 성립(1871-1876), 전개(1882-1894), 전환(1895-1907)의 세 단계로 구분하고, 각 시기의 구조 변화와 그에 따른 3국의 대응 행태를 검토할 것이다. 특히 캐플로우의 삼각관계 연합 이론의 적실성을 근대 동아시아사의 실제 전개 과정을 통해 검증하되, 만일 양자가 어긋나는 부분이 있다면 그 원인을 고찰함으로써 일반 체계이론으로는 설명하기 어려운 근대 동아시아 삼각관계의 구조적 특수성을 규명하고자 한다.

II 성립(1871-1876): 근대 동아시아 삼각관계의 내재적 모순

청일수호조규는 에도막부 수립 이후 단절된 중국과 일본 간 공식 국교 및 무역을 재개하는 계기가 되었다. 임진왜란 이후 조선통신사를 매개로 유지되던 조선과 일본 간 국교 역시 1811년 쓰시마에서의 이른바 '역지행빙(易地行聘)'을 끝으로 약 반세기 이상 중단된 데다가, 메이지유신의 왕정복고(王政復古)와 그 여파로 발생한 서계문제(書契問題)로 인해 사실상 단교 상태에 있었다. 조선 정부의 입장에서 조일수호조규의 체결은 중수구호(重修舊好), 즉 국교정상화의 의미를 갖는 것이었다. 따라서 근대 동아시아 삼각관계는 이 2개의 근대적 조약의 체결을 계기로 비로소 연동되었다고 할 수 있다.

그런데 '조규'라는 용어는 청일수호조규 체결 당시 청 북양대신 이홍장(李鴻章)이 제안한 것으로, 난징조약(南京條約)이나 안세(安政) 5개국 조약과 같이 당시 청과 일본이 서양 열강에 의해 강요받은 '조약=불평등조약'과 구분하기 위해 사용됐다. 즉, 당시 청과 일본이 체결한 '조약'은 예외 없이 서양 열강의 무력에 굴복하여 강요당한 '불평등조약'이었던바, 청과 일본, 그리고 조선과 일본 간에 맺는 조약은 자발적이고 대등한 것임을 강조하기 위해 '조규'라는 용어를 쓴 것이다(毛利敏彦 2010). 그러나 '조규'의 체결로 형식상의 대등성이 확보된 것과 달리, 국가 간 위계를 상정한 전통적인 국제질서 관념은 여전히 잠재되어 있었다.[5] 그뿐 아니라, 2개의 '조규'로 청과 일본, 조선과 일본은 대등한 국가가 되었지만, 조선과 청 간에는 여전히 전통적 위계가 존재하였다. 그런 의미에서 근대 동아시아 삼각관계는 형식과 관념 간의 근본적 모순을 내포한 불안정한 체계였다.

1. 청일수호조규와 조선 문제

처음에 일본이 청에 근대적 조약 체결을 제의한 것은 자국에 재류하는 청국 상인에 대한 관리 규정 마련, 서양세력에 대항하기 위한 전략적 제휴, 그리고 대청무역의 개시를 위해서였다(森田吉彦 2004). 청국 내부에선 일본이 그 속국(屬國)에 속하는지의 여부를 놓고 논란이 있었다. 하지만 결국 일본은 청의 속국으로 보기 어려우며 또 그 요구를 받아들이지 않을 경우 서양 세력과 한편이 될 우려가 있으므로 차라리 조약을 맺어 새장에 가둬놓고 이용해야 한다는 이홍장(李鴻章) 등의 주장이 주효한 결과(吳汝綸 1962, 奏稿 17, 53-54), 마침내 1871년 9월 13일(음 7월 29일) 청일수호조규가

---

5   근대 유럽의 주권적 평등 관념과 전근대 동아시아의 예(禮) 관념에 기초한 국가 간 차등 관념의 차이에 관해선 김용구(1997)를 볼 것. 조선과 일본 또한 중국 중심의 천하질서에 대응하여 나름대로 자국 중심의 위계적 국제질서 관념을 발전시켰는데, 그 대표적인 것으로 조선중화주의와 일본형 화이질서(華夷秩序)를 꼽을 수 있다. 이에 관해선 정옥자(1998); 荒野泰典(1987) 참조.

체결됐다. 협상 과정에서 논란이 된 것 중 하나는 양국의 주권자인 황제(皇帝)와 천황(天皇)의 위호(位號)로 인해 발생하는 양국 간 위계 문제였는데, 결국 이는 조약 체결 주체를 '국가'로 규정하는 것으로 타결됐다. 이와 함께 두 나라 모두 조약문상 국호에 '대(大)' 자를 붙이기로 함으로써 형식상 대등성을 취했다.

그런데 청·일 양국이 조규를 체결한 이면에는 조선 문제 또한 개재돼 있었다. 먼저 청의 입장에서 이 조약은 일본의 침략으로부터 한반도를 보호하는 의미가 담겨 있었다. 이는 "이후 대청국과 대일본국은 더욱 우호를 돈독히 해서 천지와 더불어 무궁하게한다. 또한 양국의 소속방토(所屬邦土)는 서로 예(禮)로 대해서 조금이라도 침범할 수 없으며 영원한 안정을 얻게 한다(嗣後大淸國 大日本國 被敦和誼 與天壤無窮 即兩國所屬邦土 亦各以禮相待 不可稍有侵越 俾獲永久安全)."라는 제1조의 명문으로 구체화되었는데, 그 의미에 관해 이홍장은 조약 체결 후 다음과 같이 보고했다.

저 나라[일본-인용자]는 고려[조선]와 가까운데, 『明史紀事本末』을 상고해보면 그 강약의 정형을 대략 알 수 있습니다. 최근에 들으니, 저 나라가 다시 때때로 조선을 넘보려는 마음을 갖는다고 합니다. 혹시라도 교활하게 야욕을 부려서 겸병하려고 한다면, 우리나라는 산해관(山海關) 밖 3개 성(省)이 울타리를 잃게 될 것이니, 미리 계책을 마련하지 않을 수 없을 듯합니다. 저들이 문을 두드리며 우호를 청할 때 약법(約法)을 정해둔다면, 비록 영원한 평안은 보장할 수 없더라도, 혹 조금 거리끼는 마음을 가질 것입니다. 그러나 또 고려를 적시하는 것은 편치 않았습니다. 그러므로 '소속방토(所屬邦土)'라고 범연

하게 말한 것이니, 대략 포괄할 수 있을 듯합니다. (全國公共圖書館古
籍文獻編輯出版委員會 1999, 上, 475)

즉, 이홍장은 '소속방토'에 조선도 당연히 포함되는 것으로 여
긴 것이다. 하지만 청일수호조규를 체결한 다테 무네나리(伊達宗
城)는 귀국 후 "소속방토(所屬邦土)는 번속토(藩屬土)를 지칭하는 것
이 아니다."라고 복명(復命)했다(日本外交文書 4, 223). 따라서 이는
소속방토의 범위를 적시하지 않은 이홍장의 실착이라면 실착이었
다.[6]

한편, 일본의 입장에서 청일수호조규는 조선과의 상대적 위
계 문제를 해결한다는 의미가 있었다. 이보다 앞서, 1868년의 메
이지유신(明治維新)을 통해 그동안 오직 상징적 의미만을 갖고 있
던 천황(天皇)이 정치의 전면에 등장했다. 이른바 왕정복고(王政復
古)가 일어난 것이다. 일본 정부는 이 사실을 조선 정부에 통고하
는 외교문서[서계(書契)]에서 '황(皇)'이나 '칙(勅)'과 같이 천자에게
만 허용되는 글자를 쓰고, 천황을 뜻하는 글자를 조선을 지칭하는
글자보다 더 높여 적는 등 이제 '천황'이 통치하는 일본은 '국왕'이
다스리는 조선보다 상위의 나라라는 뜻을 은연중에 드러냈다(김종
학 2021, 186-187). 조선 정부는 그 접수를 완강히 거부했는데, 그
이유는 이를 접수하는 순간 그동안 교린(交隣)의 이념에 따라 대등
한 이웃나라로서 교제해온 일본을 상국(上國)으로 인정하게 될 뿐

6   청일수호조규의 '소속방토'에 조선이 포함되는지의 여부는 조일수호조규 체결 직
     전인 1876년 1월 텐진에서 열린 주청일본공사 모리 아리노리(森有禮)와 총서(總
     署) 대신 및 이홍장 간 회담의 핵심 안건이 되었다(다보하시 2013, 501-503).

아니라, 중국과의 사대관계에도 문제가 생길 수 있기 때문이었다.[7] 따라서 문제의 본질은 메이지유신 이후 조·일 간 국가의 위계 재설정에 있었다고 할 수 있다. 이처럼 서계의 접수 여부로 인해 촉발된 조·일 관계의 경색은 조일수호조규의 체결로 관계가 정상화되기까지 약 8년간 이어졌다.

이러한 갈등 속에서 정한론(征韓論)이 비등하는 등 정치사회적 불안이 가중되자 일본 외무성(1869년 8월 신설)은 조·청 관계의 연혁과 본질을 조사하는 한편, 서계 문제의 해법을 찾기 위해 부심했다. 그 해결책으로 제시된 방안 중 하나가 조선은 청의 속국이라는 전제하에, 만일 청과 일본이 대등한 자격으로 조약을 맺으면 조선은 자연히 일본보다 하위의 나라가 되므로 위계 문제도 자연히 해결된다는 것이었다.

하나, 조선은 지나(支那: 청)에 복속하여 그 정삭(正朔)과 절도(節度)만을 받들고 있습니다. 따라서 먼저 지나에 황사(皇師)를 파견해서 통신조약(通信條約, 화친조약) 등의 수순을 취하고, 돌아오는 길에 조선 왕경(王京)에 들어가 황국(皇國)이 지나와 비견동등(比肩同等)의 국격으로 임한다면, 조선은 물론 일등(一等)을 낮춘 예전(禮典)을 쓰게 되더라도 저들로선 이의를 제기할 수 없을 것입니다. … 지나와의 통신은 조선과의 교제보다 급무라고 생각되지는 않으나, 조선을 회무(懷撫)하는 취지에서 논한다면 가장 시급히 착수해야 할 것으로 생각됩니다. (日本外交文書 3, 145)

---

7   서계 접수 문제의 배경과 경과에 관해서는 관해서는 현명철(1996) 참조.

요컨대 청국은 일본의 침략으로부터 '소속방토'인 한반도를 지키기 위해서, 일본은 조선의 '상국(上國)'인 청국과 대등하게 조약을 체결함으로써 이를 격하하려는 의도가 있었다. 단, 조선 문제에 관한 한, 청일수호조규의 체결에도 불구하고 두 나라 모두 소기의 목적을 이루진 못했다. 전자는 조약문 해석상의 이견으로 인해, 그리고 후자는 조·청 관계를 단순한 종속관계로 여긴 몰이해에 기초한 것이었기 때문에 조선과의 위계 문제에 영향을 미치지 못했던 것이다.

2. 조일수호조규와 '자주지방'의 국제정치적 의미

청일수호조규가 체결된 지 5년 후, 조선과 일본 간 또 하나의 '조규'가 체결됐다. 일반적으로 조일수호조규는 일본 제국주의의 경제적·외교적 침략의 시발점으로 간주되지만, 다른 한편으로 조·일 간 국가 위계의 문제와 관련해서 의미 있는 합의를 도출한 측면도 있었다. 다시 말해서, 메이지유신의 왕정복고로 인해 경색된 조·일 관계는 조일수호조규의 합의에 따라 해소된 것이다.[8] 수신사 김기수(金綺秀), 김홍집(金弘集)의 방일(1876, 1880)이나 조사시찰단(신사유람단)의 파견(1881)도 이러한 기반 위에서 비로소 가능했다.

우선 강화도 협상에서 양국 대표는 조선 국왕과 일본 천황 간

---

8   조일수호조규 체결 당시 일본의 오쿠보 도시미치(大久保利通) 정권이 처했던 국내정치적 곤경과 이를 타개하기 위한 방책으로서 조선과의 조약 체결을 모색하게 된 경위에 관해서는 김종학(2016; 2017a) 참조.

의 위격(位格) 문제가 재연(再燃)되는 것을 예방하기 위해 양국의 '정부'가 주체가 되어 대등하게 교제한다는 원칙에 합의했다. 이에 따라 조약문에선 그 체결의 주체를 '정부'로 통일하고, 국호 또한 '대조선국'과 '대일본국'으로 대등하게 표기했다. 그리고 향후 일본이 파견할 공사 등급은 3등 변리공사(minister-resident)로 합의했다. 이는 1등(대사, ambassador)과 2등(전권공사, minister plenipotentiary) 공사는 천황의 신임장을 직접 조선 국왕에게 제정해야 하므로, 이 과정에서 군주 위격 문제가 다시 제기되는 것을 피하기 위해서였다(신헌 2010, 192-195).

그중에서도 조·일 간 국가 위계의 문제와 관련하여 내려진 가장 중요한 결정은 "조선국은 자주지방으로서 일본국과 평등지권을 보유한다(朝鮮國自主之邦 保有與日本國平等之權)."라고 규정한 조약의 제1조였다. 조일수호조규는 한문과 일본어로 작성됐을 뿐, 영어 또는 프랑스어 등 제3국 언어로 된 별도의 정본을 두지는 않았다. 그런데 일본 외무당국은 이 구절을 일방적으로 "Chosen being and independent state enjoys the same sovereign rights as does Japan."이라고 영역하여 각국 공사관에 회람했다(日本外務省 1934, 2). 즉, '자주지방'을 'independent state', '평등지권'을 'the same sovereign rights'라고 옮긴 것이다.

그러나 이는 조선 정부의 해석과는 달랐다. 당시 자주(自主)란 반드시 사대관계, 즉 조선과 청국 간에 존재한 명목적 상하 관계와 모순되는 개념이 아니었다(이용희·신일철 1972). 병인양요와 신미양요가 발발했을 때 청 총서에서 "조선은 중국의 속국이지만 그 정교금령은 자주(自主)이므로 강요할 수 없다."라고 하거나 "조선은 청조의 속국이지만 내정과 외교는 자주"라고 하면서 그 개입을 회피한 전례도 있었다(이동욱 2020a). 의례적 조공관계에 무관하게, 조선이 모든 국사를 스스로 처리하는 '자주국'이라는 사실은 조선과 청에는 자명한 역사적 사실이었다. 이 때문에 향후 조선의 국제적 지위뿐만 아니라 동아시아 삼각관계의 틀을 규정할 이 중대한 조항에 대해 조선 정부는 어떠한 이의도 제기하지 않은 것이다(신헌 2010, 240).

이는 단순히 당시 조선과 일본에서의 '자주'의 의미 차이로 인한 오해에 불과했을까? 그런데 일본에선 이미 10여 년 전부터 'independence'의 번역어로 '獨立'이 통용되고 있었으므로,[9] 조약 초안에 '自主'를 쓴 것은 다분히 의도적이었던 것으로 보인다. 강화도 협상이 지연 또는 결렬되는 사태를 막기 위해서 조선 정부의 반발을 초래할 가능성이 있는 '獨立'을 의도적으로 배제한 것이다(김종학 2017a). 그런데 엄밀히 말하면, 이는 완전한 오역이라고 단정하기도 어렵다. 왜냐면『만국공법(萬國公法)』에서도 'independent'의 의미를 '自主'로 풀이한 사례가 있기 때문이다.[10]

9　『英和對譯袖珍辭書』(1862)는 'independence'를 '獨立'으로 풀이했다. 또『和英語林集成』(1867)은 '獨立'의 의미를 'independence; free from the control of another'라고 옮겼다(惣鄕正明·飛田良文 1986, 409).

10　예컨대『萬國公法』은 원문(*Elements of International Law*)의 "even sovereign and independent States may restrain or modify this faculty by treaties of alliance or confederation with others"라는 구절을 "則自主者 亦可因特盟 而減削其立約之權"(『萬國公法』第3卷, 2章 1節)로, "rendered the states of the Empire almost independent of the Emperor, its federal head."라는 구절을 "使日爾曼諸藩邦幾得自主 而不爲德皇所帝"로 옮겼다(『萬國公法』, 續卷).『萬國公法』의 번역과 조선의 국제적 지위에 관한 연구로는 유바다(2017) 및 이동욱(2018) 참조.

즉, 1876년의 시점에서 '自主'라는 개념은 전통적 의미에서의 '사대관계 속에서의 자주'로도, 근대 국제법적 의미에서의 '타국과 대등한 주권적 독립'의 의미로도 해석 가능한 모호성(ambivalence)을 내포하고 있었다.

또한 '자주지방' 규정은 근대 동아시아 삼각관계의 내적 모순을 은폐하는 기능을 했다. 앞서 서술한 것처럼 청과 일본, 그리고 조선과 일본은 조규를 체결하는 과정에서 국가 간 위계 문제가 제기되지 않도록 '국가' 또는 '정부'가 대등하게 관계를 맺는 방식을 취했다. 그런데 관념적으로는 여전히 자국이 타국(특히 조선)에 비해 우위에 있다고 상상했을 뿐 아니라, 조선과 청 사이에는 명목상의 상하 관계가 존재했으므로 이는 자가당착에 지나지 않았다. 그런데도 이 내재적 모순이 크게 표면화되지 않았던 데는 '자주지방' 개념의 모호성이 있었다. 이는 조선의 국제적 지위를 구체적으로 따지지 않고, 세 나라가 편의적으로 이를 해석할 수 여지를 남겼다는 점에서 일종의 정치적 타협이었다(그림 2-1).[11] 하지만 그것은 특정 국가의 의도에 따른 것이라기보다는, 삼국의 상호작용이 아직 미미하고 또 어느 국가도 현상을 변경할 만한 세력을 보유하지 못한 상황에서 형성된 우연하고 잠정적인 타협이었다.

---

11 이는 일제 식민통치의 합법성과 관련하여 1965년 한일기본조약 제2조에서 '이미 무효(already null and void)'라는 문구를 설정함으로써 일종의 정치적 타협을 이룬 사례를 연상시킨다. 한일기본조약 제2조를 둘러싼 협상 경위에 관해선 이원덕(2005) 참조.

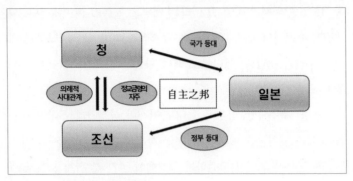

그림 2-1. 동아시아 삼각관계의 모순과 '자주지방'

III 전개(1882~1894): 체계 동학(動學)의 본격적 작동

1. 임오군란과 청의 조선정책 변화

근대 동아시아 삼각관계는 처음부터 국가 간 위계에 관한 모순을 내포하고 있었지만, 조선·청·일본의 내부 사정과 실력의 부족으로 인해 그것이 당장 현재화(顯在化)하지는 않았다. 3국의 관계가 하나의 체계로서 본격적으로 작동하기 시작한 것은 1880년대 들어서였다. 그 계기가 된 사건은 1882년 7월 조선에서 발생한 임오군란(壬午軍亂)이었다(김용구 2004).

　군란이 발발하자 광분한 난군(亂軍)과 난민(亂民)은 창덕궁에까지 쳐들어와 오래전부터 원부(怨府)가 된 왕비를 찾았고, 이를 진압할 수 없었던 고종은 흥선대원군에게 정권을 이양할 수밖에 없었다. 경군(京軍)의 대부분이 군란에 가담한 상황에서 국방과 치안은 무너진 것과 마찬가지였고, 19세기 이후 줄곧 악화한 재정난은 "국고에 1개월 치의 비축분도 없다."라는 탄식이 나올 정도가 되었다 (中央研究院 近代史研究所 1990, 554). 게다가 일본공사관이 소실되고 적지 않은 민간인 사상자가 났으므로 일본의 보복이 우려됐다.

임오군란의 발발 소식이 전해지자 청 조정은 조선 정부의 공식 요청이 없었는데도 즉시 그 진압을 위한 대규모 파병을 결정했다. 그 신속함은 일본의 외무당국을 경악하게 했다. 청의 군대가 한반도에 진주한 것은 병자호란 이후 약 250년 만에 처음 있는 일로서, 이는 청의 조선 정책의 근본적 변화, 즉 내란과 전쟁 등에서 실질적 책임을 지는 대신 그 주권, 특히 외교권을 제한하는 근대적 보호 관계로의 이행을 의미했다.

그러나 이러한 정책 전환을 정당화하는 명분과 수사(修辭)는 여전히 전근대적인 것에 머물러 있었다. 예컨대 주일청국공사 여서창(黎庶昌)은 "귀국이 〔조선과-인용자〕 입약(立約)할 때 설령 자주(自主)를 허락했다고 해도, 중국은 본디 속방으로 대해왔다. … 귀 공사관이 바로 병란 가운데 있으니, 비유하자면 다른 사람이 자제의 집에 물건을 맡겼는데 혹 도둑을 맞았다면 가장이 사문(査問)하지 않을 수 없는 이치와 같다."라고 하고(多田好問 1968, 896-897), 마건충(馬建忠)의 주도로 흥선대원군을 납치할 때는 '전은명의(全恩明義)'를 명분으로 내세우며 그 전례를 원(元)나라 때 고려 충선왕(忠宣王)과 충혜왕(忠惠王)을 납치해간 고사에서 구했다(多田好問 1968, 903-904). 이처럼 임오군란을 계기로 본격화된 조선에 대한 청의 정치적 간섭은 기묘한 혼종성(混種性)을 띠고 있었다. 이는 내정과 외교에서의 '자주(自主)'를 인정한 전통적 규범을 무시하면서도 그것을 근대적 규범으로 대체하기를 거부한 데서 비롯된 것이었다.

프러시아 군사교관 야콥 메켈(Jakob K. Meckel)이 한반도를 "일본 열도의 심장을 겨누는 비수(匕首)"라고 비유한 데서 알 수 있듯이, 일본도 정부 수립 초기부터 이를 사활적 안보 이익이 걸린 지역으로 간주했으므로(芝原拓自·猪飼隆明·池田正博 1988, 41-44) 청의 정책 변화에 무관심할 수 없었다. 이에 기존의 러시아에 더해 청을 새로운 가상 적국으로 간주하고 본격적으로 군비 확충에 착수했다(박영준 2020, 87-106). 하지만 군사력은 아직 청에 비교하여 절대적으로 열세였고, 게다가 1881년부터 '마쓰카타(松方) 재정'으로 유명한 긴축재정이 시행 중이었으므로 급격한 군비 증강도 쉽지 않았다. 따라서 일본의 조선 정책은 이른바 소극정책으로 귀결되었다. 그 골자는 청의 '종주권' 주장에 대해선 조일수호조규의 '자주지방' 규정을 내세워 항의하되, 실제로는 평화 기조를 유지하면서 한반도 문제에 관한 청의 우월권을 인정한다는 데 있었다. 이와 관련해서 소극정책을 주도한 이노우에 가오루(井上馨) 일본 외무경의 평전에는 다음과 같이 기술돼 있다.

임오의 변란[임오군란]에 대한 조처는 어쨌든 이상과 같이 일단락됐지만, 앞으로 조선 정책을 어떻게 할 것인가는 묘당의 일대 문제가 되었다. 즉, '그 나라 정부에 안으로는 실력을 양성시키기 위해 은밀히 그것을 보조하고, 밖으로는 외국에 그 자주독립을 공인시키는' 적극정책을 취할 것인가, 아니면 '그렇게 원조하지 않고, 청 정부의 간섭을 억제하지 않고, 우선 그 하는 대로 맡겨두어 일본과 청국 및 동

양의 평화를 유지하는' 소극정책으로 나갈 것인가의 문제였다. 종래
[이노우에-인용자] 공이 취해온 정략으로 보면 적극정책을 추진하는
것이 당연했지만, 조선정부 내의 현상이나 청·한의 관계를 숙지한
공은 동양평화라는 대국을 위해 잠시 소극정책을 취하게 되었다. (井
上馨侯傳記編纂會 1968, 3, 492-493)

이러한 맥락에서 최초의 한반도 중립화론이 제기됐다. 메이
지 헌법을 기초한 것으로 유명한 참사원(參事院) 의관(議官) 이노우
에 고와시(井上毅)는 1882년 9월 「조선정략(朝鮮政略)」이라는 글을
써서 내각 대신들에게 회람했는데(芝原拓自·猪飼隆明·池田正博 1988,
52-54), 그 골자는 일본을 비롯해 청·미국·영국·독일 등 5개국이
조선의 영세중립을 보장한다는 것이었다. 하지만 그 실제 목적은
조선이 그 종속국(dependent state) 또는 피보호국(protectorate)으
로 전락하는 것을 막고 청과 일전을 벌일 실력을 갖추기까지 시간
을 벌려는 데 있었다.[12]

임오군란 이후, 동아시아 삼각관계의 구조는 한 나라(청)의 세
력이 다른 두 국가(조선, 일본)에 비해 압도적으로 큰 캐플로우의 제
4유형에 가깝게 되었다. 이 경우 약한 두 나라가 설령 제휴하더라
도 압도적으로 강한 나라의 지배적 지위에는 도전할 수 없으므로

12   가지무라 히데키(1985)는 근대 이행기 다양한 형태로 분출된 한반도 중립화론을
     (1) 열강의 세력 다툼 와중에서 독립을 유지하기 위한 한국의 주체적 구상, (2) 한
     반도에서 주로 경쟁을 벌인 일본 및 러시아가 자신의 세력이 불리할 때 이를 만회
     하고 시간을 벌기 위한 정략적 수단, (3) 한반도를 지배하려는 정치적 의도는 없
     지만, 한반도의 이권을 균점하고 또 동아시아의 현상 유지를 위해 영국·독일·미
     국 등에 의해 제시된 타협안 등 3개의 계보로 구분했다.

어떠한 연합도 결성되지 않는다. 실제로 조선의 일부 모험주의자들이 일본의 재야세력과 결탁해서 일으켰다가 불과 사흘 만에 실패로 끝난 쿠데타―갑신정변―를 제외하고는(김종학 2017b) 1894년 청일전쟁 전까지 적어도 조선과 일본의 정부 차원에서 청의 세력에 공동으로 대응하려는 구상과 움직임은 찾아보기 어렵다.

2. 조러밀약사건, 거문도사건과 삼각관계의 동요

임오군란 이후 청으로부터의 정치적 압력이 가중되자, 조선 왕실은 그 대응책으로 극비리에 러시아 황실과의 제휴를 시도했다. 1885년과 1886년, 2차례에 걸쳐 추진된 조러밀약은 비록 청의 신속한 개입과 방어선을 한반도에까지 확장하는 데 따른 군사적·재정적 부담을 꺼린 러시아의 미온적 태도로 흐지부지됐지만, 그것이 동아시아 삼각관계에 미친 영향은 중대했다(임계순 1984; 다보하시 2016, 43-71; 김종학 2021a, 226-241).

이보다 앞서, 청과 일본은 갑신정변의 사후 조처로 톈진조약 (1885.4.18.)을 체결해서 양국 군대를 4개월 내 한반도에서 철수하고, 또 상호 협의하에 조선 국왕에게 제3국의 군사교관을 천거하기로 합의했다. 그런데 그로부터 불과 2개월 뒤인 1885년 6월에, 전년부터 고종이 묄렌도르프 및 왕실의 심복을 통해 은밀히 추진해오던 조러밀약 시도가 폭로된 것이다. 이는 청·일 두 나라의 입장에선 러시아에 어부지리(漁夫之利)를 안겨주는 것과 다를 바 없었다.

이에 청은 1885년 10월 임오군란 당시 톈진으로 납치해간 홍

선대원군을 석방, 귀국시켜서 왕실을 위협하는 한편(김종학 2021a, 215-225), 원세개(袁世凱)를 주찰조선총리교섭통상사의(駐紮朝鮮總理交涉通商事宜)에 임명해서 파견했다. 당시 26세에 불과했던 그는, 총영사와 공사의 이중 지위를 가지면서 동시에 조선의 외교를 지도하는 상국(上國)의 대리자를 자처했다(정동연 2020, 119-121). 일본 외무당국도 조러밀약사건에 경악하긴 마찬가지였다. 이노우에 외무경은 7월 3일 이홍장에게 「조선외무판법 8개조(朝鮮外務辦法八個條)」를 제안해서 한반도 문제에 관한 공동 대처를 제안했다. 그 골자는 이노우에와 이홍장의 사전협의를 전제로, 한반도 문제에 대한 청의 주도권을 사실상 인정한다는 것이었다. 이는 청의 종주권 주장과 배치되는 것이었으므로 이홍장은 이를 겉으로는 거절했지만, 실제로는 묄렌도르프와 진수당(陳樹棠)을 교체하는 등 상당 부분을 수용했다. 대원군의 귀국 또한 「조선외무판법 8개조」와 함께 전달된 이노우에의 밀서에 포함된 내용이었다(故宮博物院 1963, 8: 문서번호 385(5)).

조러밀약사건과 직접적 관계는 없지만, 그와 거의 동시에 진행됨으로써 결과적으로 한반도의 국제정치적 명운에 큰 영향을 미친 사건이 발생했다. 1885년 4월 영국 군함 3척이 한반도 남단의 거문도를 무단 점령한 것이다. 이른바 거문도사건이었다. 이는 러시아 군대의 아프가니스탄 펜제(Panjdeh) 점령에 대응하기 위한 영국의 지정학적 전략에서 비롯된 것이었는데(김용구 2008), 결과적으로 청의 한반도 우위를 확립하는 데 기여했다.

거문도를 점령한 후, 영국 외무성은 이 사실을 당사국이 아닌 주영청국공사관에 통고했다. 그리고 10월에 이르러 아프가니스탄 사태가 수습되자 영국은 청 외무당국에 조선의 '독립' 및 거문도의 중립화를 조건으로 철수 의사를 밝히고, 이홍장은 이에 기초해서 북경주재 러시아 대리공사 라디젠스키(M. Ladygensky)와 비밀 협상을 진행해서 한반도의 현상 유지 및 영토 보존을 전제로 향후 러시아는 한반도로 진출하지 않는다는 신사협정을 맺었다(이동욱 2020b). 청 정부는 이를 근거로 영국에 철군을 요청, 마침내 약 2년 만에 거문도사건을 매듭지을 수 있었다. 이러한 일련의 처리 방식은, 사실상 청에 조선 외교에 대한 관리 권한이 있음을 승인한 것과 마찬가지였다. 일본 외무성 관리 오다기리 마스노스케(小田切 萬壽之助)는 거문도사건 이후 영국의 대한반도 정책의 핵심을 예리하게 간파했다.

이러한 원인〔러시아와의 정치적, 경제적 경쟁관계-인용자〕때문에 영국 정부는 조선이 과연 독립국인지 아닌지와 같은 학리상(學理上), 역사상(歷史上)의 문제는 불문에 부치고, 형세와 이익에 따라〔勢利上〕조선을 청국의 속방이라고 인정하여 그 환심을 사고, 러시아의 남침을 막는 수고를 분담하는 것이다. 이로써 자기 혼자 그 수고를 떠맡기를 피하는 것이니 영국의 정략이 또한 교묘하다고 할 만하다. (小田切 1890)

조러밀약사건과 거문도사건은 조선에 대한 청의 정치적 압력, 또는 '종주권(宗主權)' 주장을 영국과 일본이 승인하는 결과로 이어졌다. 게다가 영국 해군의 거문도 철군 교섭 과정에서 알 수 있듯이, 러시아도 한반도의 현상이 유지되는 한 조·청 관계에 굳이 개입할 의사는 없었다. 이는 거꾸로 말하면, 청은 열강으로부터 조선의 내정과 외교에 간섭할 권한을 인정받았지만, 동시에 그것을 자국의 성(省)으로 편입하는 등 그 국제적 지위를 일방적으로 변경할 수는 없었음을 의미한다. 원세개가 고종의 폐위 음모를 획책했지만, 끝내 뜻을 이룰 수 없었던 이유도 여기에 있었다.

정치적 자주성을 확보하기 위해 역외세력인 러시아와의 제휴를 시도한 조러밀약사건은, 청과 일본이 느끼는 위협수준을 크게 상승시키는 결과를 초래했다.[13] 이에 따라 동아시아 삼각관계는 캐플로우의 제2유형과 유사한 형태로 전환되었다. 제2유형의 경우 가장 강한 국가를 제외한 나머지 두 국가 간의 연합이 이뤄질 가능성이 높은데, 이노우에의 「조선외무판법 8개조」 제안과 이에 대한 이홍장의 부분적이지만 암묵적 승인은 이러한 맥락에서 이해할 수 있다. 하지만 이러한 구도는 역외세력인 영국의 개입으로 오래 이어지지 않았다. 영국은 거문도 철군 교섭을 사실상 청에 위임했을 뿐만 아니라 이를 계기로 한반도 불개입정책으로 선회했고(구대열

13   캐플로우의 이론은 3국의 세력이 산술적으로 계산 가능하며, 각국은 상대국의 국력 변화를 투명하게 파악할 수 있다는 전제에 입각해 있다. 하지만 이러한 가정은 19세기 동아시아 국가들의 전반적인 행정 능력, 국가통계, 언론 활동 및 국가 간 정보 교류의 수준을 고려할 때 비현실적이다. 이러한 관점에서 볼 때, 국가 간 동맹의 형성과 붕괴의 원인에 관한 스태픈 월트(Stephen M. Walt)의 '위협의 균형(Balance of Threat)' 이론은 캐플로우의 전제를 보완하는 데 유용하다. Walt(1997)에 따르면 위협수준은 적국의 총합 국력(aggregate power), 지리적 근접성(geographic proximity), 공격능력(offensive power) 및 그 침략적 의도(aggressive intentions)에 대한 인식 등 4개 요인으로 구성된다. 청·일의 입장에서 한반도에서의 상대국의 영향력 확대는 설령 총합 국력과 공격능력에 변화를 가져오지 못한다고 해도 지리적 근접성, 특히 그 침략적 의도에 대한 의심을 증대시켜 전체적인 위협수준을 높이는 결과를 초래한다.

1985), 러시아 또한 1890년대 후반까지 한반도의 현상 유지를 선호했다. 영국이 거문도에서 철수한 후 동아시아 삼각관계는 제4유형 또는 제6유형과 유사한 형태로 급격히 환원되었다.

IV 전환(1895-1907): 이중적 삼각관계로의 진화

1. 청일전쟁과 일본 우위 삼각관계의 형성

청일전쟁(1894-1895)의 원인에 관한 논쟁은 지금까지도 진행 중이지만, 그 직전에 군사력을 비롯한 양국 국력의 격차가 급격히 축소된 사실에 관해선 큰 이견이 없다.[14] 이러한 구조 변화에 캐플로우의 체계이론을 대입하면, 국력이 대등한 청과 일본 간에 상대적으로 약한 조선과의 연합을 놓고 경쟁이 벌어지는 상황을 예측할 수 있다[제3유형]. 하지만 실제 결과는 한반도의 주도권을 둘러싼 청과 일본의 전면전이었다. 이는 삼각관계 체계이론보다는 차라리 불만족 국가군에 속한 강대국 중 하나가 급격히 국력을 신장할 때

---

14 조한승(2006, 115-121)은 1816년부터의 각국 국력을 군사, 산업, 인구의 3개 측면에서 정리한 COW(Correlates of War) 프로젝트의 NMC(National Material Capabilities) 데이터에 근거하여 일본과 중국의 국력 격차가 청일전쟁 직전에 급격히 줄어든 것으로 보았다. 특히 군사력의 경우, 일본 군함의 총 톤수가 약 5만 7천 톤이었던 것에 비해 이를 상대해야 하는 북양해군 군함의 톤수는 약 3만 5천 톤에 불과했다. 육군 또한 일본의 전시동원 병력은 육군 7개 사단 12만 명으로서 예비군까지 포함하면 약 23만 명이 되었다. 중국은 100만 대군이라고 주장했지만, 북양육군은 3만 명 규모에 지나지 않았고 훈련 부족과 조직의 부패로 전투력이 크게 떨어졌다.

체제 위기가 발생한다고 주장하는 세력전이 이론(power transition theory)의 타당성을 입증하는 듯 보인다.

그렇다면 삼각관계 체계이론이 청일전쟁의 발발을 예측하는 데 실패한 원인은 어디서 찾을 수 있을까? 그 첫 번째 원인은 러시아라는 역외세력의 위협에 있었다. 특히 1891년 러시아의 시베리아 횡단철도의 착공은 본격적인 세력 팽창을 예고하는 전조로 인식되었다. 이에 따라 일본은 러시아 세력이 남하하기 전에 청과 일전을 겨루어 한반도를 차지하는 것을 급무로 간주한 것이다.

1890년 내각총리대신 야마가타 아리토모(山縣有朋)가 각료들에게 회람한 「외교정략론(外交政略論)」은 이러한 인식을 대변하는 대표적 문헌이다. 여기서 그는 조선을 일본이 반드시 차지해야 하는 지정학적 요충지인 이익선(利益線)의 핵심으로 규정한 후, 시베리아철도의 준공이 한반도 정세에 미칠 영향에 관해 주의를 환기했다.

우리나라의 이익선의 초점은 실로 조선에 있다. 시베리아철도는 이미 중앙아시아로 나갔으니, 몇 년 내로 준공된다면 십수 일 내에 러시아 수도를 출발해서 흑룡강에서 말에게 물을 먹일 수 있을 것이다. 우리는 시베리아철도가 완성되는 날은, 곧 조선이 다사(多事)해지는 때임을 잊어선 안 된다. 또 조선이 다사해지는 때는, 곧 동양에 일대 변동이 생기는 계기가 됨을 잊어선 안 된다. 그리고 조선의 독립은, 이를 유지하는 데 무슨 보장이 있는가? 이 어찌 우리 이익선에 대해 가장 급격한 자극과 충격을 주는 것이 아니겠는가? (芝原拓自 · 猪飼隆明 · 池田正博 1988, 81-86)

다음으로 청일전쟁은 근대 동아시아 삼각관계의 내재적 모순을 일본 위주로 해결하는 의미가 있었다. 이와 관련하여 메이지 초기부터 청일전쟁에 이르기까지 일본의 대청 정책의 목표는 상호평등주의에 입각한 청일수호조규를 개정해서 일본이 상위에 있는 동아시아 불평등체계의 창출에 있다고 본 최석완(2006)이나, 청일전쟁 당시 일본의 대한반도 정책목표를 지위/권위 전이의 관점에서 분석한 신욱희(2020)의 연구는 시사하는 바가 크다.

일본 내각은 개전 직후인 1894년 8월 17일의 각의에서 조선을 피보호국으로 삼는다는 기본 방침을 정했다(日本外交文書 27-1, 646-649). 이와 함께 청과의 관계도 일본을 우위에 두는 상하 관계로 재편한 후 국제적 승인을 받기로 했다(최석완 2006). 청일전쟁에서 승리한 결과, 일본은 시모노세키조약(1895.4.17.)을 통해 청에 조선이 완전무결한 자주독립국임을 승인하게 하고, 이어서 청일항해통상조약(1896.7.21.)의 체결로 청으로부터 영사재판권, 협정관세, 최혜국대우 등 서구 열강과 동일한 이권을 획득했다. 이에 따라 조일수호조규의 '자주지방(自主之邦)'의 의미는 약 20년 만에 '주권독립국'으로 확정됐다.

임오군란 직후 동아시아 삼각관계의 구조가 청이 압도적 세력을 가진 제4유형이었다면, 청일전쟁의 결과로 만들어진 구조는 청 대신 일본이 우위에 있는 제4유형이었다. 이러한 상황에서 청과 조선은 각각 역외세력인 러시아와의 제휴를 통해 세력 만회를 시도했다. 청과 러시아의 관계는 군비 배상금과 랴오둥반도 반환 보상금의 대부를 계기로 밀접해졌다. 1896년 6월, 니콜라이 2세의 대관식 참석차 모스크바에 간 이홍장은 재무장관 비테(S.Y.

Witte)와 비밀동맹(1896.6.3.)을 맺고 일본이 침략할 경우 원조를 받는 대가로 만주 북부를 관통해서 블라디보스토크에 이르는 동청철도 부설권을 양여했다. 그리고 러시아는 2년 후 관동주조차조약(1898.3.27.)을 체결하고 25년간 뤼순(旅順)과 다롄(大連)을 군항으로 사용할 수 있는 권리를 확보했다. 마찬가지로 조선도 삼국간섭(1895.4.17.)을 계기로 인아책(引俄策)을 시도했으며, 또 명성왕후가 일본인의 손에 살해된 후(1895.10.8.) 고종이 러시아 공사관으로 파천하는 사건이 발생했다(1896.2.11.).

그러나 이러한 시도는 모두 일본 우위의 삼각관계 구조를 변화시키는 데는 실패했다. 1899년 9월 11일에 이르러 대한제국과 청이 역사상 처음으로 주권국가의 자격으로 조약을 체결했다. 이른바 한청통상조약이었다. 이로써 3국 간의 국가 위계에 관한 모순은 적어도 형식상으로는 완전히 소멸됐다. 그러나 실제로 대한제국과 청의 대등한 관계는 일본을 상위에 둔 불평등 체계의 하부구조에 지나지 않았다.

2. 영일동맹과 이중적 삼각관계

19세기 말 동아시아 지역 정세의 격변은 지구적 수준(global level)의 국제정치적 구조 변동과 결부되어 영일동맹이라는 뜻밖의 결과를 산출했다. 19세기 중반 이후 영국은 러시아와 발칸 반도, 중동, 중앙아시아 등지에서 이른바 그레이트 게임(Great Game)을 펼치고 있었다. 그러나 독일 해군의 급성장과 보어전쟁에 따른 재정난으로 인해 영국의 군사적 패권은 급속히 쇠퇴했다.

한편, 중국에서는 청일전쟁 이후 본격적으로 열강의 각축이 전개됐다. 1897년 11월 독일의 자오저우만(膠州灣) 점령 이후, 러시아는 뤼순과 다롄, 영국은 주룽반도(九龍半島)와 산둥(山東)의 웨이하이웨이(威海衛), 프랑스는 광저우만(廣州灣)을 각각 조차지로 설정하고 그 세력권으로 삼았다. 그러나 이와 같은 '보상정책 (policy of compensation)'은, 청 제국을 사실상의 동맹국으로 간주하고 그 정치적, 영토적 보전을 통해 무역상의 이익을 보호하고 러시아의 팽창을 견제한다는 기존의 정책과는 거리가 먼 것이었다. 따라서 영국이 얻는 보상의 크기와 무관하게 중국의 '과분(瓜分)'은 그 자체로 외교적 실패와 권위의 실추를 뜻했다. 더욱이 시베리아 철도 및 동청철도의 부설로 러시아 세력의 남진(南進)이 가시화되고, 실제로 1900년의 의화단 사건을 계기로 만주가 점령되기에 이르자 동아시아 정책을 근본적으로 재검토해야 했다(조명철 2002; 이노우에 2005).

1901년 1월 22일, 63년간 대영제국을 통치하면서 이른바 '영광스러운 고립(Splendid Isolation)' 정책을 추진한 빅토리아 여왕의 서거와 에드워드 7세의 즉위는 기존의 고립주의적 외교정책의 청산을 알리는 신호탄과도 같았다. 마침 일본에서도 같은 해 6월 호전적인 가쓰라 다로(桂太郎) 내각이 출범하면서 러시아와의 타협을 모색한 이토 히로부미(伊藤博文), 이노우에 가오루 등 원로그룹의 위상이 작아지고, 대신 고무라 주타로(小村壽太郎), 가토 다카아키(加藤高明), 하야시 다다쓰(林董) 등 영일동맹을 바탕으로 대러 강경책을 주창하는 소장파가 득세했다.

8월 초부터 런던에서 하야시 영국주재 일본공사와 랜즈다운

영국 외상 간에 공식적으로 시작된 교섭은 1902년 1월 30일 제1
차 영일동맹의 체결로 마무리됐다(Nish 1968; 풀리 2007). 이 동맹
의 목적은 그 제1조에서 밝힌 것처럼 러시아 세력의 남하로부터
중국과 한반도에서 영국, 일본의 권익을 지키는 데 있었다(Monger
1963). 이는 대륙세력(러시아)의 팽창을 막기 위한 해양세력(영국·
일본)의 연합이라는 점에서 20세기 냉전기를 특징짓는 지정학적
전략인 봉쇄정책(containment policy)의 원형이라고 할 만한 것
이었다. 이것으로 러일전쟁(1904-1905)을 거쳐 제1차 러일협약
(1907.7.30.)과 영러협상(1907.8.31.)이 체결되기까지 동아시아의
삼각관계는 일본, 대한제국, 청의 불평등 삼각관계와 일본, 러시
아, 영국의 삼각관계가 일본을 매개로 중첩되는 이중 구조로 확대
됐다.

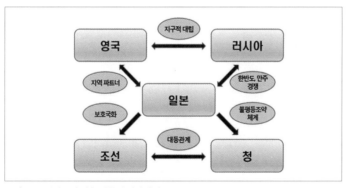

그림 2-2. 영일동맹 이후 이중적 삼각관계(1902-1907)

V 결론

이 글에서는 근대 동아시아의 삼각관계가 청과 일본, 조선과 일본 간 조규의 체결로 하나의 체계로 연동되기 시작해서, 청일전쟁과 영일동맹을 거치며 조선-청-일본의 불평등 삼각관계와 영국-러시아-일본의 삼각관계가 일본을 매개로 중첩된 이중적 삼각관계로 전환되기까지의 과정을 살펴보았다. 그 속에서 캐플로우의 삼각관계 연합 이론은 권력 배분의 구조 변화와 3국의 대응 양상과 관련하여 일정한 설명력을 증명했지만, 동시에 청일전쟁의 발발에서 보듯이 실제 역사적 전개와 다소 차이를 보이기도 했다. 그 원인은 크게 세 가지로 생각할 수 있다.

첫째, 캐플로우의 이론은 삼각관계의 구성국이 기본적으로 타국에 대한 통제(control)를 추구한다는 전제에 입각한다. 그런데 근대 동아시아 국가들은 서세동점(西勢東漸)으로 일컬어지는 서양 제국주의 세력의 위협 속에서 자국의 안위를 우선시해야 했다. 이 때문에 청과 일본은 그 사활적 이해가 걸린 것으로 간주한 한반도를 세력권으로 편입하기 위해 분주하였고, 따라서 조선으로서도 이들의 침략과 정치적 압력 속에서 국가 자주성을 지키는 것이 가장 시급한 과제가 되었다. 이로 인해 근대 동아시아 삼각관계는 상호 통제보다는 한반도라는 지정학적 요충지를 둘러싼 전략적 경쟁의 양상을 띠었다.

둘째, 캐플로우의 삼각관계 연합 이론은 외부 환경의 영향으로부터 절연된 체계를 상정하지만, 근대 동아시아 삼각관계는 영국과 러시아의 지구적 대립이라는 상위 국제정치 구조의 영향을 빼놓고선 설명하기 어렵다. 그런데 러시아의 경우 19세기 말에 이르러서야 한반도 및 만주로의 세력 확대를 본격적으로 추진했고, 영국 또한 러시아가 만주를 점령한 1901년까지 현상 유지 정책을 취했다. 그런데도 두 패권국이 동아시아 3국 중 한 나라와 제휴하거나, 또는 그에 관한 단순한 소문만으로도 위협수준이 증대하여 큰 체계변동으로 이어진 것이다. 이는 오늘날에도 역외세력의 역할과 불가분 연계되어 있으면서 보다 상위의 양자관계의 영향을 받거나 다른 삼각관계와 중첩적 관계를 갖는 한·중·일 삼각관계의 구조적 특징(신욱희 2016)을 보여준다.

셋째, 근대 동아시아 삼각관계의 내적 동학(動學)은 단순히 타국에 대한 통제나 안보의 확립과 같은 합리적 목표만이 아니라, 상대적으로 우월한 국제적 지위를 차지하려는 열망과 의지에 의해서도 추동되었다. 근대 동아시아에서 국제관계를 일종의 위계로 보는 관념이 이처럼 강하게 작동한 이유는 앞으로 더 천착해야 할 과제이지만, 한(漢)나라 이후 중국과 주변 민족 간 상하 관계를 표현하는 정치적 의례로서 2,000년 가까이 이어져 온 조공제도, 그리고 국제관계 또한 가족 및 사회적 관계의 연장으로서 인간과 자연을 아우르는 보편적 리(理)가 관철되는 영역이라는 전통적 세계관의 영향을 배제하긴 어렵다. 근대 동아시아 삼각관계의 태동과 함께 배태된 국가 간 위계의 모순은 1899년에 이르러 제도적으로는 해소되었지만, 그 차등적 국가 관념은 여전히 존재하고 있었다. 이는 1,500년 이상 이어진 한·중 간 조공 관계의 폐지가 일본을 상위로 하는 새로운 불평등 삼각관계의 시작에 불과했다는 사실에서도 잘 드러난다.

참고문헌

구대열. 1985. "이한응과 한영관계-그의 한반도 중립화안을 중심으로." 『성곡논총』 16.

가지무라 히데키. 1985. "러일전쟁과 조선의 중립화론." 양상현 편.
『한국근대정치사연구』. 서울: 사계절.

김용구. 1997. 『세계관 충돌의 국제정치학: 동양 禮와 서양 公法』. 서울: 나남.

_____. 2004. 『임오군란과 갑신정변: 사대질서의 변형과 한국외교사』. 서울: 원.

_____. 2008. 『거문도와 블라디보스토크: 19세기 한반도의 파행적 세계화 과정』.
서울: 서강대학교 출판부.

김종학. 2016. "조일수호조규는 포함외교의 산물이었는가?" 『역사비평』 114.

_____. 2017a. "1876년 조일수호조규 체결과정의 재구성: '심행일기(沁行日記)'와 몇
가지 미간 문헌에 기초하여." 『한국정치학회보』 51(5).

_____. 2017b. 『개화당의 기원과 비밀외교』. 서울: 일조각.

_____. 2021a. 『흥선대원군 평전-근대이행기 조선 정치사의 이면』. 서울: 선인.

_____. 2021b. "근대 일본외교의 '무사상성'과 조선 인식(1868~1894)." 『일본,
한국을 상상하다』. 서울: 선인.

다보하시 기요시. 2013. 김종학 역. 『근대 일선관계의 연구』 상. 서울: 일조각.

_____. 2016. 김종학 역. 『근대 일선관계의 연구』 하. 서울: 일조각.

박영준. 2020. 『제국 일본의 전쟁: 1868-1945』. 서울: 사회평론아카데미.

신욱희. 2016. 『삼각관계의 국제정치-중국, 일본과 한반도』. 서울: 서울대학교
출판문화원.

_____. 2020. "전이이론으로 본 청일전쟁: 19세기말 일본의 대한반도 정책 목표."
동북아역사재단 한일역사문제연구소 편. 『청일전쟁과 근대 동아시아의
세력전이』. 서울: 동북아역사재단.

신헌. 2010. 김종학 역. 『심행일기-조선이 기록한 강화도조약』. 서울: 푸른역사.

오세정. 2017. "인도, 중국, 미국의 로맨틱 삼각관계(Romantic Triangle): 9.11 이후
인도와 중국의 외교적 갈등과 협력관계를 중심으로." 『인도연구』 12(1).

유바다. 2017. "19세기 주권국가 질서 하 半主·屬國 조선의 지위." 『국제법학회논총』
62(2).

이노우에 유이치. 2005. 석화정·박양신 역. 『동아시아 철도 국제관계사-영일동맹의
성립과 변질 과정』. 서울: 지식산업사.

이동욱. 2018. "청말 국제법 번역과 '藩屬' 관련 개념의 의미 확장."
『중국근현대사연구』 80.

_____. 2020a. "청일전쟁의 기원: 청말의 종주권 관념과 속국정책의 변화."
동북아역사재단 한일역사문제연구소 편. 『청일전쟁과 근대 동아시아의
세력전이』. 서울: 동북아역사재단.

_____. 2020b. "李鴻章-라디젠스키 天津 회담(1886)의 재고찰-이홍장의 의도와
역할을 중심으로." 『사총』 101.

이상숙. 2009. "북·미·중 전략적 삼각관계와 제2차 북핵위기: 북한의 위기조성 전략을 중심으로." 『국제정치논집』 49(5).

이용희·신일철. 1972. "事大主義-그 現代的 解釋을 중심으로." 『知性』 2, 3월호.

이우탁. 2021. "미·중 전략경쟁과 북·미·중 전략적 삼각관계의 변화-제3차 북핵 위기를 중심으로." 『북한학연구』 17(1).

이원덕. 2005. "한일회담에서 나타난 일본의 식민지지배 인식." 『한국사연구』 131.

임계순. 1984. "朝露密約과 그 후의 韓露關係(1884-1894)." 박태근 외. 『韓露關係 100年史』. 서울: 한국사연구협의회.

정동연. 2020. "淸의 駐韓公館과 韓淸 近代外交 硏究." 서울대학교 박사학위논문.

정옥자. 1998. 『조선후기 조선중화사상 연구』. 서울: 일지사.

정진위. 1985. 『북방삼각관계: 북한의 대중·소 관계를 중심으로』. 서울: 법문사.

조명철. 2002. "의화단 사건과 동아시아의 정세변화-일본의 외교전략을 중심으로." 『이화사학연구』 29.

조병제. 2019. 『북한, 생존의 길을 찾아서: 북한·미국·중국의 전략적 삼각관계』. 서울: 늘품플러스.

조한승. 2006. "상대적 국력이론의 관점에서 바라본 중일전쟁(1894-1895)." 강성학 편. 『용과 사무라이의 결투』. 서울: 리북.

최석완. 2006. "일본의 동아시아 질서 재구축과 청일전쟁-청일조약 개정 외교를 중심으로." 역사학회 편. 『전쟁과 동북아의 국제질서』. 서울: 일조각.

풀리. A. M. 편. 2007. 신복룡·나홍주 역. 『하야시 다다스 비밀회고록: 1900~1910년 일본 외교의 내막』. 서울: 건국대학교 출판부.

현명철. 1996. "개항 전 한·일 관계의 변화에 대한 고찰-일본의 개항부터 왜관접수까지 일본사 이해를 중심으로." 『국사관논총』 72.

Caplow, Theodore. 1956. "A Theory of Coalitions in the Triad." *American Sociological Review* 21(4).

Dittmer, Lowell. 1981. "The Strategic Triangle: An Elementary Game-Theoretical Analysis". *World Politics* 33(4)

Jervis, Robert. 1997. *System Effects: Complexity in Political and Social Life*. Princeton, NJ, Princeton University Press.

Monger. 1963. "The End of Isolation." *Transaction of the Royal Historical Society* 13.

Nish, Ian Hill. 1968. *The Anglo-Japanese alliance: the diplomacy of two island empires, 1894-1907*. London: Athlone Press.

Rawlings, Craig M. and Noah E. Friedkin. 2017. "The Structural Balance Theory of Sentiment Networks: Elaboration and Test." *American Journal of Sociology* 123(2).

Walt, Stephen M. 1997. "Why Alliances Endure of Collapse." *Survival* 39(1).

Woo, S. 2003. "Triangle Research and Understanding Northeast Asian Politics."

Asian Perspectives 27(2).

故宮博物院 編. 1963. 『清光緒朝中日交涉史料』. 臺北: 文海出版社.

吳汝綸 編. 1962. 『李文忠公全集』 7冊. 臺北: 文海出版社.

全國公共圖書館古籍文獻輯編出版委員會. 1999. 『晚清洋務運動事類彙鈔』 2冊. 北京:
　　　中華全國圖書館文獻縮微復制中心

中央研究院 近代史研究所 編. 1990. 『清季中日韓關係史料』, 臺北: 中央研究院
　　　近代史研究所.

多田好問 編. 1968. 『岩倉公實記』 3冊. 東京: 原書房.

渡邊修二郎. 1894. 『東邦關係』. 奉公會減版.

毛利敏彥. 2010. "〈条規〉という用語." 『日本通史 第16卷 月報』. 東京: 岩波書店.

森田吉彦. 2004. "幕末維新期の對淸政策と日淸修好條規-日本·中華帝國·西洋國際社會の
　　　三角關係と東アジア秩序の二重性, 一八六二〜一八七一." 日本國制政治學會 編.
　　　『國際政治』 139.

小田切萬壽之助. 1890. 『朝鮮』. (韓国併合史研究資料13. 東京: 龍溪書舍).

日本外務省. 1934. 『舊條約彙纂 3: 朝鮮及琉球之部』.

_____. 1965. 『日本外交年表竝主要文書: 1840-1945』 2冊. 東京: 原書房.

井上馨侯傳記編纂會. 1968. 『世外井上公傳』 5冊. 東京: 原書房.

芝原拓自·猪飼隆明·池田正博 編. 1988. 『對外觀』. 東京: 岩波書店.

惣郷正明·飛田良文 編. 1986. 『明治のことば辭典』. 東京: 東京堂出版.

荒野泰典. 1987. "日本型華夷秩序の形成". 『日本の社會史』 1. 東京: 岩波書店.

필자 소개

김종학 Kim, Jong-Hak

국립외교원 외교안보연구소(The Institute of Foreign Affairs and National Security, Korea National Diplomatic Academy) 조교수
서울대학교 외교학과 졸업, 서울대학교 외교학 박사

논저 『개화당의 기원과 비밀외교』, 『흥선대원군 평전』, "1876년 조일수호조규 체결과정의 재구성: '심행일기(沁行日記)'와 몇 가지 미간문헌에 기초하여"

이메일 jhakim19@mofa.go.kr

제3장

인도-파키스탄 숙적관계(rivalry)와
파키스탄-미국의 불안정한 동맹

― 1971년 3차 인도-파키스탄 전쟁과 3국관계의 교훈

The Indo-Pakistan Rivalry and the Unstable US-Pakistan
Alliance: The 3rd In-Pa War and the Lessons from the
Trilateral Relationship

김태형 ｜ 숭실대학교 정치외교학과

*   이 글은 『국방연구』 제65권 1호(2022)에 게재되었다.

1971년 발발한 3차 인도-파키스탄 전쟁은 인도-파키스탄의 숙적관계와 파키스탄의 국민건설(nation-building)

실패가 주원인이었지만 미-소 양 초강대국 대결, 중국과 관계 개선에 나서려는 미국의 전략적 이해, 이를 견제하려던 소련의 인도-소련 우호조약을 통한 개입 등 당시 첨예하던 냉전 강대국 간 힘의 정치가 그 근저에 놓여 있었다고 할 수 있다. 특히 미국 닉슨 행정부는 확고한 냉전적 초강대국 간 이해득실을 따지며 전쟁의 원인, 경과, 결과에 상당한 영향을 끼쳤다. 즉 당시 남아시아의 복잡 미묘한 인도-파키스탄-미국 삼각관계가 소련, 중국 등 다른 강대국의 이해와 연결되며 상황을 급변시켰다. 1970년대 초 남아시아의 위기와 분쟁은 '강대국 힘의 정치의 귀환(the return of great power politics)'으로 특징지어지며 우크라이나, 대만 등을 사이에 두고 강대국 간에 격돌하는 최근의 글로벌 안보환경에도 시사하는 바가 크다. 그리고 3차 인도-파키스탄 전쟁 이후 외부 안보위협에 맞서고자 자체적으로 핵무기 개발에 나섰던 인도, 파키스탄 사례는 글로벌 핵확산과 작금의 한반도 상황에도 많은 함의를 제공한다.

The main causes of the 3rd Indo-Pakistan War in 1971 were the deterioration of the Indo-Pakistan rivalry and the failure of Pakistan's nation-building efforts. Yet the Cold War rivalry between the two superpowers, the US efforts to open up China, and the emerging interests of the Soviet Union in South Asia all greatly contributed to the origin, the process, and the result of the war. In other words, the great power politics of the Cold War significantly influenced the local crisis that escalated to a full-scale war. The war shows the complex nature of the tripartite relationships among India-Pakistan-US and its expansion beyond the

Subcontinent including the Soviet Union and China. The winner and the loser of the war, India and Pakistan respectively, both initiated nuclear development after the war. Thus, the conflict that happened a half century ago still provides important implications today regrading great power politics, nuclear proliferation, etc.

KEYWORDS 인도-파키스탄-미국 삼각관계 Indo-Pakistan-US Trilateral Relationship, 인도 파키스탄 숙적관계 Indo-Pakistan Rivalry, 미-소 대결 US-Soviet Union Rivalry, 미-중 관계 개선 Sino-US Rapprochement, 핵확산 Nuclear Proliferation, 방글라데 시 독립 Independence of Bangladesh

I 서론

2021년은 방글라데시 탄생 50주년이 되는 해이다. 반세기 전 남아시아에서 신생국 방글라데시는 수많은 사상자를 발생시킨 참혹한 전쟁 끝에 탄생할 수 있었다. 끊임없이 대결하던 인도와 파키스탄 간에 1971년 12월 발발한 3차 인도-파키스탄 전쟁(방글라데시인들은 '방글라데시 독립전쟁'이라고 부름)은 이전 두 개의 전쟁(1차·2차 인도-파키스탄 전쟁)과 달리 양국 간의 분쟁지역인 카슈미르가 아닌 동파키스탄에서의 정치적 혼란으로 촉발되었다. 1971년 봄 동파키스탄의 자치권을 주장하던 동파키스탄 주민, 지도부에 대한 파키스탄 군부의 잔혹한 진압으로 시작된 유혈사태는 인도군이 전격적으로 개입하면서 12월 초에 양국 간의 3차 전쟁으로 비화하였다. 2주 안에 종결된 이 전쟁에서 인도는 압도적인 재래식 전력으로 손쉽게 압승을 거두면서 동파키스탄을 방글라데시로 분리 독립시키는 데 성공하였다. 1947년 영국으로부터 독립할 때 인도와 분할독립하게 된 직후부터 파키스탄은 인구, 영토, 경제력 등 모든 면에서 우세한 인도를 강대국과의 동맹을 통해 극복하고 대등하게 맞서고자 하였다. 엄혹한 냉전 초기에 파키스탄은 미국과의 친밀한 관계를 원하였고 1954년 미국과 상호방위조약을 체결하면서 미국이라는 초강대국과 동맹을 맺을 수 있었다. 하지만 양국 간의 전략적 이해의 차이는 수시로 갈등과 긴장을 야기하였는데, 특히 굴욕적인 3차 인도-파키스탄 전쟁의 패배는 파키스탄이 맺고 있던 미국과의 파-미 동맹이 얼마나 허약하고 파키스탄의 일방적인 구애에 머물렀는지, 즉 비대칭동맹에서 약소국의 방기 위험성이 여실히 증명되는 사건이었다.

　3차 인도-파키스탄 전쟁은 인도-파키스탄의 숙적관계와 파키스탄의 국민건설(nation-building) 실패가 주원인이었지만 미-소 양 초강대국 대결, 숙적 소련의 허를 찌르기 위해 소련과 급속히 사이가 나빠지던 중국과 대대적인 관계 개선에 나서려는 미국의 전략적 이해, 이를 견제하려던 소련의 인도-소련 우호조약을 통한 개입 등 당시 첨예하던 냉전 강대국 간 힘의 정치가 그 근저에 놓여 있었다고 할 수 있다. 미-소 초강대국 간의 치열한 대결로 특징지어지는 냉전의 엄혹한 상황에서 인도는 미-소 대결에서 거리를 두는 비동맹(Non-Aligned)의 입장을 확실히 표명하면서 미국의 의구심을 샀고 미국은 지정학적, 이데올로기적으로 매력적이던 파키스탄과의 관계를 돈독히 하였다. 이렇게 형성된 인-파-미 간 삼각관계는 이후 글로벌 세력관계의 변화와 지역 내에서의 안보환경 변화, 그리고 각국의 국내정치 사정에 따라 적지 않은 부침을 겪었다. 특히 이 3국 외에 아시아의 강대국이자 당시 소련과 급격히 사이가 멀어지던 중국이 먼저 파키스탄과, 이후 파키스탄의 도움으로 미국과 관계 증진에 나섰고, 이에 맞서기 위한 인도와 소련과의 관계 증진에 따라 수시로 삼각관계를 넘어서는 변화무쌍함과 역동성을 보여주었다. 또한 당시 파키스탄이 서파키스탄과 동파키스탄으로 양분되어 있는 상태에서 두 개의 지역 간에 갈등이 심화되며 인도와 동파키스탄과의 연대가 돈독해지는 독특한 삼각관계도 발전하였다.[1] 따라서 이 장에서는 인-파-미 삼각관계를 축으로 인도-

---

1　이러한 복잡성과 상호중첩성은 이 시기 남아시아 지역 삼각관계가 기존 삼각관계 분석틀(신욱희 2017; 정성철 2022)로 담아내기 쉽지 않음을 시사한다.

파키스탄 숙적관계의 변화, 발전과 함께 파키스탄-미국 동맹의 변화와 쇠퇴, 특히 미국 닉슨 행정부의 전략적 계산과 정책변화를 중심으로 기술하면서 불안정하고 적대적인 3국관계 변화를 둘러싼 여러 대내외적 동인과 과정을 분석하며 강대국 대결정치의 지역분쟁에 대한 규정력을 살펴본다.[2] 3차 인도-파키스탄 전쟁 이후 외부 안보위협에 맞서고자 자체적으로 핵무기 개발에 나섰던 인도, 파키스탄 사례는 핵확산과 작금의 한반도 상황에도 많은 함의를 제공하기에 글로벌 핵확산에 끼친 영향도 아울러 고찰한다. 1970년대 초 남아시아의 위기와 분쟁은 '강대국 힘의 정치의 귀환(the return of great power politics)'으로 특징지어지며 우크라이나, 대만 등을 사이에 두고 강대국 간에 격돌하는 최근의 글로벌 안보환경에도 시사하는 바가 크다(White House 2017; Mearsheimer 2014; Colby and Wess 2020).

II 인도-파키스탄 숙적관계의 생성, 변화, 발전

인도 아대륙(亞大陸, Indian Subcontinent)은 오랜 세월 동안 찬란한 역사와 문화를 발전시켜 온 지역이다. 이 지역은 주변지역과 활

---

2   특히 당시 미국 닉슨 행정부의 외교행태에 대해서는 2000년대 초반 기밀해제된 문서들의 분석이 큰 도움이 되었다. 1971년 인도-파키스탄 간 위기고조와 3차전쟁 당시 외교정책과정과 고위 관료들 간의 사적 대화를 담은 극비문서들은 국무성의 미 외교관계사 저장 웹사이트와 F. S. Aijazuddin이 편집한 책과 Sajit Gandhi가 종합한 웹사이트에 잘 정리되어 있다. 2010년에 발간된 *Pakistaniaat* 저널의 특집호에 실린 논문들도 Nixon Tapes 등 극비 1차자료를 적극 인용하였다.

발히 교류하면서 다양한 언어, 문화, 종교, 풍습을 발전시키면서도 다양성 내에서의 통일성을 유지하였지만, 부족사회의 고대 국가로의 발전은 상대적으로 더디게 나타났고 인도 아대륙을 아우르는 강력한 통일왕국의 형성도 대단히 드물었다. 한편 7세기에 발흥한 이슬람교가 그 세력을 급속히 확장하여 10세기 말부터 인도 아대륙에도 진출하였다. 이 시기에 인도 사회의 정치, 경제에 큰 변화가 일어났으나 다수의 힌두 피지배자들의 종교, 사회규범, 풍습까지 바꾸지는 못하였다. 1526년 시작된 무굴제국 시대에도 전통적으로 인도에서 실시되었던 간접통치가 그대로 시행되었고 이러한 간접통치 시스템은 무굴제국을 대신하여 이후 인도 아대륙을 통치하게 된 영국에게도 답습되었다. 영국은 1601년에 캘커타 지역에 동인도 회사(British East India Company)를 설립하면서 활동을 시작하여 무굴제국이 약화되는 틈을 타서 무역과 해상운송의 독점, 그리고 군사력을 동원하여 주요 왕국들을 정복, 식민화한다. 정복되지 않은 크고 작은 토후국들은 번왕국(princely states, 藩王國)의 형태로 내정권만을 부여하고 외교, 관세 등의 영역은 영국 식민정부에서 주관하게 하면서 사실상의 지배권을 확립하였다. 이렇게 인도 아대륙은 수세기에 걸친 영국의 식민화 노력을 거쳐 경제적, 정치적, 전략적으로 대영제국에게 가장 중요한 식민지(the Crown Jewel of the British Empire)로 기능하게 된다.

영국의 혹독한 인도 식민화와 착취는 오랫동안 다양성과 분절화로 통일된 정치체를 거의 경험하지 못한 인도인들을 각성시키고 영국이라는 강력하고 압제적인 타자(他者)에 대항하는 인도민족주의의 성장을 가져왔다. 1857년 제1차 인도독립전쟁으로 알려진

'인도 반란(1857 Indian Rebellion)'의 발발 이후 영국은 점차 인도 주민들에게 제한적 자치권을 부여하였다. 그러나 인도인들의 자치권을 허용하는 만큼 보다 원활한 통치를 위해 인도 식민화 초기부터 시행하던 힌두와 무슬림 간의 차이를 교묘하게 활용한 '분할통치(divide-and-rule)'를 적극 추진하였다. 이러한 상황에서 인도인들은 미래 지향적이고 대중적인 민족운동이 필요하다는 공감대를 점차 형성해 나갔지만 한편으로는 그룹들 사이에 이견들이 생겨날 수밖에 없었다. 이는 특히 향후 힌두-무슬림 간에 분쟁의 불씨로 자라게 된다. 1885년에 향후 인도 독립운동을 앞장서서 이끌어 갈 인도 국민회의당(Indian National Congress Party)이 결성되었다. 1906년에는 무슬림 리그(Muslim League)가 창설되어 무슬림들의 이해를 대변하고자 하였다. 간디의 지도하에 국민회의당은 힌두, 이슬람 등 특정 종교나 카스트에 구애되지 않고 모든 사회그룹을 포함하는 대중적 운동 기구로 자리매김하려 노력하였다. 인도인들에게 부여된 자치권은 점차 커졌고 선거에서 국민회의는 계속 다수석을 차지하여 향후 수권정당으로서의 자격을 각인시켰다. 하지만 무슬림리그는 선거에서 고전하였고 이렇게 기대에 미치지 못하는 결과를 마주한 무슬림 지도자들 사이에서는 향후 다수 힌두인들이 소수 무슬림을 지배할 수도 있다는 우려가 증폭되었다.

2차 대전 종전 직후 영국은 인도의 독립을 서둘러 진행하게 되었는데 당시 가장 큰 문제는 무슬림 리그가 주장하던 인도 아대륙에서 무슬림들만의 독립국가 건설이었다. 무슬림 지도자들은 독립 이후 힌두 다수의 인도 아대륙에서 무슬림들 삶과 정체성 유지의 불확실성을 고민한 끝에 힌두와 무슬림은 역사적으로나 정체성적으로 다른 공동체적 삶을 살아온 두 민족이기에 인도 아대륙에서 각각의 민족국가를 건설해야 한다는 두 민족 이론(two-nations theory)을 주창하기에 이르렀고 결국 이러한 주장이 관철되었다. 영국 정부, 국민회의당, 무슬림 리그 지도자들 간 수개월에 걸친 험난한 협상 끝에 무슬림이 다수인 편잡과 벵골을 중심으로 발루치스탄, 신드, 북동접경지방(NEFP) 등의 지역이 따로 파키스탄으로 독립하기로 겨우 합의되었다. 그런데 이 결정은 벵골을 중심으로 한 지역과 나머지 지역이 수천 마일 이상 인도를 사이에 두고 지리적으로 동파키스탄과 서파키스탄으로 분리된 채 한 국가로 독립해야 한다는 뜻이었다. 이는 결국 20여 년 후 새로운 비극과 전쟁을 야기하게 된다.

1947년 8월 마침내 인도와 파키스탄 국기가 각각 델리와 카라치에서 게양되었을 때 인도 아대륙은 이미 공동체 간 많은 폭력과 희생을 감내하였고 수천만 명이 원치 않는 이주를 해야 했다. 이 과정에서 기아, 폭력, 질병으로 수십만 명이 목숨을 잃었다. 여기서 끝이 아니라 인구 다수가 무슬림이었지만 힌두 지배자가 통치하던 주요 번안국 카슈미르를 두고 인도와 파키스탄은 독립과 거의 동시에 양국 간의 1차전쟁을 벌였다. 이렇게 고통스럽고 파괴적이었던 1947년의 분할은 이후 양국 국민들에게 잊을 수 없는 고통과 씻을 수 없는 트라우마를 깊게 남겼고 양국 간에 현재까지 이어지는 대립과 적대와 불신의 씨앗이 되었다. 또한 인도 아대륙에서 무슬림들만의 민족국가 형성을 명분으로 탄생된 파키스탄은 국가건설(state-building), 국민건설(nation-building)에 큰 어려움을 겪으면서 인도를 사이에 두고 수천 킬로미터 떨어진 서파키스탄, 동파키스탄 간의 필연적인 괴리를 피할 수 없었다. 이미 지전략적, 정체성적 중요성으로 인해 양국 간 전쟁을 초래했던 카슈미르는 이후에도 여전히 분단된 상태로 두 라이벌이 충돌하면서 끊임없이 갈등과 위기를 초래하는 불안정한 지역으로 남아 있다.

양국 간에 한치의 양보도 없이 지속된 카슈미르를 둘러싼 대

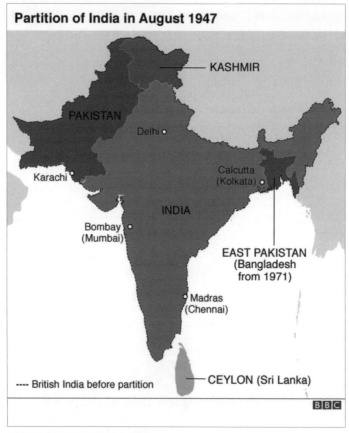

그림 3-1. 인도와 파키스탄의 분할독립

출처: https://www.bbc.com/news/world-asia-40643413

치상황은 국제사회의 관심도 끌었고, 유엔과 미국 등 강대국이 중재를 시도하였으나 진전은 없었다. 1962년에는 1950년대까지 비동맹운동(Non-Aligned Movement, NAM)을 함께 주도하며 관계가 좋았던 인도와 중국 사이에 국경을 둘러싼 갈등이 불거져 중국이 인도를 기습공격하며 인도에 굴욕적인 패배를 안겼다. 1965년에는 카슈미르에서 한방을 노리며 승리를 자신하였던 파키스탄에 의해 2차 인도-파키스탄 전쟁이 발발하였다. 이 전쟁에서 인도는 카슈미르 이외의 지역으로 전선을 확대하는 수평적 확전으로 맞서 결국 양국은 누구도 우세를 점하지 못한 채 국제사회의 압력과 소련의 중재로 타슈켄트 조약(Tashkent Agreement)에 서명하였다. 이 조약을 통해 휴전에는 합의하였으나 양국 간에 가장 첨예한 이슈인 카슈미르 문제는 그대로 남아 있게 되었다. 이후에도 양국 간의 군비경쟁과 함께 핵무기에 대한 유혹이 강해져 양국 모두 초보적인 핵개발 여지를 갖추게 되었고 이러한 시도가 또한 서로를 자극하였다(김태형 2019, 32-82).

이렇게 1947년 분할 독립 직후부터 충돌해왔던 인도와 파키스탄은 전형적인 숙적관계(rivalry)의 특징과 패턴을 보여준다. 숙적관계는 국제정치에서 적대하는 두 국가 사이의 관계를 설명하기 위해 요긴하게 사용되는 개념이다. 딜과 거츠(Diehl and Goertz)는 숙적관계 분류에서 인도-파키스탄과 같이 적어도 20년 기간 동안 6번 이상의 군사적 충돌을 경험한 숙적관계를 지속적 숙적관계(enduring rivalry)라고 칭하였다(2001, 44).[3] 지속적 숙적관계인 국

---

3   이들은 숙적관계를 정기적으로 군사력 사용을 위협하거나 실제로 군사력을 사용하며 외교정책을 군사적인 측면에서 추진하는 적대적인 두 국가 사이라고 정의한

가들은 상대방을 자신의 안보와 생존에 위협이 되는 대상으로 간주하고 행동한다. 딜과 거츠는 더 나아가 인도-파키스탄 숙적관계는 '정치적 충격(political shock)'으로 시작되어 이후 점차 사회적, 정치적, 국제적 이유로 잠금(lock in) 효과를 거치며 '안정화'되어 갈등, 위기, 충돌, 데탕트가 번갈아가며 지속적으로 나타나는 단속평형이론(punctuated equilibrium)에 들어맞는 사례라고 하였다 (Diehl, Goerts, and Saeedi 2005). 2차 대전 후 양국이 고통스런 분할독립이라는 정치적 충격을 겪었고 이후 국가 정체성, 냉전의 규정성, 국내정치 등의 영향으로 양국 간의 숙적관계가 고착화, 지속되었던 것이다. 이미 지전략적, 정체성적 중요성으로 인해 양국 간 전쟁을 초래했던 카슈미르는 이후에도 여전히 분단된 상태로 1971년 전쟁까지 두 숙적이 충돌하면서 끊임없이 갈등과 위기를 초래하는 불안정한 지역으로 남아 있었다(Kapur 2011, 67-71). 당시 강대국들의 관심과 개입도 인도-파키스탄 숙적관계가 지속되는 데 영향을 끼쳤다. 강대국들 간에도 숙적관계가 형성되어 있었는데 이러한 중층적 관계가 인도-파키스탄 숙적관계의 해결을 더욱 힘들게 하였던 것이다(Kapur 2005, 131-155). 잘 알려진 미국과 소련 두 초강대국 간의 치열한 숙적관계 외에 1950년대 중소분쟁으로 인해 소련과 중국 간에도 숙적관계가 형성되어 있었다(Dittmer 2011, 119-127). 이러한 변화는 미국이 소련과의 숙적관계에 집중하기 위해 중국과의 숙적관계를 종식하고 적극적인 관계 개선에 나서게 하는 계기가 되었고 향후 3차 인도-파키스탄 전쟁의 발발

다(Diehl and Goertz 2001, 4).

과 진행 과정에서 미국의 외교정책에 엄청난 영향을 주게 된다.

III 3차 인도-파키스탄 전쟁(방글라데시 전쟁)

전술했듯이 파키스탄의 분할 독립은 신생국가의 영토가 인도를 사이에 두고 수천 킬로미터 분리된 상태에서 탄생했다는 점에서 대단히 이례적인 사건이었다. 펀잡인들이 중심이 된 서파키스탄과 벵갈인들이 절대 다수인 동파키스탄 간에는 애초부터 인종, 언어, 문화, 역사, 풍습 등 공통점이라고는 전혀 없었기 때문이었다. 오직 진나(Jinnah) 등 파키스탄 건국의 지도자들이 내세운 두 민족이론에 기초하여 무슬림이라는 종교적 동일성만이 양 파키스탄에 거주하는 국민들을 묶어주는 유일한 끈이었다. 하지만 이렇게 느슨하게 결합된 채로 진행된 국민건설(nation-building)은 시작부터 수많은 난관에 봉착할 수밖에 없었다. 벵골인들이 절대다수인 동파키스탄에 대한 소외와 주변화가 지속적으로 진행되면서 동파키스탄 지역의 불만이 누적되어 갔다. 의료서비스, 대학을 포함한 고등교육 등 모든 경제, 사회적 지표가 서파키스탄에 압도적으로 유리하도록 추진되었다. 특히 벵골인들에게 생소하던 우르드(Urdu)어를 파키스탄의 국어로 지정한 정책은 큰 반발을 불러왔다. 또한 군부나 행정부 주요 요직에 동파키스탄 출신들은 극히 소수만 임명되었고 동파키스탄의 인구가 서파키스탄보다 많았음에도 불구하고 의회에서 동파키스탄의 이해가 제대로 반영되지 못하였다. 예를 들어 육군 장교의 5%만이 동파키스탄 출신이었고 공무원 조직의 16%만이 동파키스탄인들이었다. 더구나 냉전이 격화되면서 미국 등 강대국으로부터의 경제적 지원의 결실도 서파키스탄에 집중되면서 경제적 소외감, 결핍감도 커져만 갔다. 즉 분할독립 이후 서파키스탄 지도자들은 동파키스탄을 실질적인 내부 식민지로 취급하였던 것이다.[4]

동파키스탄을 대표하는 정치인 셰이크 무지브르 라만(Sheikh Mujibur Rahman, 셰이크 무지브(Sheikh Mujib)로 불림)에 의해 조직된 아와미 연맹(Awami League)은 동파키스탄인들의 불만과 이해를 대변하면서 급속히 세력을 키웠다. 무지브는 1960년대 군부 아유브(Ayub) 정권 체제에서 중앙집중적인 정책이 지속, 강화되자 1966년 6개조항요구(Six Point Demand)를 발표하였다. 아와미 연맹은 이 요구에서 연방정부는 국방과 외교만 책임지고 양 파키스탄이 각자 통화(通貨)를 사용하고 외환관리도 따로 하여 실질적인 연방기능을 갖춘 국가로의 재편을 촉구하였다. 민주적인 보통선거에 기반한 의원내각제 형태의 정부 출범과 함께 동파키스탄의 완전자치를 요구한 것이다. 서파키스탄은 이러한 요구를 거부하였고 양측 간에는 긴장이 지속되었다. 1968년 1월에 파키스탄 정부가 무지브를 포함한 여러 동파키스탄 지도자들이 비밀리에 인도와 협력하여 파키스탄 정부를 전복하려 한다는 아가르탈라 음모

---

4 고위 장교를 포함하여 많은 서파키스탄 지도자들은 영국 식민지 시절부터 특정 민족의 용맹성, 우월성과 다른 민족의 나약함에 대하여 심한 편견을 가졌다. 특히 동파키스탄의 벵골인들을 노골적으로 폄하하고 배척하였는데 아유브는 자서전에서 벵골인들은 인도 인종에 속하여 파키스탄 건국 전에는 진정한 자유나 주권에 대해 알지 못하며 배타성, 의심, 공격성 등의 콤플렉스를 가진 열등한 그룹이라고 평가하였다(Ganguly 2014, 170, 176).

사건(Agartala Conspiracy Case)을 발표하며 아와미 연맹 지도자들을 탄압하였다. 이러한 갈등 속에서 부패하고 무능한 아유브 정권에 대한 저항이 1968년도에 파키스탄 전역으로 확대되었다. 점증하던 비판과 정권에 대한 위협을 진정시키기 위해 1969년 2월 아유브는 무지브가 포함된 파키스탄 정치 지도자들이 참여하는 원탁회의를 개최하였으나 소기의 목적을 달성하지 못하고 실패하였다. 이에 1969년 3월 아유브가 퇴진하고 당시 군부의 지도자였던 야히야 칸(Yahya Khan)에게 대통령직이 이양되면서 계엄령 정부의 수립이 선포되었다(Sisson and Rose 1990, 19-25). 야히야 정부는 민심을 회복하려는 노력의 일환으로 이미 약속하였던 첫 민주적 총선거를 1970년 12월에 실시하였다. 선거 직전인 11월 중순 엄청난 규모의 태풍(cyclone)이 동파키스탄을 덮쳐 23만 명이나 희생되었으나 파키스탄 정부의 지원이나 원조 노력은 거의 없었기에 동파키스탄인들의 실망과 분노가 하늘을 찌를 듯했다. 서파키스탄 지도자들은 군 정보기구의 보고를 믿고 아와미 연맹의 총선 선전 가능성을 낮게 잡았으나 아와미 연맹은 동파키스탄에 배정된 162의석 중 160석 석권, 그리고 파키스탄 전체에서 53.3%의 의석을 획득하며 단숨에 제1당으로 부상하였다. 그러나 서파키스탄에서 제1당이 된 파키스탄 인민당(Pakistan People's Party, PPP)의 줄피카르 부토(Zulfikar Ali Bhutto)는 새롭게 제정할 헌법의 내용에 대하여 무지브와 합의에 이르지 못하였고 이에 대통령 야히야는 1971년 3월 국회소집의 무기한 연기를 선언하였다. 그후 야히야-무지브 회담이 개최되었으나 부토 등 서파키스탄 지도자들이 6개조항을 사실상 분리독립을 위한 반란선동이라고 보았기에 6

개조항의 관철을 요구하는 무지브와의 타협이 이루어지지 않았다. 결국 3월 말 동파키스탄에서 동맹휴업과 총파업이 전개되었고 서파키스탄 정부가 3월 25일 전격적으로 무지브 등 아와미 연맹 지도자들을 체포하고 '탐조등 작전(Operation Searchlight)'을 개시하여 동파키스탄 주민들에 대한 강경진압을 시작하면서 사실상의 내전이 시작되었다.

서파키스탄에서 미국산 군용기에 의해 공수된 진압군은 동파키스탄 주민들을 유례없이 강력하게 진압하면서 수많은 사람들이 목숨을 잃거나 다치고 천만 명에 달하는 난민들이 폭력진압을 피해 인접한 인도로 몰려들었다(Vogler 2010, 28-30). 당시 인도의 인디라 간디 정부는 국내 경제 사정도 좋지 않은 상황에서 이렇게 많은 수의 동파키스탄 난민들을 받아들일 여력이 없었다. 또한 동파키스탄 난민들이 쏟아져 들어온 지역은 인도에서도 가장 경제적으로 낙후되고 낙살라이트(Naxalites)로 알려진 마오이스트 게릴라들의 활동으로 정치·사회적으로도 가장 불안정한 지역이었다(Raghavan 2013, 76-77). 그렇지 않아도 인도 영토를 동서 양쪽에서 압박하는 양 파키스탄의 존재로 인해 분쟁 발생 시 양 전선에서의 전쟁 수행이라는 부담을 갖고 있던 인도 정부는 이 기회에 무력개입으로 동파키스탄의 독립을 지원하기로 결정하였다. 동파키스탄이 서파키스탄으로부터 분리독립된다면 파키스탄 지도부가 금과옥조로 여기는 두 민족 이론이 얼마나 허약하고 허황된 이데올로기인지 여실히 보여줄 수 있기에 카슈미르 지역에서의 대응에도 큰 도움이 될 것이라는 계산도 하였다(Ganguly 2002, 51-62).

인도 정부는 인도의 동파키스탄 인근 지역에서 동파키스탄 출신 의용군으로 구성된 묵티 바히니(Mukti Bahini, 해방군)의 장비를 지원하고 훈련시켜 서파키스탄군에 저항하게 하는 한편 동파키스탄에 대한 인도 정규군의 군사작전을 계획하였다. 전쟁 준비를

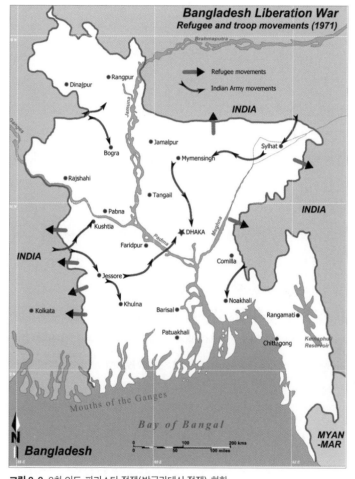

그림 3-2. 3차 인도-파키스탄 전쟁(방글라데시 전쟁) 현황

출처: https://commons.wikimedia.org/wiki/File:Bangladesh_War_1971_Movements.png

진행하면서 국제정서를 유리하게 만들고 특히 강대국들의 이해와 지원을 얻기 위해 일련의 외교적 노력을 수행하였다. 특히 소련을 방문하여 8월 인도-소련 우애와 협력 조약(Indo-Soviet Treaty of Friendship and Cooperation)을 체결한 것이 큰 힘이 되었다(Sisson and Rose 1990, 184-202). 인도와 파키스탄 간의 세 번째 정규전은 12월 3일 파키스탄 공군이 인도 공군비행장을 포함한 목표물을 선제공격하면서 시작되었다. 인도 공군은 즉각 반격하는 한편 그동안 만반의 준비를 갖춘 인도의 기갑군이 동파키스탄에서 군사작전을 시작하여 서파키스탄군을 격파하며 다카로 진격하였다. 결국 1971년 12월 16일 인도군은 다카를 함락하고 서파키스탄군이 항복하면서 양국 간의 3차전쟁이 종료되었다. 서파키스탄에 체포되었던 무지브는 1972년 1월 다카로 돌아가 새로 탄생한 독립국가 방글라데시의 총리에 취임하였다. 이로써 3차 인도-파키스탄 전쟁은 파키스탄에 치욕적인 군사적 패배와 함께 심각한 영토와 인구의 상실을 초래하여 씻을 수 없는 굴욕과 좌절을 안겨주었다. 3차 인도-파키스탄 전쟁(방글라데시 전쟁)을 종결하고자 양국 대표는 인도 북부의 심라에 모여 협정을 맺었는데 이 심라 협약(Simla Agreement)에서 양측은 방글라데시 독립을 인정하고 기존의 협약을 준수하기로 약속하였다(Ganguly 2001, 63-78).

IV 3차 인도-파키스탄 전쟁과 파키스탄-미국 동맹

1947년 독립 직후 가히 존재론적 위협으로 다가왔던 숙적 인도에 열세였던 파키스탄(Pande 2011)은 냉전이 심화되던 시기 반공과 반비동맹주의를 표방하며 미국의 환심을 사기 위해 노력하였다. 재래식 전력에서 열세인 상대적 강대국과 마주하고 있는 파키스탄은 자국의 국력을 증진시키는 내부적 균형(internal balancing) 노력 외에 외부에서 믿을 만한 동맹국을 찾아 안보위협을 상쇄하려는 외부적 균형(external balancing) 노력도 기울여야 했다. 어느 누구보다도 파키스탄의 안보를 확실히 보장해 줄 것으로 믿었던 미국과 동맹을 맺기 위해 파키스탄은 안보를 증진시키기 위해 자율성을 어느 정도 포기해야 했다. 또한 미국 같은 초강대국과 맺는 비대칭 동맹(asymmetric alliance) 상황에서 상대적 약소국인 파키스탄은 강대국으로부터의 방기(abandonment)라는 동맹 안보딜레마의 위험에 노출될 가능성도 각오해야 했다(Snyder 1997, 181-187). 당시 파키스탄의 생존 가능성에도 회의적이었던 미국은 소련과의 숙명적인 대결에서 지정학적 위치에 기인한 전략적 가치에 주목하여 아이젠하워 대통령 때부터 파키스탄에 원조를 지원하고 관계를 강화하였다. 1950년 미국과 소련으로부터 모두 초대받았던 파키스탄의 리아쾃(Lianquat) 총리는 미국에 우호적인 입장을 분명히 하며 5월에 성공적으로 미국을 방문하였다. 1954년 5월에는 양국 간에 상호방위협력 조약이 맺어지면서 파키스탄과 미국 간에 '특별한 파트너십(special partnership)'이 시작되었다. 미국의 대소련 봉쇄전략에서 미국이 건설 중이던 CENTO와 SEATO 모두에 가입한 유일한 국가였던 파키스탄은 1950년대 미국의 '가장 동맹적인 동맹(most allied ally)'이라는 칭송을 들을 정도로 미국의 신뢰와 지원을 받았다(Soherwordi 2010, 22-24).

하지만 1962년 중국-인도 국경전쟁 이후 인도에 무기를 제공하는 등 케네디 행정부가 인도에도 우호적인 제스처를 보이자 파키스탄 정부는 긴장하지 않을 수 없었다. 파키스탄은 미국의 대인도 군사원조 결정 전에 파키스탄에 알려주지 않은 것에 대해 분개했고 군사원조 규모도 필요 이상으로 과도하여 나중에 파키스탄에 위협이 될 수도 있다고 보았다. 이러한 상황에서 아유브 대통령은 인도와의 분쟁 시 미국이 지원하지 않을 수 있다고 걱정하면서 중국과의 관계 개선을 통해 미국의 대안을 찾는 한편 미국의 지원을 압박하였다. 저우언라이 총리가 1964년 2월 파키스탄을 방문하여 카슈미르에 대한 파키스탄의 입장을 공개 지지하는 등 인도 견제에 공동의 이해가 있던 양국 간의 관계가 급속히 개선되었다 (Haendel 1977, 50-58). 파키스탄은 1965년 2차 인도-파키스탄 전쟁을 개시하면서 미국, 중국 모두의 지원을 기대하였으나 양 강대국 모두 파키스탄을 지원하지 않았다. 특히 베트남전 때문에 여력이 없던 존슨 행정부는 인-파 양국 모두에 무기 금수 조치를 내리면서 파키스탄 정부의 전쟁 지속 노력에 큰 타격을 주었다. 인도-파키스탄 간의 중재 역할은 주로 소련이 수행하였고 전쟁종식 평화회담은 당시 소련의 영토 안에 있던 타슈켄트에서 개최되었다. 이후에도 파키스탄과 미국 간에 냉랭한 관계가 지속되다가 인도의 인디라 간디 총리를 인간적으로 싫어하였던 닉슨 대통령 당선 이후 다시 관계가 개선되었다(Soherwordi 2010, 31-34). 이렇게 당시 남아시아는 이미 강대국 간 세력경쟁의 각축장이었다.

1. 동파키스탄 위기의 전개와 미국의 파키스탄으로의 외교적 기울기(tilt)

당시 미국은 베를린 위기, 쿠바 미사일 위기로 특징지어지는 1950-60년대의 극심한 대결관계에서 벗어나고, 폭주하고 있던 핵무기 개발 경쟁의 부담에서 한숨 고르고자 하였다. 또한 미국을 수렁에 빠뜨리며 국내외의 혹독한 비판을 받던 베트남전에서도 명예롭게 발을 빼고자 하였다. 이러한 상황에서 여전히 가장 위협적인 소련을 견제하고 베트남에서의 철군 부담을 덜어줄 수 있도록 중국과의 관계 개선이 급선무로 부각되었다. 특히 1969년 1월 임기를 시작한 닉슨(Nixon) 대통령의 국가안보보좌관으로서 닉슨 행정부의 외교안보 문제에 절대적인 영향력을 행사하던 키신저(Kissinger)는 외교정책을 냉전의 미-소 대결 시각 중심으로 바라봤으며 당시 심각해지던 중-소 분쟁의 심화를 기회로 포착하였다. '적의 적은 친구'라는 현실주의적 접근법으로 당시 급변하는 국제정세 속에서 숙적 소련의 견제를 위해 한국전쟁 당시의 교전 이후 관계가 적대적이던 중국과의 관계 개선을 적극적으로 모색하게 된 것이다. 이러한 방향성을 추구하던 닉슨 행정부에게 파키스탄은 결정적인 도움을 제공하였다. 중국과의 소통을 위해 몇 가지 외교적 채널을 가동하였지만 지리적으로나 인간적 신뢰의 정도로나 파키스탄 정부, 특히 당시의 군부 지도자이던 야히야가 결정적인 메신저로 등장한 것이다(Agarwal 2014/15, 22). 1971년 7월 키신저의 극비 북경 방문은 그가 파키스탄을 방문하고 있던 순간 건강 이상을 핑계대며 공식 석상에 모습을 드러내지 않던 상황에서 야히야 대통령이 모든 지원과 도움을 제공하였기에 가능하였다. 따라서 당시 닉슨 행정부의 전략적 우선순위의 성사를 위해 파키스탄의 지위가 결정적으로 중요해지면서 '기울기, 편애(tilt)'로 알려진 미국의 대파키스탄 우호정책이 진행되었다. 문제는 당시 야히야 대통령을 비롯한 파키스탄의 군부 지도자들이 혹독한 인권탄압을 자행하고 있었다는 점이다. 닉슨, 키신저를 비롯한 미국 지도자들은 동파키스탄의 심각한 인권유린과 유혈사태를 인지하고 있었음에도 야히야 정부에 대한 비판을 삼가고 국제사회의 비난도 적극적으로 방어하였다. 닉슨 대통령은 공직에서 물러나 있을 때에도 파키스탄을 방문하였는데 그때 받은 환대에 감명받았고 이후에도 파키스탄 지도자들이 중국과의 통로를 적극적으로 제공하는 등 당시 미국 대전략 목표에 결정적인 공헌을 하면서도 어떠한 보상도 바라지 않는다고 고마워했다(Kissinger 1979, 849).

이미 총선 직후인 1971년 2월 22일 미국 정부는 파키스탄의 국내 위기를 분석하면서 위기 심화 시 남아시아에서의 미국의 이해에 끼칠 영향을 전망하였다. 결론은 파키스탄의 분열은 미국의 국익에 도움이 안 되기에 미국이 파키스탄의 통일성을 지지해야 한다는 것이었다.[5] 전술했듯이 서파키스탄 지도자들과 무지브 간의 3월 중순 협상이 결렬된 후 동파키스탄 주민들은 대대적인 저항운동에 나섰고 야히야를 비롯한 파키스탄 군부 지도자들은 3월 25일부터 미국이 지원한 무기를 사용하여 무자비한 학살을 시작하였다. 이러한 상황은 당시 다카(Dacca)에 있던 미 영사관 소속 외

5   Memorandum from Dr. Kissinger for President Nixon, 22 February 1971 Secret(Aijazuddins, 2002, 232).

교관들의 급전을 통해 미국 정부에 신속히 그리고 자세하게 전달되었다. 주(駐)인도 미국대사 키팅(Keating)도 당시 급박한 상황을 타전하며 미국이 즉각적으로 이러한 잔혹한 행동을 비난해 줄 것을 촉구하였다.[6] 하지만 닉슨 대통령과 키신저 보좌관은 파키스탄 정부의 심각한 인권유린 행위를 막기 위한 어떠한 구체적인 경고나 행동을 하지 않았다. 이에 분개한 20명의 다카 주재 미 영사관 직원들이 서명하였고 4월 6일 당시 영사였던 아처 블러드(Archer Blood)의 이름을 따서 '블러드 전보(Blood Telegram)'로 알려진 전보를 국무성에 보내면서 적극적인 항의의사(dissent)를 표명하였다. 이 전보에서 이들은 파키스탄군이 제노사이드로 명명할 수 있는 엄청난 잔혹행위를 자행하고 있는데도 전략적 이해라는 명분으로 도덕적, 윤리적 행위를 방기하는 미 행정부의 정책을 강하게 비판하였다.[7]

하지만 백악관과 키신저는 동파키스탄의 상황을 여전히 소련이라는 곰을 우리에 가두는 데 꼭 필요한 과거의 숙적 중국과의 합의라는 대의에 부차적인 이해관계로 보았고 야히야의 역할을 제한하고 싶지 않았다(Ganguly 1986, 132). 당연히 파키스탄의 야히야

6 U.S. Embassy (New Delhi) Cable, Selective Genocide, March 29, 1971, Confidential, 1 pp. Gandhi ed., *The Tilt: The US and the South Asian Crisis of 1971*, National Security Archive Electronic Briefing Book No. 79, December 16, 2002. at https://nsarchive2.gwu.edu/NSAEBB/NSAEBB79/BEBB3.pdf (검색일: 2021년 12월 10일).

7 U.S. Consulate (Dacca) Cable, "Dissent from U.S. Policy Toward East Pakistan," April 6, 1971, Confidential, 5 pp. in Gandhi, *The Tilt* at https://nsarchive2.gwu.edu/NSAEBB/NSAEBB79/BEBB8.pdf (검색일: 2021년 12월 10일). 이러한 현지 외교관들의 비판적 견해에 대해 닉슨과 키신저는 무시함과 함께 외교관들에 대한 겁박을 서슴지 않았다(Bass 2013, 116).

대통령은 4월 17일 닉슨 대통령에게 보낸 친서에서 당시의 소요 사태를 파키스탄 국내 문제로 취급해 준 미국의 처신에 감사를 표명하였다.[8] 4월 28일 상황이 점차 심각해짐을 인지한 키신저는 닉슨에게 야히야가 상황을 진정시킬 수 있는 정치적 해결책을 찾도록 도울 것을 추천하였는데 이러한 방안이 미–파 관계에 금이 가지 않게 하고 야히야가 협상을 통한 해결책을 모색할 수 있게 하기 위함이었다. 닉슨 대통령은 이 보고서에 '지금은 야히야를 너무 압박하지 말라(don't squeeze Yahya at this time)'라고 메모하였다.[9] 닉슨 대통령은 계속해서 '야히야는 좋은 친구'라고 지칭하였고 미국은 야히야가 겪고 있는 어려움을 이해하기에 그를 당혹스럽게 할 행동은 하지 않을 것이라고 공언하였다. 6월 3일 인도 주재 미국대사 키팅과의 대화에서 키신저는 닉슨 대통령이 야히야에 대해 특별한 감정을 갖고 있다고 밝히기도 하였다.[10] 이러한 닉슨 행정부의 대남아시아 정책에 대하여 미국 내에 비판적인 여론이 급등하였고, 의회도 행동에 착수하여 5월 7일에 상원 외교관계 위원회가 파키스탄에 대한 무기수출을 금지하는 결의안을 통과시켰고 6월 10일에는 두 명의 상원의원이 심각해지던 동파키스탄과 난민 상황

---

8   Letter from President Yahya Khan to President Nixon, 17 April 1971 (Aijazuddin 2002, 241).

9   Memorandum for the President, Policy Options Toward Pakistan, April 28, 1971, Secret, 6 pp. in Gandhi, *The Tilt* at https://nsarchive2.gwu.edu/NSAEBB/NSAEBB79/BEBB9.pdf (검색일: 2021년 12월 11일).

10   Memcon Kenneth Keating, Henry Kissinger, and Harold Saunders June 3, 1971, (4:00 P.M.). Attached to Cover Sheet Dated June 21, 1971, Secret / NODIS, 6 pp. in Gandhi, *The Tilt* at https://nsarchive2.gwu.edu/NSAEBB/NSAEBB79/BEBB13.pdf (검색일: 2021년 12월 11일).

을 근거로 파키스탄에 대한 모든 원조를 중단해야 한다는 외국원
조법(Foreign Assistance Bill) 개정안을 상원에 제출하기도 하였다
(Ganguly 1986, 132).[11]

　7월에 키신저는 인도와 파키스탄을 방문하였다. 인도를 방문
한 자리에서 인도 관리들에게 키신저는 어떠한 상황에서도 미국이
중국의 압박에 맞서 인도를 후원할 것이라고 못 박았다. 물론 중
국에게 인도를 압박하라고 부추길 일도 없을 것이라고 덧붙였다.[11]
이러한 키신저의 확언은 1962년 패배의 기억이 생생한 인도 관리
들에게 큰 안심이 되게 하였다(Bass 2013, 161-165).[13] 파키스탄을
방문했을 때 건강이상을 이유로 칩거하는 척하며 비밀리에 북경을
방문한 것은 잘 알려진 바이다. 키신저와 닉슨은 파키스탄이 제공
하는 중국과의 소통채널을 너무나 중요하게 생각했기에 동파키스
탄 상황에 대해 그 자체의 비극적 상태뿐만 아니라 상황악화가 미
국이 공들이고 있던 대중 정책을 방해할 수 있다는 점에 대해 크게
우려하였다. 따라서 '조용한 외교'를 지속하며 야히야에 대한 비난
을 삼갔다. 더 나아가 닉슨 대통령은 8월 7일 직접 쓴 손편지에서
미국과 중국을 연결하는 데 결정적인 도움을 준 것에 고마움을 표

11　특히 민주당의 에드워드 케네디(Edward Kennedy) 상원의원이 현지도 여러 번
　　방문하는 등 많은 관심을 보이면서 닉슨 행정부에 대한 비판적 여론을 주도하였
　　다(Saunders 2014, 40; Oldenburg 2010, 5-6).
12　Memcon, Dr. Sarabhai, Dr. Haksar, Dr. Kissinger, Mr. Winston Lord, July
　　7, 1971, (1:10 - 2:50 p.m.), Secret/Sensitive, 4pp. in Gandhi, *The Tilt* at
　　https://nsarchive2.gwu.edu/NSAEBB/NSAEBB79/BEBB15.pdf (검색일:
　　2021년 12월 11일).
13　하지만 5개월 후에 키신저는 중국에게 인도를 군사적으로 공격할 것을 권유하면
　　서 인도의 기대를 배신하였다.

하고 더 평화로운 세상을 원하는 사람들은 야히야 대통령에게 영원히 빚진 것이라고까지 칭송하였다.[14] 동파키스탄에서의 잔인한 진압이 계속되는 상황에서도 미국 정부는 중국과의 새로운 관계가 위험에 봉착하는 것을 방지하는 데 최선을 다하려 하였고 닉슨 대통령은 고위 안보자문위원들에게 '믿지 못할' 인도가 난민을 구실로 파키스탄을 두 동강 내려는 음모를 절대 허용해서는 안 된다고 강조하였다. 또한 닉슨 대통령은 일부 국가의 정부가 국내에서 잔혹한 인권유린 행위에 책임이 있다 해도 그런 기준으로 정부를 평가한다면 모든 공산국가와의 외교관계를 모두 절연해야 한다며 파키스탄 정부의 동파키스탄에서의 행위를 감쌌고 자신의 파키스탄 '편애'를 정당화하였다.[15]

8월 3일 미 하원이 파키스탄에의 원조를 중단하는 수정안을 포함한 해외원조법(Foreign Aid Bill)을 통과시키자 닉슨 대통령은 이러한 공적인 압력은 역효과만 낳을 뿐이라며 강하게 비판하였다. 결국 미국의 양원 모두 미국의 대남아시아 정책을 반대하고 나선 것이다. 동파키스탄을 둘러싼 상황은 계속 악화되었다. 파키스탄군의 강압적 군사행동으로 여전히 많은 주민들이 희생되었고 인도로 넘어가는 난민도 급증하였다. 인도 접경에 기반을 둔 방

---

14   Handwritten Letter from President Nixon to President Yahya, August 7, 1971, 4 pp. in Gandhi, *The Tilt* at https://nsarchive2.gwu.edu/NSAEBB/NSAEBB79/BEBB20.pdf (검색일: 2021년 12월 13일).

15   Memorandum for the Record: The President, Henry Kissinger, John Irwin, Thomas Moorer, Robert Cushman, Maurice Williams, Joseph Sisco, Armistead Seldon, and Harold Saunders, August 11, 1971, Secret, 7 pp. in Gandhi, *The Tilt* at https://nsarchive2.gwu.edu/NSAEBB/NSAEBB79/BEBB21.pdf (검색일: 2021년 12월 13일).

글라데시 해방군의 활동도 증대되면서 동파키스탄 사태는 일촉즉발의 위기로 치닫는 것처럼 보였다. 이에 군사적 개입을 준비하던 인도는 미국과 중국의 개입 가능성을 견제하고자 8월 9일 미국의 숙적 소련과 전격적으로 동맹에 버금가는 우호조약을 체결하였다.[16] 이러한 인도의 군사적 개입을 저지하고자 미 국무장관 윌리암 로저스(William Rogers)는 8월 11일 주미 인도대사에게 전쟁을 시작하는 국가에게 모든 경제원조를 중단하겠다고 경고하였다(Chowdhury 2013, 3-4). 중국과의 소통라인 유지 이유를 포함하여 남아시아에서의 군사적 충돌을 방지하려는 미국의 노력도 증가하였다. 8월 16일 파리를 방문한 키신저는 주프랑스 중국대사 황쥔과의 비밀회담에서 미국은 파키스탄이 굴욕스럽게 느낄 행동을 하지 않을 것이며 다른 국가들도 그런 시도를 멈추어야 할 것이라고 하였다. 그리고 인도에게 인도가 만일 군사적 행동을 개시한다면 모든 경제지원을 취소할 것이라 경고했다는 것을 밝혔다. 이에 대해 중국대사는 인도가 타국의 내정에 간섭하려 한다고 비난하면서 키신저에 맞장구쳐 주었다. 또한 키신저는 미국은 국내법과 의회

16 7월까지도 간디 총리는 소련과의 관계에 대해 어중간한 입장을 가졌으나 키신저의 북경 방문과 키신저가 미국 주재 인도대사에게 중국이 인도-파키스탄 분쟁에 개입하더라도 미국은 관여하지 않겠다고 말한 직후 소련 존재의 중요성을 체감하여 우호조약 체결에 적극 나섰다. 소련의 경우도 1969년 중국과의 우수리 국경전쟁 직후부터 인도와의 우호관계 수립에 나설 정도였다. 따라서 동파키스탄 사태가 시작되기도 전에 이미 양국 간에는 관계 증진의 조건이 갖추어져 있었다(Unnikrishnan 2021, https://www.orfonline.org/research/1971-when-delhi-and-moscow-came-together/ (검색일: 2021년 11월 17일). 또한 당시 소련의 남아시아에서의 전략적 이해는 미국, 중국 견제와 함께 아시아, 아프리카의 비동맹국가들에게 상당한 영향력을 행사하던 인도와 우호관계를 맺음으로써 이들 지역 진출에 대한 유리한 교두보 확보에도 있었다(Ashrafi 2021).

의 견제 때문에 힘들지만 중국이 파키스탄을 군사적으로 지원한다면 미국은 이해할 것이라며 중국의 군사지원을 부추겼다.[17] 8월 18일 대통령에게 보낸 메모에서 키신저는 중국과의 관계 개선이 분명한 미국의 국익인 상황에서 미국이 동파키스탄의 분할독립(방글라데시)을 지지하는 것처럼 보이는 것은 대만과 티벳 문제로 골치를 앓고 있는 중국에게 부정적인 함의를 줄 수 있기에 불가하다고 밝혔다.[18] 9월 29일 워싱턴에서 소련 외상 그로미코를 접견한 닉슨 대통령은 양 초강대국이 남아시아에서의 전쟁을 예방하는 상호 이해가 존재한다고 하였다. 이에 대해 그로미코는 동의하지만 원인은 파키스탄의 도발이라 주장하였고, 이에 대해 키신저는 어떻게 군사적 지원도 변변히 제공받지 못하는 약소국이 강대국을 도발할 수 있느냐고 맞받았다. 그리고 소련이 동파키스탄에 잠입하는 4만 명에 달하는 게릴라들의 활동을 제어해야 한다고 역설하였다. 하지만 이러한 외교적 노력은 성공적이지 못하였고 오히려 10월 5일 미 상원 외교관계 위원회가 미국의 모든 대파키스탄 경제, 군사 원조를 중단하라는 법안을 통과시켰다. 당시 상황의 악화에 대해 키신저는 미국이 자체 무기금수와 베트남전쟁, 의회와 언론의 반대로 파키스탄에 지원을 할 수 없고 중국조차도 문화혁명의 여파로 파키스탄에 제대로 된 도움을 주지 못하는 현 상황을 최대한 활용하는 인도의 공세적 행동이 파키스탄에 굴욕을 안기려는 인도와

17   Memorandum of Conversation between Dr. Henry Kissinger and Amb. Huang Zhen, 16 August 1971, Top Secret(Aijazuddin 2002. 269–271).

18   Memorandum for the President, Implications of the Situation in South Asia, August 18, 1971, Secret, 4 pp. in Gandhi, *The Tilt* at https://nsarchive 2.gwu.edu/NSAEBB/NSAEBB79/BEBB24.pdf (검색일: 2021년 12월 13일).

중국에 굴욕을 안기려는 숙적 소련의 합작품이라고 보았다. 즉 소련이 파키스탄을 치욕스럽게 함으로써 미국이나 중국이라는 동맹국에 의존하는 것의 무용함을 과시하려고 했다는 것이다. 그리고 이러한 인도의 강압적 행위에 미국이 동맹국인 파키스탄을 제대로 지원하는 행동을 보여주지 못한다면 이러한 추세가 중동으로 확산되지 않을까 키신저는 우려하였다(Kissinger 1979, 875-876).

동파키스탄을 둘러싼 긴장이 고조되면서 인도의 간디 총리는 외교적 지원을 획득하기 위해 한 달여간(10월 16일-11월 13일) 서구 국가들을 방문하였다. 이 정상외교는 어느 정도 성공으로 평가되는데 많은 국가들이 인도의 곤란한 상황에 대한 이해와 공감을 표명했다는 점에서 성과가 있었다. 미국을 방문했을 때는 미국이 파키스탄에 대한 무기수출을 금하도록 설득하는 데 성공했다고 보았다. 이러한 인도의 외교적 노력에 대응하고자 파키스탄의 부토는 대규모 군부 지도자들을 대동하고 11월 5일 중국을 방문하였다. 이 방문에서 중국 지도자들로부터 중국은 파키스탄의 주권과 독립을 지지한다는 성명은 이끌어내었으나 파키스탄의 통일성과 영토적 존엄성 수호에 대한 보장 약속은 받지 못하였다. 이는 인도와 소련과의 우호조약 여파로 중국이 남아시아 분쟁에 연루되기를 원하지 않기 때문이었는데 인도는 중국의 주저함을 즉각 눈치챘고 인도가 소련의 후원을 받고 서방국가들에게 향후 행동에 대해 언질을 준 상태에서 파키스탄이 중국의 확실한 지원을 받으려는 시도가 좌절되었음을 깨달았다(Ganguly 1986, 127-129).[19] 10월 말

19 인도 정부로서는 전쟁 발발 시 중국의 개입이 큰 우려 사항이었으나 점차 중국이 군사적으로 개입할 여력도, 의지도 없다고 확신하게 되어 중국과의 국경에 배치

북경과 상해를 방문하여 저우언라이와 회담한 키신저도 11월 초 닉슨 대통령에게 보낸 메모에서 중국 정부가 파키스탄을 지지한다고 하였으나 그 결의의 정도가 7월에 비해 많이 약해졌다는 것을 느꼈다고 하였다. 키신저는 회담에서 인도가 동파키스탄을 독립시키는 것에 그치지 않고 서파키스탄 전체를 파괴하려 한다고 비난하였고 저우언라이도 소련이 이러한 상황을 충분히 자신들의 대전략에 맞게 이용하려 한다고 불평하였다. 하지만 저우언라이는 파키스탄에 대한 더 이상의 지원을 제공하기를 주저했는데 소련의 외교장관이 10월 7일 야히야에게 보낸 경고성 편지가 파키스탄에 대한 최후통첩이자 중국의 개입에 대한 경고라고 해석했기 때문이라고 키신저는 생각하였다.[20] 또한 11월 5일 중국을 방문한 부토와 파키스탄 사절단에게 저우언라이는 만일 전쟁이 발발한다면 미국이 파키스탄을 도우러 올 것이라는 언질을 주었는데 파키스탄 외교장관 술탄 칸(Sultan Khan)은 이를 앞서 10월 말 키신저의 중국 방문 때 키신저가 저우언라이에게 전해준 메시지에 기반한 것이라고 믿었다.[21] 즉 파키스탄이 미국의 개입에 더 확신을 갖게 되었을 수도 있다는 것이다. 하지만 11월 15일 메모에 의하면 미 국무부는 부토 사절단의 중국 방문에서 파키스탄 지도자들이 전쟁 발발 시 중국으로부터 군사력 파병 등 실질적인 도움을 얻으려는 희망

되었던 10개 사단 중 6개 사단을 파키스탄과의 전쟁을 위해 이동했을 정도로 중국의 개입 가능성을 낮게 보았다(Sisson and Rose 1990, 216).
20 Memo from Dr. Kissinger to President Nixon, 11 November 1971, Top Secret; Memorandum of Conversation between Premier Zhou Enlai and Dr. Kissinger, 22 October 1971, Top Secret(Aijazuddin 2002, 287-301).
21 Telegram from Amb Farland to Secretary State, 3 November 1971, Confidential(Aijazuddin 2002, 311-313).

은 접었을 것이라고 분석하였다.[22]

한편 11월 4일 미국을 방문한 간디 총리에게 닉슨 대통령은 인도주의적 구호물품 제공, 파키스탄의 행동 제지, 정치적 해결책 모색 증진 등 파국을 막기 위한 모든 노력을 미국이 경주할 것이라고 하였다. 하지만 파키스탄의 영토 해체로 얻을 수 있는 것은 아무것도 없으며 인도에 의한 적대행위 개시는 절대 이해할 수 없을 것이라고 경고하는 것도 잊지 않았다.[23] 간디가 귀국한 후 방글라데시 해방군(Mukti Bahini)의 활동이 활발해지면서 위기가 고조되었다. 11월 15일에 닉슨 대통령은 파키스탄 외무장관 칸(Khan)과의 대화에서 미국은 파키스탄을 지원하며 전쟁 방지를 위해 노력하겠다고 하였다.[24] 하지만 11월 22일에 벵골 국경지역에서 적지 않은 규모의 군사적 충돌이 발생하였다. 이에 파키스탄의 야히야는 전쟁 발발을 직감하며 닉슨 대통령에게 편지를 보냈고 키신저는 이날을 전쟁의 시작이라고 간주하였다. 키신저는 여전히 이러한 군사적 충돌의 시작을 남아시아에서 주도권을 장악하려는 인도와 간디의 책임으로 돌렸고, 인도의 행동을 제지할 수 있었던 소련

---

22 Memo for Meeting Between Dr. Kissinger and Foreign Secy. Sultan M. Khan, 15 Nov. 1971, Secret(Aijazuddin 2002, 353–357).

23 Memorandum of Conversation between President Nixon and Prime Minister Indira Gandhi, 4 November 1971, Top Secret(Aijazuddin 2002, 334–340).

24 Conversation Among President Nixon, the President's Assistant for National Security Affairs (Kissinger), and Pakistani Foreign Secretary Sultan Khan Washington, November 15, 1971, 4:31–4:39 p.m., in FOREIGN RELATIONS OF THE UNITED STATES, 1969–1976, VOLUME E–7, DOCUMENTS ON SOUTH ASIA, 1969–1972 at https://history.state.gov/historicaldocuments/frus1969–76ve07/d154 (검색일: 2021년 12월 16일).

이 의도적으로 부추겼다고 보았다. 미국 주도 동맹체제의 근간을 흔들고 중국의 무기력함을 드러내려는 숙적 소련의 음모로 보았던 것이다(Kissinger 1979, 885-886). 11월 23일 키신저와 주유엔 중국 대사 황화와의 비밀회동에서 중국대사는 미국과 중국이 사태의 해결을 위해 유엔 안보리에서 공동의 노력을 기울여야 한다고 촉구하였다. 중국의 입장은 군사적 지원을 포함한 파키스탄 후원이지만 군사력 파병에는 선을 그었다.[25]

전쟁이 임박하자 키신저는 워싱턴 특별행동그룹(Washington Special Action Group, WSAG) 모임에서 간디 총리가 전쟁을 오래 전부터 치밀하게 준비한 게 틀림없다고 주장하였다. 12월 2일 미국 주재 파키스탄 대사가 미국의 1959년 양자협약 의무조항을 상기시키는 야히야의 편지를 전달하였다. 이러한 주장에 대해 미 국무부는 미국의 의무사항은 아니라고 유권해석을 내렸으나 키신저는 이러한 미국의 무대응이 향후 동맹국들에 대한 심각한 신뢰손상으로 이어질 수 있고 미국이 믿을 수 있는 동맹국이라는 명성에 먹칠을 할 수 있다며 분개하였다. 마침내 12월 3일 파키스탄 공군 전투기들의 인도 공군비행장에 대한 선제공격으로 3차 인도-파키스탄 전쟁이 시작되었다. 키신저는 고위 관료들과 전쟁 책임은 인도와 소련의 결탁에 있으므로 모든 비난을 인도에 집중할 것을 논의하였다.[26] 12월 7일 언론 브리핑에서 키신저는 인도가 전쟁에 책

---

25 Memo from Dr. Kissinger to President Nixon, 26 November 1971, Top Secret(Aijazuddin 2002, 382-385).

26 Transcript of Telephone Conversation Between Secretary of State Rogers and the President's Assistant for National Security Affairs (Kissinger) Washington, December 3, 1971, 3:45 p.m. in FOREIGN RELATIONS OF

임이 있다는 주장을 되풀이하였고, 이제 미국은 인도의 전쟁 확대 가능성에 대해 대비하고자 소련에게 인도를 통제하지 않는다면 예정된 미-소 정상회담을 취소할 수 있다고 압박하였다(Kissinger 1979, 901-910). 12월 9일에 열린 워싱턴 특별행동그룹(WSAG) 모임에서 키신저는 닉슨 대통령이 인도의 행위에 더 강하게 대응할 것과 파키스탄의 사정을 헤아려 파키스탄에 더 우호적인 정책을 추진할 것을 촉구하였다고 밝혔다(Raghavan 2013, 240).[27] 닉슨과 키신저는 인도의 공세적 행동의 배후에 숙적 소련이 있다고 확신하고 인도의 군사적 목표가 동파키스탄에 머무는 것이 아니라 서파키스탄 전역으로 확대될 것이라고 그릇되게 믿었다. 이에 대한 대응으로 싱가포르에 정박해 있던 엔터프라이즈 항공모함을 비롯한 해군 타격전단을 벵골만에 급파하였다. 이러한 행동은 이제 막

THE UNITED STATES, 1969 - 1976, VOLUME E - 7, DOCUMENTS ON SOUTH ASIA, 1969 - 1972 at https://history.state.gov/historicaldocuments/frus1969-76ve07/d158: Transcript of Telephone Conversation Between Secretary of the Treasury Connally and the President's Assistant for National Security Affairs (Kissinger) Washington, December 5, 1971 in FOREIGN RELATIONS OF THE UNITED STATES, 1969 - 1976, VOLUME E - 7, DOCUMENTS ON SOUTH ASIA, 1969 - 1972 at https://history.state.gov/historicaldocuments/frus1969-76ve07/d159 (검색일: 2021년 12월 16일).

27 12월 8일 대화에서 닉슨 대통령은 키신저에게 중국에 요청하여 인도와의 국경지역으로 군대를 이동시켜 인도를 압박해줄 것을 지시하고 미 해군 항모전단의 벵골만 이동을 승인하였다. Conversation Among President Nixon, the President's Assistant for National Security Affairs (Kissinger), and Attorney General Mitchell, Washington, December 8, 1971, 4:20 - 5:01 p.m. in FOREIGN RELATIONS OF THE UNITED STATES, 1969 - 1976, VOLUME E - 7, DOCUMENTS ON SOUTH ASIA, 1969 - 1972 at https://history.state.gov/historicaldocuments/frus1969-76ve07/d165 (검색일: 2021년 12월 16일).

미국이 관계 개선에 나서던 중국에게 위기 시 항상 동맹국의 편에
서는 신뢰할 만한 국가라는 의지와 능력을 과시하려는 목적도 있
었다(Ganguly 1986, 134-135). 따라서 닉슨 대통령은 12월 9일 미
국을 방문 중이던 소련의 농업장관에게 소련이 인도가 서파키스탄
을 공격하는 것을 자제시키지 않으면 미-소 관계가 파탄날 것이라
고 경고하였다.[28] 또한 키신저는 12월 10일 유엔주재 중국대사 황
화와의 극비회동에서 앞서 7월에 인도에 공언한 미국은 중국이 인
도를 압박할 것을 부추기지 않을 것이라고 공언한 것과 반대로 사
실상 중국의 인도에 대한 군사적 행동을 권고하는 발언을 하였다.[29]
더 나아가 닉슨과 키신저는 국내법과 의회의 제지로 파키스탄이
필요로 하는 무기를 제공할 수 없는 한계를 우회하여 이란과 요르
단에 군사원조를 제공하는 대가로 이들 나라의 F-104 전투기를 파
키스탄에 제공할 것을 추진하였다. 12월 4일부터 17일간의 전화통
화 기록은 이들이 이러한 비밀 무기 제공 노력을 명령했거나 적어
도 인지하고 있었음을 보여준다.[30]

28 Conversation Among President Nixon, the President's Assistant for
    National Security Affairs (Kissinger), the Soviet Minister of Agriculture
    (Matskevich), and the Soviet Chargé d'Affaires (Vorontsov), Washington,
    December 9, 1971, 4:00 – 4:41 p.m. in FOREIGN RELATIONS OF THE
    UNITED STATES, 1969 – 1976, VOLUME E – 7, DOCUMENTS ON SOUTH
    ASIA, 1969 – 1972 at https://history.state.gov/historicaldocuments/frus1969
    -76ve07/d169 (검색일: 2021년 12월 16일).
29 Event Summary by George H.W. Bush, December 10, 1971, 7 pp. at
    https://nsarchive2.gwu.edu/NSAEBB/NSAEBB79/BEBB32.pdf in Gandhi,
    The Tilt; NSC List, Courses of Actions Associated with India/Pakistan
    Crisis, Top Secret/Sensistive, December 8, 1971, 2 pp. at https://nsarchive
    2.gwu.edu/NSAEBB/NSAEBB79/BEBB33.pdf in Gandhi, The Tilt (검색일:
    2021년 12월 14일).

하지만 이러한 미국의 노골적인 파키스탄 야히야 정권에 대한 편애(tilt)에도 미국의 실질적인 지원은 한계가 있었고 미국은 파키스탄군의 전면적 패배를 막을 수 없었기에 인도군의 승전보를 지켜봐야만 했다. 파키스탄의 경우는 더욱 참담하여 온갖 도움에도 불구하고 미국이나 중국으로부터의 실질적인 군사적 원조는 도달하지 않았기에 굴욕적 패배를 감수해야 했다. 물론 당시의 군사력 현황을 볼 때 파키스탄군이 동파키스탄에서 강대국의 군사적 지원이 있었더라도 패배를 피하기는 힘들었을 것이다.[31]

2. 3차 인도-파키스탄 전쟁과 강대국 정치의 교훈

3차 인도-파키스탄 전쟁 후 인도는 남아시아의 강자 지위를 확고히 하였고 파키스탄은 절망 속에 생존을 모색하게 되었다. 부토 정부에서 중국은 여전히 파키스탄의 가장 가까운 친구이자 조력자

---

30 Department of State Cable, Pakistan Request for F-104's, Secret, December 9, 1971, 2 pp. at https://nsarchive2.gwu.edu/NSAEBB/NSAEBB79/BEBB 34.pdf; Central Intelligence Agency, Intelligence Memorandum, India-Pakistan Situation Report (As of 1200 EST), Top Secret, December 16, 1971, 6 pp. at https://nsarchive2.gwu.edu/NSAEBB/NSAEBB79/BEBB42. pdf; National Security Council, Notes, Anderson Papers Material, January 6, 1972, 5 pp. at https://nsarchive2.gwu.edu/NSAEBB/NSAEBB 79/BEBB45. pdf in Gandhi, *The Tilt* (검색일: 2021년 12월 14일).

31 키신저는 당시 동파키스탄에서 벌어지던 끔찍한 학살을 모르지 않았으나 파키스탄 정부가 중국과의 유일한 연결선이었기 때문에 합당한 행동을 하기 힘들었다고 변명했다. 하지만 키신저가 파키스탄 정부의 잔혹성에 크게 동요되지도 않았고 파키스탄이 중국과의 유일한 통로도 아니었다는 반박도 적지 않다. 닉슨과 키신저가 항모전단 파견의 구실로 삼았던 인도의 서파키스탄 침공 계획도 전혀 존재하지 않았다고 역사가들은 서술한다(Vogler 2010, 33-38).

로 위치하였고, 국내외적 거센 비판에도 파키스탄에 대한 '편애' 외교를 유지하였던 미국도 중국 다음으로 중요한 국가였다.[32] 미국과 중국은 닉슨 대통령이 중국을 방문하는 등 대대적인 관계 개선에 나서 대소련 공동전선을 수립하였고 미국의 과거 숙적 중국은 이제까지의 외교적 고립에서 벗어나 국제무대에 재등장하였다. 인도는 전쟁 직전 미국과의 관계가 틀어졌으나 그 이후 소련과 맺었던 평화우호협력 조약의 덕을 크게 봤기에 소련과 돈독한 관계를 유지하기 위해 노력하였다. 미국과 소련은 숙적관계였음에도 3차 인도-파키스탄 전쟁 전개 과정에서 놀랍게도 지속적으로 소통하여 어느 정도 상황 관리는 할 수 있었고 이후 1970년대 데탕트 시기 핵군비통제를 비롯한 성과를 이루어내는 데 중요한 기반이 되었다 (Nichter 2010). 당시 냉엄한 냉전 강대국 간 이합집산 속에서 남아시아 두 국가, 인도-파키스탄의 숙적관계는 강대국들과 동맹, 우호관계를 얻기 위하여 부단히 노력하게 하였으나 강대국 간의 이해관계를 넘어설 수는 없었다. 비대칭 동맹(asymmetirc alliance) 하에서 강대국으로부터 동맹을 확인(assurance)받기는 대단히 힘들었고 끊임없이 방기(abandonment)의 위험에 노출되어 있었다. 이러한 불안감과 불확실성은 인도, 파키스탄 양국의 핵개발을 이끌었다. 즉 3차 인도-파키스탄 전쟁은 양국의 핵확산에 결정적인 촉매제가 되었다.

32   Telegram 32 From the Embassy in Pakistan to the Department of State, Islamabad, January 2, 1973, 1048Z, in FOREIGN RELATIONS OF THE UNITED STATES, 1969‒1976, VOLUME E‒8, DOCUMENTS ON SOUTH ASIA, 1973‒1976 at https://history.state.gov/historicaldocuments/frus 1969-76ve08/d103 (검색일: 2021년 12월 15일).

인도의 경우 평화적 핵개발 정책을 고수하다가 1962년 중국과의 전쟁 패배, 1964년 중국의 핵실험으로 인해 심각한 안보위협에 직면한 후 핵정책을 재고하기 시작하였다. 먼저 강대국의 핵우산 제공을 위해 외교적 노력을 기울였으나 1960년대 미국의 우호적 지원에도 비동맹노선 고수로 인해 만족할 만한 안보보장은 받을 수 없었다. 1971년 8월 소련과 맺은 우호조약이 핵시설 선제공격을 포함한 중국으로부터의 위협을 어느 정도 상쇄해 주었으나 역시 불완전하였다. 1971년 전쟁에서의 압승에도 불구하고 강대국의 막강한 영향력에 좌절하고 중국의 등장에 불안을 느낀 인도의 간디 총리는 1972년 핵실험 준비를 지시하기에 이른다(Debs and Monteiro 2017, 238-258; 김태형 2019, 96-110).[33] 파키스탄의 경우 재래식 전력에서 훨씬 앞선 인도와의 대결에서 한계를 절감하고 미국과의 안보조약을 통해 대등하게 맞서고자 하였다. 하지만 1965년 2차 전쟁에서 미국의 지원이 얼마나 제한적일 수 있는지를 체험하고는 자체 핵무장 주장이 점차 힘을 얻게 되었다. 3차 전쟁에서의 치욕적인 패배를 경험한 이후에는 더 이상의 민족적 굴욕을 막고 영토의 존엄성을 수호하는 유일한 방법은 핵무기 개발밖에 없다는 데 공감하고 그에 매진하게 된다(Debs and Monteiro 2017, 326-336; 김태형 2019, 128-146). 이렇게 파키스탄과 같이 재래식으로 우세한 외부위협과 대치하고 있는 상황에서 강대국으로부터 동맹보호를 받지 못하는 국가의 경우 자체 핵무기

---

33 특히 간디 총리가 전격적으로 감행한 1974년의 '평화적 핵실험'은 1971년 전쟁 막바지에 미국의 핵추진 항공모함을 포함한 기동타격전단의 벵골만 파견으로 인한 충격도 적지 않은 영향을 끼쳤던 것으로 알려진다(Ganguly 2014, 178).

개발로 나선 경우가 바로 북한이라는 사실은 시사하는 바가 크기에 이들 국가의 핵확산 사례와 핵보유 이후 핵대결 상황에서 핵억제전략의 상호변화는 면밀히 연구해야 할 것이다.

3차 인도-파키스탄 전쟁은 지역 분쟁의 방향과 결과에 지대한 영향을 끼칠 수 있는 강대국 힘의 정치의 규정성을 잘 드러내주는 사례이다. 인도의 군사적 개입 가능성이 증대하고 있었는데도 지속되었던 야히야 정권의 강압적이고 잔인한 진압은 미국의 비호가 없었으면 힘들었을 것이다. 미국과 중국이라는 강대국과 돈독한 관계인 파키스탄과 전쟁을 벌이기 위해서 인도 정부는 무엇보다 소련의 확실한 후원을 등에 업어야 했다. 미국과 중국 모두에게 숙적이던 소련의 간접적 개입은 미국과 중국 모두를 조바심나게 만들고 상황의 평화적 해결을 더욱 어렵게 했다. 결국 과거의 숙적 중국과의 관계 개선 이유가 가장 큰 숙적 소련에 대한 견제와 봉쇄였기에 이렇게 거대한 전략적 이해를 위해 미국은 어떠한 비난도 감수할 준비가 되어 있었다. 즉 닉슨 행정부에게 중국개방은 워낙 중차대한 일이라 파키스탄을 통해 연결된 통로는 무조건 사수해야 하였다. 키신저가 7월 극비리에 북경을 방문할 때 그 기착지로 파키스탄이 핵심역할을 하였는데 키신저 팀은 부재 시 생겨날 수 있는 의심을 덜기 위해 파키스탄 방문 전 인도를 방문하여 이번 순방이 위기가 고조되는 남아시아 주요 국가들 방문으로 위기 해소가 주목적인 것처럼 가장하였다. 즉 인도는 단순히 주목적을 숨기기 위해 잠시 들린 곳에 불과하여 당시 미 행정부에게 인도의 전략적 위치가 얼마나 보잘것없었는지를 보여준다(Bass 2013, 160). 미국이 도덕적으로 크게 비난받던 베트남전의 전개 과정에서 이웃 캄보디아로 전선을 확대시키면서 키신저는 캄보디아가 단지 냉전의 부속물(sideshow)일 뿐이라고 표현한 바 있다. 이러한 키신저와 닉슨에게 인도, 파키스탄, 동파키스탄도 결국 냉전이라는 거대한 게임에서 하나의 부속품에 불과하였다(Vogler 2010, 38-41).

이 사례는 또한 강대국의 정책이 전략적 우선순위에 의해 주로 결정된다는 것을 잘 보여준다. 2차 대전 후 미국은 자유세계의 리더를 자처하며 민주주의, 인권, 개방된 경제를 외교정책의 모토로 한다고 공언하였으나 실제로는 소련과 공산주의 확산 봉쇄라는 냉전 대전략에 충실하여 친미 독재정권을 노골적으로 지원하는 등 인권이나 민주주의 수호와 거리가 먼 행보를 자주 보여주었다. 1971년에도 동파키스탄에서 벌어지던 끔찍한 상황을 인지하고 있으면서도 파키스탄 야히야 정권에 대한 편애를 바꾸지 않았다. 효과적인 대소봉쇄를 위해 중국과의 관계 개선이 최우선적 전략적 이해라고 간주하였기에 이러한 기회를 놓치지 않고 싶어서였다. 탈냉전기에도 이러한 양상은 지속되었는데 글로벌 테러와의 전쟁이라는 대전략을 위해 인권, 개인의 사생활 침해, 미국의 정책에 동조하는 권위주의 국가 지원 등의 사례가 적지 않았다. 현재 바이든 행정부는 인권, 민주주의의 가치외교와 규칙기반 질서 추진을 공언하고 있지만 전략적 이해의 부침에 따라 이러한 정책의 우선순위도 얼마든지 달라질 수 있다.[34]

또한 이 사례는 외교정책결정 모델과 관련해서도 중요한 이론

---

34 이러한 자유주의적 국제주의에 기반한 외교전략 추진에 대해 국제관계의 안정에 오히려 역효과를 낳고 미국의 민주주의를 위해서도 좋지 않다는 비판이 현실주의자들로부터 지속적으로 제기되었다(Mearsheimer 2019; Walt 2018).

적인 함의를 던져준다. 배스(Bass)의 책을 포함하여 당시 백악관과 그 주변에서 닉슨 대통령과 키신저 보좌관을 중심으로 행해졌던 외교정책결정과정을 담은 극비문서들과 사적인 대화까지 포함한 닉슨 테이프 등의 생생한 기록들은 합리적 행위자 모델(rational actor model)의 한계를 여실히 보여준다. 닉슨은 여러 번의 방문과 오랜 관계를 통해서 야히야에 대해 대단히 우호적인 감정을 갖고 있었던 반면에 간디 총리를 싫어했고 인도 전체를 불신하였다. 키신저도 남아시아의 위기가 악화될 때 닉슨의 이러한 기분을 정책에 반영해야 했다(Saunders 2014, 37-38). 닉슨 행정부의 1971년 전쟁 시 정책 사례에서 보이듯이 이렇게 지도자의 개인적 감정과 선호가 강하게 투영된 정책이 국가의 전략적 이해를 적절하게 반영하기는 힘들다. 당시 미 행정부는 다카의 미 영사관과 인도 주재 미 대사관이 급전을 통해 파키스탄 정부의 잔혹한 행위를 비난하고 중지시켜줄 것을 촉구했으나 이를 무시하고 통상적인 소요사태 정도로 평가절하한 파키스탄 주재 미 대사관의 보고를 오히려 신뢰하는 태도를 보여 현장에서 고생하는 외교관들을 크게 실망시키고 사기를 저하시켰다(Oldenburg 2010, 6). 이러한 상황에서 정확한 정보에 기반한 합리적인 정책의 형성은 힘들 수밖에 없다. 즉 미국이 이미 소련을 적대적 숙적국가로 상정한 냉전대전략에 따라 중국과 관계 개선에 나서는 등 세력균형의 논리에 충실한 전략을 일견 보여주고 있으나, 그 추진 과정에서 맹목적인 파키스탄 정권 두둔과 동파키스탄에서 벌어지는 잔혹상황 무시 등 다분히 감정적으로 접근함으로써 정작 지원하고자 한 파키스탄도 제대로 돕지 못하고 국제적으로도 크게 신망을 잃게 되었다.

V 결론

파키스탄의 국가건설, 국민건설 실패로 촉발된 동파키스탄과의 갈등이 걷잡을 수 없이 악화되면서 주변국, 특히 인도의 개입을 강제하였고 이러한 남아시아 지역 내의 분쟁은 당시 복잡한 냉전 대결 구도에서 강대국의 개입을 연쇄적으로 불러일으켰다. 미국의 지도자 닉슨 대통령과 키신저 국가안보보좌관은 민주주의와 인권수호라는 미국의 책무 방기라는 비난에도 불구하고 파키스탄 야히야 정권을 계속 지지하였다. 이는 닉슨 대통령의 야히야에 대한 정서적 교감, 간디 총리에 대한 혐오, 키신저의 냉전 힘의 정치에 대한 집착과 이와 직결된 중국과의 연결통로 확보를 위한 파키스탄의 결정적 역할 등이 복합적으로 작용한 결과이다. 12월 3일 전쟁이 시작되자 이제 가장 전략적 우선순위를 차지한 중국과의 관계개선을 위해서도 미국은 미국의 동맹국이자 중국의 동맹국이기도 한 파키스탄이 미국의 지도자들이 싫어하고 중국에 적대적인 인도에 의해 공중분해되는 것을 지켜볼 수 없었다. 새롭게 친구가 될 수 있는 중요한 국가인 중국에게 미국의 위신이 손상되는 것을 보여줄 수 없었던 것이다. 또한 미국의 주요 동맹국이 숙적 소련과 막 동맹을 맺은 국가에게 쓰라린 패배를 당하는 것은 곧 개최될 예정이었던 미-소 정상회담에서 미국의 위치를 대단히 불리하게 할 수 있기 때문에도 파키스탄의 패배가 확실한 전쟁이 즉시 중단되어야 했다(Oldenburg 2010, 4). 따라서 미국은 즉시 유엔안보리를 소집하여 인도의 적대행위를 비난하고 모든 분쟁 당사자들이 즉각 휴전할 것을 요구하는 결의안을 상정하였다. 하지만 인도의 우방국인 소련이 비토권을 행사하고 믿었던 영국과 프랑스마저 표결에서 기권하자 유엔을 통해 파키스탄군의 패배를 막으려던 시도가 좌절되었다(Raghavan 2013, 240).[35] 중동의 미국 동맹국들에게 제공되었던 전투기를 미국 국내법까지 어겨가며 편법적으로 파키스탄에 제공하려던 노력도 성공적이지 못하였다. 결국 이러한 외교적 기울기도 파키스탄군의 패배를 막을 정도는 아니었기에 파키스탄의 절망과 믿었던 미국에 대한 실망은 이해된다 하겠다(Ganhuly 2014, 178). 여기에 인도의 소련과의 우호조약도 상당한 효과를 발휘하여 중국의 군사적 개입을 방지하였다는 점도 중요하다. 양 파키스탄과 인도 간의 복잡한 갈등과 협력으로 시작된 삼각관계가 냉전 시기 3개 강대국의 개입을 불러일으켜 이들 간의 외교적 숙적 이해관계가 복잡하게 얽히면서 미-중-파 vs 인-소-동파의 대립과 경쟁을 야기하였다. 반세기가 지난 현재 미-중 대립을 중심축으로 미-인 vs 중-파(-러) 대립관계가 형성된 것은 아이러니하지 않을 수 없다. 당시 더욱 강화된 인도-파키스탄 간의 숙적관계는 국가정체성과 직접 관계 있는 카슈미르 문제가 해결되지 않으면서 여전히 종결되기 힘든데다 양국의 핵무기 개발로 인해 불안함 속에 지속될 가능성이 크다.

이렇게 3차 인도-파키스탄 전쟁은 강대국 힘의 정치가 지역 분쟁에 얼마나 위력적일 수 있는지 잘 보여주는 사례이다. 당시의 엄혹한 냉전 구도에서 남아시아 위기 확산에 강대국들의 개입과 영향력 행사는 불가피하게 진행되었다. 미국은 또한 인권과 민

---

35 이러한 외교적 성과는 간디 총리의 한 달 가까운 주요 국가 방문을 비롯한 인도의 외교적 노력의 결과라고 할 수 있다(Savar 2021).

주주의라는 기본 외교적 덕목도 무시할 정도로 전략적 이해 관철에 집착하였다. 이러한 강대국의 압도적인 영향력과 안보불안감의 증대는 전쟁 직후 인도, 파키스탄 모두 자체 핵무장에 나서게 하였다. 반세기 전에 남아시아에서 일어났던 전쟁은 강대국 힘의 정치의 귀환으로 특징지어지면서 강대국 간 대치가 치열한 현재에도 큰 울림을 준다. 북한 핵위협이 현재진행형인 한반도에도 핵확산의 원인과 핵개발 과정, 핵무기 보유 이후의 전략발전과 연관하여 인-파 분쟁 사례는 면밀히 검토되어야 할 것이다.

참고문헌

김태형. 2019. 『인도-파키스탄 분쟁의 이해: 신현실주의 이론으로 바라보는 양국의
　　핵개발과 안보전략 변화』. 서울: 서강대학교 출판부.
신욱희. 2017. 『삼각관계의 국제정치: 중국, 일본과 한반도』. 서울:
　　서울대학교출판문화원.
정성철. 2022. "삼각관계 국제정치의 이론화 모색." 『삼각관계로 바라보는 국제정치』
　　(세계정치36). 서울: 서울대학교 국제문제연구소.

Agarwal, Ankit. 2014-2015. "The United States and the Indo-Pakistani War of
　　1971: A Critical Inquiry." *Indian Journal of Asian Affairs* 27/28(1/2): 21-
　　42.
Aijazuddin, F. S. selected and ed. 2002. *The White House and Pakistan: Secret
　　Declassified Documents, 1969-1974*. New York: Oxford University Press.
Ashrafi, Shah Tarizan. 2021. "How the Cold War Shaped Bangladesh's
　　Liberation War." *The Diplomat*, March 20.
Bass, Gary. 2013. *The Blood Telegram: Nixon, Kissinger and a Forgotten
　　Genocide*. New York: Alfred A. Knopf.
Chowdhury, Iftekhar Ahmed. 2013. "US Role in the 1971 Indo-Pak War:
　　Implications for Bangladesh-US Relations." ISAS(Institute of South Asian
　　Studies) Working Paper, No. 165, February 15.
Colby, Elbridge and Wess Mitchell. 2020. "The Age of Great-Power
　　Competition." *Foreign Affairs* 99(1): 118-130.
Davar, Praveen. 2021. "1971 War: How India's Foreign Policy Was Key to
　　Dhaka Triumph." *Deccan Chronicles*. Oct. 20.
Debs, Alexandre and Nuno Monteiro. 2017. *Nuclear Politics: The Strategic Causes
　　of Proliferation*. Cambridge University Press.
Diehl, Paul and Gary Goerts. 2001. *War and Peace in International Rivalry*.
　　University of Michigan Press.
Diehl, Paul, Gary Goerts, and Daniel Saeedi. 2005. "2. Theoretical Specifications
　　of Enduring Rivalries: Applications to the India-Pakistan Case." in T. V.
　　Paul, Ed., *The India-Pakistan Conflict: An Enduring Rivalry*. Cambridge
　　University Press.
Dittmer, Lowell. 2011. "6. The Sino-Russian Strategic Partnership: The End of
　　Rivalry?" in Sumit Ganguly and William Thompson Eds., *Asian Rivalries:
　　Conflict, Escalation, and Limitations on Two-Level Games*. Stanford
　　University Press.
Gandhi, Sajit, ed. 2002. "The Tilt: The US and the South Asian Crisis of 1971."

National Security Archive Electronic Briefing Book No. 79. December 16. https://nsarchive2.gwu.edu/NSAEBB/NSAEBB79/

Ganguly, Sumit. 1986. *The Origins of War in South Asia*. New York: Routledge.

_____. 2001. *Conflict Unending: India-Pakistan Tensions Since 1947*. New York: Columbia University Press.

_____. 2014. "Pakistan's Forgotten Genocide-A Review Essay," *International Security* 39(2): 169-180.

Haendel, Dan. 1977. *The Process of Priority Formulation: The US Foreign Policy in the Indo-Pakistan War of 1971*. Westview Press.

Kapur, Ashok. 2005. "6. Major Powers and the Persistence of the India-Pakistan Conflict," in T. V. Paul, Ed., *The India-Pakistan Conflict: An Enduring Rivalry*. Cambridge University Press.

Kapur, Paul. 2011. "4. Peace and Conflict in the Indo-Pakistani Rivalry: Domestic and Strategic Causes." in Sumit Ganguly and William Thompson Eds., *Asian Rivalries: Conflict, Escalation, and Limitations on Two-Level Games*. Stanford University Press.

Kissinger, Henry. 1979. *White House Years*. Boston, MA: Little, Brown and Company.

Mearsheimer, John. 2014. *The Tragedy of Great Power Politics*. W. W. Norton, updated edition.

_____. 2019. *The Great Delusion: Liberal Dreams and International Realities*. Yale University Press.

Nichter, Luke and Richard Moss. 2010. "Superpower Relations, Backchannels, and the Subcontinent." *Pakistaniaat: A Journal of Pakistan Studies* 2(3): 47-75.

Oldenberg, Philip. 2010. "The Breakup of Pakistan." *Pakistaniaat: A Journal of Pakistan Studies* 2(3): 1-23.

Pande, Aparna. 2011. *Explaining Pakistan's Foreign Policy: Escaping India*. London: Routledge.

Raghavan, Srinath. 2013. *1971: A Global History of the Creation of Bangladesh*. Harvard University Press.

Saunders, Harold. 2014. "What Really Happened in Bangladesh: Washington, Islamabad, and the Genocide in East Pakistan." *Foreign Affairs* 93(4): 36-42.

Sisson, Richard and Leo Rose. 1991. *War and secession: Pakistan, India, and the Creation of Bangladesh*. University of California Press.

Snyder, Glenn. 1997. *Alliance Politics*. Itahca: NY: Cornell University Press.

Soherwordi, Syed Hussain. 2010. "US Foreign Policy Shist Towards Pakistan between 1965 & 1971 Pak-India Wars." *South Asian Studies* 25(1): 21-37.

Unnikrishnan, Nandan. 2021. "1971: When Delhi and Moscow Come
	Together." August 16. https://www.orfonline.org/research/1971-when-
	delhi-and-moscow-came-together/

US Department of State. FOREIGN RELATIONS OF THE UNITED STATES,
	1969－1976, VOLUME E－7, DOCUMENTS ON SOUTH ASIA, 1969－1972
	at https://history.state.gov/historicaldocuments/frus1969-76ve07/ch2

Vogler, Roger. 2010. "The Birth of Bangladesh: Nefarious Plots and Cold War
	Sideshows." *Pakistaniaat: A Journal of Pakistan Studies* 2(3): 24-46.

Walt, Stephen. 2018. *The Hell of Good Intentions: America's Foreign Policy Elite
	and the Decline of U.S. Primacy*. Farrar, Straus and Giroux.

White House. 2017. "National Security Strategy of the United States of
	America." December.

필자 소개

김태형 Kim, Tae-Hyung

숭실대학교 정치외교학과 교수
고려대학교 철학과 졸업, 켄터키 대학교(University of Kentucky) 정치학 박사

논저 『인도-파키스탄 분쟁의 이해』, "미-중 경쟁 격화와 유럽의 선택", "국내정체성 정치와 외교전략 딜레마: 인도 모디(Modi)정부의 힌두 민족주의 국내정책과 중국의 공세적 외교정책의 충돌", "North Korea's Nuclear and Missile Development and Crisis Stability in the Korean Peninsula: Lessons, Pitfalls, and Workable Strategy", "미국의 인도-태평양전략과 미군의 군사전략 변화"

이메일 tkim2002@ssu.ac.kr

제4장

중국-베트남-소련 삼각관계의 형성과 와해

— 두 전선의 전쟁, 1978-1979

Development and Collapse of the Sino-Vietnamese-Soviet
Triangular Relations: a Two-Front War, 1978-1979

최규빈 | 통일연구원

베트남이 1978년 12월 캄보디아를 대상으로 벌인 전쟁과 1979년 2월 중국과의 전쟁을 두 전선의 전쟁으로 규정하고 중국-캄보디아-베트남, 중국-베트남-소련 삼각관계의 형성과 와해 과정을 고찰한다. 중국의 캄보디아에 대한 지정학적 이익에는 베트남과의 관계가 중요하게 작용하였다. 중국은 베트남전쟁 이후 하노이의 영향권에서 벗어나고자 한 캄보디아를 적극 지원하고 캄보디아는 중국에 편승한다. 1978년 베트남의 캄보디아 침공은 중국과의 관계 악화 속에서 하노이의 전략적 이익에 기반한 대담한 선택이었다. 다른 한편, 중국은 베트남의 가장 관대한 공여자로 1955년 이후 대규모의 경제, 군사 원조를 통해 베트남의 혁명과 독립투쟁을 지원해왔다. 그럼에도 불구하고 중국과 베트남 동맹은 베트남전쟁 후반 약화되고 중국은 베트남에 경제제재를 부과한 후 1979년 전쟁으로 파국을 맞는다. 중국의 베트남 침공에는 베트남에 대안적 공여국으로서 인도차이나에서 베트남의 세력 확장을 지원한 제3자 소련이 핵심적인 역할을 했다.

The purpose of this chapter is to examine the development and collapse of the China-Cambodia-Vietnam and China-Vietnam-Soviet triangular relations by referring to Vietnam's invasion of Cambodia in December 1978 and China's invasion of northern Vietnam in February 1979 as a two-front war. Chinese geopolitical interest in Cambodia has to do with its relationship with Vietnam. China has actively supported Cambodia which had made an effort to break away from Vietnamese sphere of influence whereas Cambodia has chosen to bandwagon with China. Vietnam's invasion of Cambodia was a bold decision based on its strategic interest amidst Sino-Soviet conflict. China had been the most generous aid donor to Vietnam and had assisted Vietnamese revolution and struggle for independence since 1955 by the provision of large amounts of economic and military aid. Nevertheless, the Sino-Vietnamese alliance relationship after the late Vietnam war had been weakened, and China had imposed economic sanctions against Vietnam. The Sino-Vietnamese relations had collapsed with the 1979 border war. Behind China's invasion of Vietnam the Soviet Union, as an alternative donor, had played a critical role in supporting Vietnamese ambition to the expansion of their influence over indochina.

KEYWORDS 삼각관계 triangular relations, 중월전쟁 Sino-Vietnamese war, 캄보디아 Cambodia, 중소갈등 Sino-Soviet conflict, 중국 원조 China's aid

I 서론

냉전 기간 인도차이나는 중국에게 전략적으로 중요한 지역이었다. 중국은 1949년 중화인민공화국 수립 이후 1950년대 중반부터 베트남에 대한 원조를 시작으로 캄보디아, 라오스, 미얀마, 인도네시아 등 동남아시아 전방으로 경제지원을 확대해 나갔다(주홍 2015, 273). 중국은 인도차이나 국가들의 반제국주의 투쟁 및 민족해방 운동을 지원하고 아시아 공산주의 진영에서 자신들의 영향력을 확대하기 위해 대외원조를 적극적으로 추진해 나간 것이다(Copper 2016, 1). 특히 1965년부터 1973년 동안 중국의 베트남 원조는 규모에 있어 절정에 달했고, 동남아시아 원조에서 베트남은 중국의 중요한 수혜국으로 부상했다.

중국은 2차 인도차이나 전쟁(베트남전쟁, 1964-1975)에서 미국에 대항하여 투쟁 중인 하노이를 적극적으로 지원하였음에도 1979년 2월 베트남과 전쟁을 감행한다. 이 전쟁이 발발하기 불과 3개월 전인 1978년 12월에는 베트남이 캄보디아를 침공하여 폴 포트(Pol Pot)의 크메르 루즈(Khmer Rouge) 정권을 무너뜨린다. 베트남이 1975년 4월 군사적 통일을 이루면서 새로운 역사를 열었지만 오랜 전쟁으로 피폐해진 내부를 재건하는 것이 자신들의 최우선 과제였다. 그럼에도 베트남은 장기간 유대 관계를 맺어온 캄보디아를 무력으로 침입하고 형제와 같은 동지인 중국에 전쟁을 감행한 것이다.

1978년 12월 25일 베트남은 10만 명이 넘는 군사를 이끌고 민주 캄푸치아(Democratic Kampuchea, DK)로 진격해 1979년 1

월 7일 캄보디아 프놈펜(Phnom Penh)을 장악한다. 크메르 루즈를 지원했던 중국은 1979년 2월 17일 베트남에 대한 국경 전쟁을 착수한다. 베트남이 1978년 크메르 루즈 정권을 무력으로 침입한 것은 1979년 중국과 베트남 전쟁의 중요한 원인이 되었다는 점에서 복잡하게 얽혀 있던 중국, 베트남, 캄보디아의 삼각관계는 1970년대 말 극도로 복잡해진다. 1979년 중월전쟁은 덩샤오핑(邓小平)의 "한수 가르쳐 주겠다"는 강력한 징벌 의지로 촉발되었다.

그렇지만 중국이 약 한 달간 전쟁에서 2만 6천 명의 중국군 사망자를 내고 대량학살을 감행했던 폴 포트를 감싸면서까지 베트남과의 무력 충돌을 통해 얻은 유형의 이익은 크지 않았던 것으로 평가된다(보걸 2014, 384). 이후 베트남은 이 전쟁을 자신들의 역사에서 프랑스와 미국에 이어 중국이라는 강대국에 저항하여 승리한 "민족주의적이고 영웅적인 전쟁"으로 기억하였다(Yin and Path 2021, 12). 당시 베트남은 동맹인 소련의 경제, 군사 원조의 지원에 대한 약속도 없이 중국의 지원을 받고 있는 캄보디아를 상대로 전쟁을 결정했다는 점에서 베트남의 선택은 전략적이었다.

1950년부터 1차 인도차이나 전쟁을 지나면서 동지이자 형제 관계에 있던 중국과 베트남이 불과 25년 만에 전쟁에 돌입하게 된 것에는 또 다른 강대국 소련과 약소국 캄보디아가 중요한 요인으로 작용한다. 이 장은 1978년 12월의 베트남의 캄보디아 침공과 1979년 2월 중국과 베트남 전쟁이 상호 긴밀한 연계가 있다고 주장하며 중국-베트남-캄보디아와 중국-베트남-소련 삼각관계를 조망한다.

II 중국과 캄보디아의 동맹, 베트남의 역습

1. 폴 포트 정권에 대한 중국의 경제지원

중국에게 동남아시아는 지정학적으로 매우 중요한 지역이다. 특히 냉전 기간 캄보디아, 라오스, 미얀마 등의 국가에 대한 중국의 원조는 경제적 유대 강화 및 정치적 영향력 확대를 위한 핵심적인 수단이 되어왔다. 캄보디아는 마르크스-레닌주의가 유입된 베트남과 마찬가지로 반제국주의 반봉건주의 투쟁이라는 공통의 이념을 공유해왔다(응웬 따이 트 2019, 22). 1956년 캄보디아의 시아누크(Norodom Sihanouk) 수상과 중국의 저우언라이(周恩来) 총리 간의 상호 방문이 성사되고 양국 정부는 동년 6월 '경제원조에 관한 협정'을 맺는다(주홍 2015, 333). 중국은 이때 캄보디아의 1956-57년 발전계획을 위해 약 2250만 달러 상당의 무상원조를 약속한다(Copper 2016, 16). 이를 계기로 중국은 공장 건설, 전문가와 기술자 파견 등을 통해 캄보디아를 지원하기 시작하였다.

중국과 캄보디아가 1958년 7월 19일 공식 수교를 맺고 1960년 12월 '상호 불가침 우호조약'을 체결하자 중국의 캄보디아 원조도 본격화된다(주홍 2015, 336). 중국은 1958년 560만 달러를 시작으로 1960년대 후반 1150만~2650만 달러의 원조협정을 체결하고, 1966년 4300만 달러의 원조를 캄보디아에게 제공하기로 약속한다(Copper 2016, 17). 중국은 1970년 3월 28일 미국의 지원을 받은 론 놀(Lon Nol)의 쿠데타로 시아누크 국왕이 쫓겨나자 그의 베이징(北京) 체류를 지원하고 시아누크의 캄보디아 민족단결정부

(National United Front of Kampuchea, FUNK)와 원조 협정을 체결하여 경제, 군사 지원을 제공하기로 한다. 친미 성향의 론 놀은 반(反)베트남 노선을 가지고 있었고 캄보디아 지역에서의 하노이 측 병력에 대한 미국의 폭격을 용인하였다(Burchett 1982, 64). 북베트남을 지원하면서도 인도차이나에서의 전쟁 확대를 원하지 않는 중국 입장에서는 미국의 지원에 힘입은 론 놀 정부의 노선이 자신들의 이익에 부합하지 않았다(유인선 2012, 416).

1970년대 초반까지 중국의 지지와 지원이 시아누크를 중심으로 이루어졌다면 1970년대 중반부터는 폴 포트의 크메르 루즈로 전환되었다. 캄보디아에 대한 중국의 경제지원은 폴 포트를 중심으로 한 크메르 루즈 정권이 권력을 잡게 된 1975년을 기점으로 대폭 확대되었다. 원조 형태에서도 기존의 무상 성격의 경제지원보다 군사지원이 증가되었다. 1975년 4월 17일 폴 포트의 크메르 루즈 정권이 프놈펜을 장악한 직후, 이엥 사리(Ieng Sary)는 4월 19일 베이징을 방문하여 무기와 탄약을 포함한 13,300톤의 군사지원을 중국과 합의한다(Burchett 1980, 166). 동년 6월 마오는 폴 포트에게 2000만 달러의 무상원조를 포함한 10억 달러의 경제, 군사 원조를 제공할 것을 약속하였다(Kiernan 2004, 413; Chandler 1999, 106; Ciorciari 2014, 220). 즉 크메르 루즈 정권 출범과 함께 중국은 캄보디아 원조 요청에 적극 화답한 것이다. 중국과 캄보디아는 1976년 3월 공장 건설, 도로 구축, 철도 보수 등을 포함한 경제원조에 합의하였고, 1977년에는 2억 달러가 넘는 중국의 원조 물자가 민주 캄푸치아에 전달되었다(Copper 2016, 18). 1970년대 말 중국 원조 형태는 상당 부분이 레이더 장비, 대공포대, 호위함,

어뢰정 및 항공기 등의 군사지원이었다(Burchett 1980, 166-168: Copper 2016, 18).

그렇다면 중국이 캄보디아에 대한 원조를 확대하면서 폴 포트의 민주 캄푸치아를 적극적으로 지원한 이유는 무엇인가? 여기에는 세 가지 요인이 복합적으로 작용했다고 볼 수 있다.

첫째, 중국의 캄보디아 정책은 마오쩌둥(毛澤东)의 국내 상황에 따른 정치적 필요와 결부되어 있었다. 왕 청이(Wang Chengyi)는 중국의 캄보디아 정책에는 크메르 루즈에 대한 중국 공산당 (Chinese Communist Party, CCP)의 고려와 마오쩌둥의 국내 정치적 필요에 주목할 것을 강조한다(Wang 2018, 3). 1953년 스탈린 사망 이후 공산권 내에서는 중국과 소련 사이에 마르크스-레닌주의 이론 및 국제공산주의 운동의 방향을 둘러싼 논쟁과 주도권 다툼이 있었다. 중국은 1956년 소련 공산당 제20차 대회에서 제기된 흐루시초프(Khrushchev)의 스탈린(Stalin) 격하운동과 평화공존 정책이 수정주의라고 비판하였다(마상윤 2014, 319). 당시 중국은 소련을 중심으로 한 수정주의 진영으로부터 소외되고 있었고, 소련은 1972년 미중 화해가 미제국주의와의 공모이며 사회주의 국가들의 연합을 방해하고 인도차이나 국민들의 이익을 희생시킨다고 중국을 비난하는 상황이었다(Wang 2018, 6). 즉 국제적으로 1972년 중국의 미국과의 관계 개선 및 마오쩌둥이 주장한 제3세계론 (the Three Worlds theory)은 1960년대 중소분쟁 시기 중국 공산당을 따르던 공산주의 추종자들에게 비판의 대상이 되었던 것이다. 1960년대 말 문화대혁명의 추진 동력이 약해지면서 마오쩌둥은 새로운 사회 건설을 위한 중국공산당의 변화가 실패로 드러났다는 내부 비판에 직면해 있었다.

특히, 1974년 4월 마오쩌둥이 선언한 제3세계론은 중국과 아시아, 아프리카 등의 개발도상국은 제3세계에 속하며 제1세계에 해당하는 미국과 소련과는 반대 입장에 있다는 것으로 소련의 영향력 확대를 저지하는 데 초점이 있었다(Zhang 2015, 34-35). 마오의 이런 입장은 중국 공산당 지도자들이 소위 아시아 해방운동을 이끄는 선봉대로서의 역할에 대한 관심이 과거에 비해 줄어들고 있음을 시사했다(Zhang 2015, 36). 당시 크메르 루즈는 후르시초프 집권 이후 촉발된 수정주의에 동조하기보다 반수정주의 노선에 있었다. 중국은 크메르 루즈가 통치하는 캄보디아가 베트남과 가까워지는 것에 대해 염려하고 있었고 크메르 루즈의 캄보디아가 또 다른 남베트남으로 발전되는 것은 결코 바람직하지 않는 모습이었다(Wang 2018, 10). 이런 점에서 1973년부터 1974년까지의 크메르 루즈와 베트남 노동당 간의 충돌과 폴 포트 개인의 반(反)베트남 성향은 중국 공산당 지도자들로 하여금 크메르 루즈가 중국에게 기울 수 있겠다는 기대를 갖게 하였다.

둘째, 중국 공산당(CCP)과 캄푸치아 공산당(Communist Party of Kampuchea, CPK)의 이념적 친밀감 역시 중국의 대(對)캄보디아 정책에 영향을 미치는 요인이었다. 1970년부터 1975년 사이 캄보디아의 국내 정치세력에는 크게 두 개의 그룹이 존재하였다고 볼 수 있다. 하나는 중국과 연결된 시아누크 국왕을 지지하는 세력이며, 다른 하나는 미국의 후원을 받고 있는 론 놀 장군을 중심으로 한 세력이었다(Po and Primiano 2020, 446). 1975년 친미그룹인 론 놀 정권을 무너뜨린 크메르 루즈는 마오주의(Maoism)의 민족적 공산주의자였다(Tan 1979, 6). 시아누크 역시 쿠데타 이후 캄보디아가 크메르 루즈를 중심으로 연대할 것을 촉구하였다. 시아누크와 마오쩌둥 간의 개인적 유대는 1975년 이후 중국 공산당으로부터의 폴 포트에 대한 지지와 군사원조 제공에 중요한 역할을 했다(Po and Primiano 2020, 446).

실제 중국의 막대한 군사원조 하에서 중국과 민주 캄푸치아 관계는 1975년 이후 밀착되었다. 마오쩌둥은 폴 포트와 이엥 사리가 이끄는 캄보디아 공산당의 크메르 루즈의 정권 찬탈을 "위대한 승리"라고 치하하였으며, 빈곤 계층 소작농들을 의지한 이들의 혁명 방식은 중국 공산당 지도자들에게는 문화대혁명의 복제나 다름없었다(De Nike et al. 2000, 545). 폴 포트는 1975년 6월 21일 마오쩌둥과의 회담에서 자신이 유년 시절부터 마오의 저작들을 공부하였고 이것이 자신의 당 전체를 이끄는 바탕이 되고 있음을 언급하였다(Song 2013). 유사한 맥락에서 폴 포트는 1977년 9월 28일 중국 공산당 지도자들을 접견한 자리에서 "마오의 사상을 민주 캄푸치아에 창조적이며 성공적으로 이식시켰으며, 캄푸치아에게 가장 중요한 중국의 원조는 마오의 사상이었다"고 언급한 바 있다(De Nike et al. 2000, 545).

셋째, 중국에게 캄보디아와의 유대 강화는 베트남을 견제하기 위한 전략적 이익과 결부되었다. 1975년 베트남에서 미국의 철군은 중국에게 적대국 소련에게 힘의 공백을 메우는 기회를 제공한 것이었다. 크메르 루즈 정권과 베트남 간의 갈등이 고조되는 상황에서 중국 공산당은 베트남이 인도차이나에서 영향력을 확대한다고 판단하였고, 이러한 베트남을 견제하는 방법은 크메르 루즈에 군사, 경제 원조를 제공함으로써 힘을 실어주는 것이었다. 베트남 전쟁 기간 중국과 베트남 공산주의자들은 캄보디아와 라오스의 공산주의 해방 운동을 지지하고 협력해왔다. 그러나 베트남 통일 이후 베트남과 소련의 유대가 강화됨에 따라 중국은 또 다른 동맹국을 개척할 필요가 있었다(Nguyen 2006, 15). 중국은 베트남이 소련의 군사원조에 힘입어 라오스와 캄보디아에 대한 영향력 확대를 추구하는 것을 베트남 헤게모니의 위협으로 보았기 때문에 인도차이나에서 베트남 주도의 행동을 견제할 친(親)중국 성향의 캄보디아가 필요했던 것이다(Nguyen 2006, 15 ; Ciorciari 2014, 220). 1975년 4월 크메르 루즈의 혁명이 성공한 이후 중국은 캄보디아의 최대 후원자가 되었고 캄보디아는 중국에 편승(bandwagoning)하여 동남아시아에서 베트남을 대체하는 동맹이 된 것이다. 즉 크메르 루즈가 중국으로부터 대략 10년간 제공받은 막대한 규모의 원조는 폴 포트의 권력 유지 및 무장투쟁에 도움을 주었을 뿐 아니라 베트남에 대항하기 위해서도 긴요했었다.

캄보디아는 중국과 국경을 마주하지 않으며 다른 인도차이나 국가들과 달리 중국과 영토 분쟁이 없었기 때문에 특별한 위협 의식을 가질 이유가 없었다(Po and Primiano 2020, 445). 폴 포트의 크메르 루즈 입장에서는 쿠데타 이후 중국의 지지와 원조는 중요했다. 실제 1976년 10월 폴 포트, 이엥 사리, 보른 벳(Vorn Vet)이 중국을 방문해 화궈평(华国锋)과 리셴녠(李先念)을 만난 자리에서 중국의 지속적인 지원을 요청하였다(Wang 2018, 34). 민주 캄푸치아 지도자들은 계속되는 중국 원조에 대한 경제적 의존과 이와 결부되는 정치적 조건에 대해 우려하기도 하였다(Ciorciari 2014,

224). 그렇지만 1970년대 중반에 이루어진 중국의 지원은 민주 캄푸치아에게 필요한 것들이었다. 군사용 비행장 및 항구 건설 지원, 탱크, 대포, 소총 등 군사장비 제공, 무기 사용 교육, 철강 생산지 및 무기, 탄약 공장 건설뿐 아니라 은행 설립, 교역관계 구축 교육 등 중국의 지원은 군사와 경제 부문을 포함해 전방위적으로 이루어졌다(Ciorciari 2014, 228). 중국이 캄푸치아 공산당(CPK)에 대한 지원을 대폭 늘림에 따라 1970년대 말 캄보디아의 중국 원조 의존도는 높아지게 된다.

중국 공산당 지도자들에게 과도한 민족주의 성향의 크메르 루즈를 포용하는 것이 전혀 부담이 안 되었던 것은 아니었다. 당시 캄보디아와 베트남의 국경에서 도발은 계속되고 있었고 1977년 9월 캄보디아 포병대가 베트남 국경지역에 폭격을 가함으로써 긴장이 한층 더 고조되었다(Khoo 2010b, 351). 실제 1977년 중반부터 1978년 초반까지 중국은 베트남과 캄보디아의 갈등을 중재하였었다(Khoo 2010b, 352). 중국이 크메르 루즈의 자국민에 대한 대량학살과 베트남에 대한 공세적 태도에도 폴 포트의 민주 캄푸치아를 포용한 것은 전략적 이익 측면에서 이해할 필요가 있다. 중국은 캄보디아가 소련의 지원을 받는 베트남을 경계하는 완충지로서의 역할을 할 수 있다고 판단했고, 이는 폴 포트의 크메르 루즈에 대한 적극적인 지원으로 이어졌다. 다시 말해 1976년 마오의 죽음 이후 덩샤오핑을 중심으로 한 중국 공산당 지도부가 크메르 루즈를 계속하여 지원하기로 한 이면에는 소련과 베트남이라는 공동의 적의 존재했기 때문이다(Wang 2018, 35). 덩샤오핑에게 폴 포트의 캄보디아는 "베트남에 대항할 수 있는 유용한 동맹군"이었기 때문이다(보걸 2014, 383).

중국은 인도차이나 지역의 주요 이웃인 베트남, 캄보디아, 라오스 국가들의 반제국주의, 반봉건주의 투쟁의 후원자를 자처하고 경제, 군사 원조를 확대해 나갔다(Zhang 2014, 216). 캄보디아에 대한 중국의 지원 역시 민족해방투쟁 중에 있는 아시아 공산주의 국가들에 대한 연대와 협력 차원에서 시작되었다고 볼 수 있다. 문화대혁명의 여파와 미중 화해 추진 및 제3세계론 선언으로 마오쩌둥이 직면한 국내 정치적 위기 상황에서 크메르 루즈 정권의 급진적 민족주의는 중국 공산당에게 이념적 친밀감을 제공한 측면이 있다. 물론 폴 포트의 민주 캄푸치아가 마오의 대약진 운동을 그대로 답습했다고 보기는 어렵지만 문화대혁명 등의 마오의 사상과 대중운동 모델은 캄보디아 공산주의자들에게 중요한 영향을 미친 것은 분명해 보인다(Kiernan 2006, 201; De Nike et al. 2000, 545). 중국이 1975년 이후 크메르 루즈에 대한 지원을 현저하게 늘린 것은 쿠데타 이후 정치적 정당성이 취약한 크메르 루즈 세력이 중국에게 지원을 요청한 측면도 있다. 그러나 중국 공산당 입장에서도 소련과의 관계가 급격히 냉각되고 북베트남이 자신들의 주적인 소련으로 기울어지는 상황에서 캄보디아와의 동맹은 인도차이나에서 반제국주의 투쟁에 대한 중국 공산당의 확고한 노선을 보여주는 것과 함께 인도차이나에서 베트남의 통제권 확장을 견제할 수 있는 장치이기도 하였다(Chen 2006, 49).

1950년부터 1970년대 말까지 중국의 베트남과 캄보디아 등을 대상으로 한 원조는 동남아 지역의 공산주의 운동을 지원하고 반제국주의통일전선을 구축하여 서구 제국주의 진영의 간섭과 침략에 대항하는 차원에서 이루어졌다(주홍 2015, 273). 특히 경제, 군사 원조는 중국의 대외정책의 중요한 수단으로써 프랑스와 미국 등의 강대국의 침략에 맞서는 동맹국의 전쟁을 돕는 데 긴요한 역할을 했을 뿐 아니라 공산주의 진영에서 자신의 영향력 확대라는 대외정치적 목적과도 깊이 결부되었었다.

중국의 캄보디아에 대한 지정학적 이익과 지원에는 베트남과의 관계가 중요하게 작용하였다. 1970년부터 1974년까지 중국이 크메르 루즈에게 제공한 원조는 약 3억 1600만 위안으로 같은 기간 북베트남에게 지원한 50억 4100위안에 비하면 많다고 보기 어렵다(Wang 2018, 12). 캄보디아가 20세기 반제국주의 투쟁을 해왔고 중국과 마찬가지로 마르크스-레닌주의에 기초한 대중 독재체제라는 점에서 이념적 공감대가 있었지만 캄보디아에 대한 중국의 전략적 관여는 1975년 이후 분명히 전환되었다. 중국은 베트남전쟁 이후 하노이의 영향권에서 벗어나고자 한 캄보디아를 적극 지원하였고, 캄보디아는 다른 아시아 국가들과 달리 중국에 적극적으로 편승하였다. 여기에는 마오의 국내 정치적 필요, 양국 공산당 간의 이념적 친밀감, 전후 캄보디아의 원조 필요성 등이 복합적으로 작용하였다. 캄보디아와 중국의 유대가 깊어진다는 것은 결국 베트남 입장에서는 자신들의 영향력이 상대적으로 줄어든다는 것을 의미했다.

2. 중국과 캄보디아와의 동맹과 베트남의 전쟁

1978년 12월 25일 베트남은 10만 명 이상의 병력과 이를 지원하는 탱크를 동원하여 민주 캄푸치아 침공을 단행한다(유인선 2012, 446; 2018, 431). 하노이 정부가 폴 포트 축출을 위해 무력 충돌을 감행한 것은 다소 전격적이고 무모한 결정으로 비춰질 수 있으나 1978년 베트남의 캄보디아 침공은 중국과의 관계 악화 속에서 자신들의 전략적 이익에 기반한 신중하고 대담한 선택이었다.

1970년 이래 중국과 베트남 관계가 악화된 것에는 다양한 요인들이 복합적으로 작용한 결과이나 베트남의 크메르 루즈에 대한 전복은 그 후 2개월도 안 되어 일어난 중국의 베트남 침공을 촉발시키게 된다(Yin and Path 2021, 12). 즉 캄보디아를 둘러싼 양측의 대립과 행동은 중국이 1979년 2월 17일 베트남에 전쟁을 일으키는 데 있어 가장 핵심적인 요인으로 작용한 것이다(Duiker 1986, 90).

베트남이 캄보디아에 가졌던 적대감은 1970년대 나타난 사건들로부터 확인된다. 1971년 이후 베트남 공산주의자들에 대한 납치와 살인, 폴 포트의 프놈펜 점령 이후 친베트남계의 숙청, 1977년 9월 민주 캄푸치아 포병대의 베트남 국경지역 폭격으로 인한 민간인 사망 등이 대표적인 이유들이다(Khoo 2010b, 344-345, 352). 특히 1977년 12월부터 1978년 6월까지 베트남과 민주 캄푸치아의 국경 충돌로 인해 6,902명의 베트남 군인이 사망했고, 4,100명의 베트남 민간인이 죽거나 부상을 입게 되면서 양측의 갈등은 임계점에 다다르고 있었다(Path 2020, 76).

표면적으로 드러난 적대감 이면에는 베트남이 캄보디아 침공을 결정했던 정치경제적 원인과 국제적인 경쟁 구도가 복합적으로 존재한다. 그것은 인도차이나에서 베트남의 영향력을 확대하려는 하노이의 대외정책적 목표, 전쟁 후 재건에 필요한 경제, 군사 원조를 소련 및 중국으로부터 최대한 이끌어내려 한 베트남의 필요, 그리고 1975년 이후 더욱 악화되었던 중국과의 갈등 상황에서 동남아시아에서의 중국의 영향력을 제한하고 소련과의 동맹을 강화하는 안보 이익에서 찾아볼 수 있다.

첫째, 베트남의 캄보디아 침공은 인도차이나 반도에서 독자적인 자율성을 추구하려는 대외정책 목표와 관련이 있다. 1975년 통일 이후 베트남 공산주의 지도자들은 팽창주의적 야망과 반(反)중국 정서를 내재화하고 있었다(Quinn-Judge 2006, 207). 중국은 소련과 함께 베트남전쟁 기간 동안 가장 관대한 원조 공여국이었다. 비록 1968년 이후 베트남은 소련에 더욱 기울어지지만 약소국인 베트남민주공화국(Democratic Republic of Vietnam, DRV)은 중국과 소련의 원조 경쟁을 최대한 활용하여 미국과의 전쟁을 치루고 자국의 경제발전을 위한 물질적 토대를 확보해 나갔다.

다만 베트남은 중국으로부터의 상당한 원조를 받고 있음에도 중국의 압박을 경계하고 자신들의 주권과 독립을 유지하고자 했다. 코잘 패스(Kosal Path)는 비록 베트남이 전쟁 수행을 위해 중국으로부터 더 많은 경제, 군사 원조를 확보하려는 순간에도 "대외원조 관리에서 자율성을 주장하고 중국의 문화대혁명과 군사적 문제에 있어 마오쩌둥의 급진적인 이념에 대항하는 선두에서 중국의 영향력을 제한하고자 했다"고 주장한다(Path 2018, 510). 이러한 베트남의 전략적 포지셔닝은 1968년 중국이 그동안 반대해 왔던 파리평화회담(Paris peace talks)의 입장을 선회하고 1972년 미국과 화해를 추진하며 1973년 미군 철수와 함께 베트남에게 미국과의 합의를 종용하는 과정에서 중국과의 정책적, 이념적 불일치성이 나타나면서 분명해진다(Chen 2006, 40, 57). 라우슨(Eugene Lawson)의 지적처럼, 중국은 미국과의 관계 개선을 추구한 것이고 베트남은 소련과의 동맹을 선택한 것이었다(Lawson 1984, 6, 7; Khoo 2010b, 331 재인용). 베트남은 특히 1971년부터 1972년 이루어진 중미 관계 개선을 "베트남을 약화시키기 위한 목적의 베트남 혁명에 대한 배신"으로 간주하였다(Path 2018, 510).

1970년대 초 중미 관계 개선과 더불어 1975년 통일 이후 베트남은 소련과의 유대가 강화되면서 중국과의 관계는 갈등적으로 전환되지만 간과할 수 없는 부분이 베트남의 세력 확장 의지이다. 1975년 이후 소련으로부터의 군사원조 증대 등으로 베트남과 소련과의 유대가 강화되고 있었지만 베트남은 캄보디아와 라오스에 대해 독자적인 영역을 구축하고 싶은 동기가 있었다(Khoo 2010b, 343). 그렇지만 1977년 들어 중국은 베트남이 인접국 캄보디아와 라오스를 대상으로 영향력을 확고히 구축하려는 시도에 대해 우려를 갖고 있었다(Zhang 2015, 36). 북베트남은 라오스의 독립 과정에서 계속 협력해왔고 1975년 12월 라오인민민주공화국(Lao People's Democratic Republic) 수립을 지지하였다. 쿠(Khoo 2010b, 344)는 레 주언(Lê Duẩn)과 팜 반 동(Phạm Văn Đồng)이 1977년 7월 18일 라오스를 방문하여 우호협력조약을 체결하는 일련의 과정은 베트남이 소련의 도움 없이 라오스를 자신의 영향권 아래 둘 수 있게 된 사례라고 주장하였다. 베트남 공산당은 베트남과 라오스 간의 우호협력조약과 국경조약 체결 및 1978년부터 1980년까지 원조 및 차관에 관한 협정을 중대한 외교적 성과이자 양국 간의 단결과 협력을 가져온 "역사적 사건"으로 평가하였다 (베트남공산당사연구회 1987, 190).

이에 반해 1975년 이후 캄보디아와 중국과의 유대가 분명해 짐에 따라 베트남과 캄보디아 간의 적대 의식은 더욱 강화된다. 베트남 공산당은 1978년 12월 캄보디아 침공이 폴 포트의 "침략 세력의 대공세"에 맞서 "베이징에 의해 후원되고 있던 호전적인 선봉대를 전멸"시킴으로 "동남아시아와 세계 평화의 강화에 기여" 한 것이라고 주장하였다(베트남공산당사연구회 1987, 197-198). 보걸 (Vogal)은 당시 베트남이 라오스를 시작으로 캄보디아로 세력 확장을 추구한 점을 지적한다. 베트남이 캄보디아를 침공하기 직전인 1978년 11월 12일~14일 덩샤오핑이 싱가포르를 방문해 리콴유(李光耀)와 가진 회담에서 "베트남은 라오스와 캄보디아를 통제하여 인도차이나 연방을 구성하여 동남아시아를 지배한다는 몽상에 젖어 있으며, 인도차이나 전체를 통일시키기 위한 목적 달성을 위해 소련의 도움이 필요하다고 생각하고 있다고 하였다. 즉 베트남의 캄보디아 침공은 인도차이나 반도에 위치한 베트남, 라오스, 캄보디아에서의 민족독립과 사회주의 건설이라는 베트남의 세계관 차원에서 이해할 필요가 있다.

둘째, 1975년 4월 사이공 정부가 무너지면서 통일된 베트남은 국가 재건과 근대화라는 중요한 도전에 직면한다. 전쟁 후 신속하게 남베트남을 흡수해야 하는 북베트남 입장에서는 중국과 소련으로부터의 원조는 여전히 중요할 수밖에 없었다. 중국은 당시 베트남의 친소련 태도와 문화대혁명으로 내부 상황이 어려웠음에도 불구하고 베트남민주공화국(DRV)의 원조 요청을 수용하게 된다

(Zhang 2014, 237-238). 중국은 1968년 이후 하노이의 주요 의사 결정에서 자신들의 영향력이 제한되고 있으며 베트남 내 친소 요인을 분명히 인지하고 있었다(Chen 2006, 37). 그렇지만 중국은 베트남이 소련의 영향권으로 들어가는 것을 원하지 않았기 때문에 베트남에 대한 지원을 완전히 외면할 수는 없는 상황이었다(Zhang 2014, 236). 분명해진 것은 중국과 베트남의 관계가 점차 악화되면서 1970년 이후 중국은 베트남전에서 비관여 쪽으로 입장을 선회하고 있었다는 것이다(Chen 2006, 48).

크메르 루즈 정권은 자신의 영토에 있던 베트남군의 철수를 요구했고, 베트남은 파리평화협정(Paris Peace Agreement)의 결과에 따라 자신들의 군대를 캄보디아로부터 이동시켰으나 양측의 충돌은 빈번하게 일어났다(유인선 2012, 444). 양측 사이의 충돌은 캄보디아와 베트남 간의 국경이 명확하지 않은 것에서 비롯된 측면과도 관계가 있으나 하노이 측은 크메르 루즈 지도부와 국경 문제로 충돌하기보다 협상을 선호하였다. 패스(Path 2018)에 따르면 베트남 정부의 지도자들은 1975년 통일 이후 첫 경제개발 5개년 계획(1976-1980)에 착수하였고 경제 회복, 남베트남의 사회주의 전환, 새로운 산업화된 베트남 건설이라는 당면 목표를 가지고 있었기 때문에 소련과 중국의 원조는 매우 중요할 수밖에 없었음을 지적한다. 즉 1975년 이후 베트남은 라오스와 캄보디아와의 국경 문제를 우선적으로 안정화시키고 강력한 중앙 계획경제 시스템을 통해 경제 위기를 극복할 내부적 필요가 있었던 것이다. 베트남 공산당(Communist Party of Vietman, CPV)은 당시의 경제적 위기를 다음과 같이 진단하였다.

"전쟁 이후에 인민의 생활에서 야기된 절박한 욕구는 신속히 해결되어야만 했다. 우리는 주로 소규모 생산에 기초한 빈약하고 낙후된 경제를 재편해야 하며, 전국에 걸친 사회주의적 대규모 생산을 지속적으로 추진해야 한다. 우리는 끊임없이 인민들의 생활을 향상시키고 사회주의의 물질·기술적 토대를 축적함과 동시에 국방 강화를 유지해야만 한다." (베트남공산당사연구회 1987, 187)

결정적으로 중국은 1976년 베트남에 대한 무상 군사원조를 중단하고 경제제재를 부과했으며 1978년 7월 3일 베트남에 대한 모든 원조를 중단시켰다(주홍 2015, 330; Khoo 2010b, 358). 이 같은 중국의 결정은 1978년부터 1979년 사이 베트남의 경제위기를 가중시키게 된다(Quinn-Judge 2006, 212). 이에 반해 중국은 베트남의 영향력으로부터 벗어나고자 한 크메르 루즈에 대해서는 원조를 확대해 나갔다. 베트남은 캄보디아에 대한 자신들의 영향력을 제한하려는 중국의 노력에 대응해야 했었다(Khoo 2010b, 358). 이는 1977년 하반기 베트남의 전투 준비 태세 지시 및 국방력 강화 방안 착수로 이어지게 된다(Path 2020, 66). 즉 베트남 공산당은 중국의 원조 중단으로 인한 내부의 경제위기에 대응하고 중국이 캄보디아를 "새로운 식민지 혹은 군사기지"화하여 자신들을 위협하는 것을 차단하기 위한 결정을 내리게 된다(Yin and Path 2021, 14).

셋째, 베트남의 캄보디아 침공은 크메르 루즈를 군사적으로 뒷받침함으로써 동남아시아 지역에서의 영향력 확대를 추구하는 중국을 경계하고 소련과의 동맹을 강화하기 위한 안보 이익에 근거한다. 비록 1975년부터 1976까지 베트남과 캄보디아 국경에서 군사적 충돌이 빈번해지는 상황에도 베트남은 제한적 반격으로 대응하고 협상을 통한 외교적 해결을 시도했다. 그러나 1977년 4월 30일 크메르 루즈의 대규모 공격은 캄보디아에 대한 베트남의 안일함을 깨고 양측 간의 긴장을 고조시키는 계기가 되었다(Path 2020, 61; 유인선 2012, 444). 당시 베트남은 캄보디아의 공세적 전환 뒤에 중국의 군사적 지원이 있다고 인식하였다(Path 2020, 62). 즉 베트남사회주의공화국(Socialist Republic of Vietnam, SRV) 지도자들은 팽창주의를 추구한 중국이 크메르 루즈 세력을 이용하여 남베트남을 정치적으로 교란시키고 폴 포트 세력으로 하여금 베트남의 국경지역에 대규모 공격을 감행하도록 지시했다고 판단했다(베트남공산당사연구회 1987, 197). 실제 민주 캄푸치아와 베트남 간의 국경에서의 무력충돌은 1975년 174회, 1976년 254회였으나 1977년에는 1,150회, 1978년에는 4,820회로 급격히 늘어났고 상당수는 크메르 루즈의 도발로 일어났다(Path 2000, 60). 특히 1977년 중반 이후 고조된 갈등은 폴 포트의 민주 캄푸치아가 의도적으로 일으킨 무력 사용으로 야기되었다(Kiernan 2021, 345-346). 문제는 중국과 크메르 루즈 동맹 위협에 직면한 베트남의 군사력이 1977년 초반 강경해지고 빈번해진 도발을 충분히 억지하지 못했다는 것이다(Path 2000, 62). 이러한 베트남의 현실에서 소련의 지원은 더욱 중요해질 수밖에 없었다.

1975년 9월 베트남은 중국에 신규 원조 제공과 군사원조 확대를 공식적으로 요청하지만 받아들여지지 않았을 뿐 아니라 중국은 1976년 베트남에 대한 무상 군사원조를 중단한다. 다른 한편으로 소련은 중국과 베트남의 교착 상태를 틈타 베트남에게 적극적인 관여정책(engagement policy)을 실시하고 베트남에게 필요한 경제지원과 군사지원을 전면적으로 확대해 나간다. 베트남은 소련과 가까워지고 중국은 베트남과의 관계가 악화되고 있었지만 베트남은 중국을 포기할 만큼 적대적으로 나아가진 않았다. 베트남은 소련의 요청에도 소련이 주도하는 코메콘(Council for Mutual Economic Assistance, COMECON) 가입에 적극 나서지 않은 것이다(Khoo 2010b, 347). 베트남은 일본과 유엔 등 서방세계로부터 원조 확보에 실패하게 되고 결국 1977년 중반 이후 코메콘 가입을 공식화하여 1978년 6월 29일 가입을 완료하게 된다.

베트남의 코메콘 가입은 양국 간의 동맹 관계에서 중요한 의미를 갖고 있었다. 이는 베트남이 소련의 주도 하에 사회주의 국가 간의 국제경제협력 질서에 참여하는 것이며 모스크바의 제3세계 대외정책에 적극 동참하는 것을 의미하였다(Khoo 2010b, 358). 베트남은 이를 통해 소련과 사회주의 진영 국가로부터 경제 및 군사 원조를 안정적으로 확보하여 중국의 원조 중단으로 인한 공백을 메꾸며 국내 경제위기를 완화할 수 있는 계기를 마련하였을 뿐 아니라, 캄보디아와 중국 간에 형성된 반베트남 동맹으로 야기된 위협에 맞설 수 있게 되었다(Path 2020, 67).

III 중국과 베트남 관계의 밀착과 파열, 소련의 개입[1]

1. 베트남에 대한 중국의 지원과 제3자 소련

베트남이 캄보디아를 공격하여 1979년 1월 7일 프놈펜을 함락시킨 지 50일이 채 되지 않은 1979년 2월 17일 중국은 베트남을 전면 침공하였다. 중국이 1955년부터 1975년까지 약 20년 동안 베트남에 가장 관대한 공여국이었던 것을 고려할 때 수혜국 베트남에 무력을 행사한 것은 놀라운 결정이었다(Path 2012, 1045). 중국의 동남아시아 정책에서 베트남은 각별한 의미가 있었다. 1949년 중화인민공화국 출범 이후 중국 정부는 1950년 1월 18일 베트남민주공화국(DRV)을 국제사회에서 가장 먼저 인정하였다(유인선 2018, 358). 베트남은 중국의 최초의 원조 대상국이자 그 지원액 또한 동남아시아 국가들 중 상당 기간 가장 많은 곳이기도 하였다(Path 2012; 표나리 2017, 168). 동지이자 형제로 인식된 중국과 베트남의 관계가 30년도 채 되지 않아 파국을 맞이하게 된 것이다.

중국은 1950년대 초부터 베트남의 호찌민을 중심으로 한 민족해방 노력을 지속적으로 지원해왔고 인도차이나전쟁 기간 프랑스와 미국에 의한 개입을 차단하기 위해 베트남을 적극적으로 후원해왔다. 파리와 워싱턴 그 어느 쪽도 중국의 남서지역 인접국인 베트남을 통제하지 못하도록 호찌민의 투쟁과 독립운동에 많은 자원을 투입했던 것이다(Zhang 2014, 208). 1950년대부터 1970년대

---

[1] 최규빈(2018). "베트남에 대한 중국의 경제지원과 경제제재, 1960-1978." 『국가안보와 전략』 18(2): 103-140의 일부 내용을 수정·보완한 것임을 밝힘.

까지 중국과 베트남 공산주의자들의 공통의 관심과 이익은 미국의 아시아 개입정책을 반대하고 저항하는 것이었다(Khoo 2010b, 321).

중국 정부가 베트남을 지원하게 된 것은 아시아에서 반제국주의 공산주의 운동을 하고 있는 베트남노동당을 도와야 한다는 이념적, 도덕적 의무감과 함께 중국의 대베트남 원조가 국익과 안보에 부합하는 측면이 있었다. 1960년대 들어 중국 정부가 베트남전에 개입하여 경제, 군사 지원을 확대한 것은 중국이 공산주의 혁명운동의 새로운 중심이자 아시아 지역에서 핵심적인 역할을 하고 있다는 것을 보여주는 측면에서 의미가 있었다(Chen 2006, 35). 즉 베트남은 중국이 아시아 공산주의 이웃들과의 협력을 발전시키고 있다는 것을 보여주는 이상적인 대상이었던 것이다(Zhang 2014, 212). 실제 1960년대 중반 마오쩌둥과 저우언라이는 "베트남에 대한 원조를 대외원조 사업에서 가장 첫 번째에 놓을 것, 베트남이 필요로 하는 것이면 우선적으로 공급할 것, 베트남의 모든 요구에 진지하고도 적극적으로 대응할 것" 등의 지시를 여러 차례 내림으로써 북베트남과 남베트남 민족해방전선(National Liberation Front, NFL)까지 적극 후원하도록 하였다(주홍 2015, 311; Zhang 2014, 219).

다음으로 중국공산당 입장에서 북베트남과의 경제와 산업 발전에 필요한 지원을 제공하고 소련과의 경쟁에서 우위를 점하는 차원을 넘어 미국의 직접적인 군사 개입을 베트남을 통해 방어하고 중국의 국가이익을 지키는 차원에서 이해될 필요가 있다(Zhai 2000, 140; Zhang 2014, 217). 중국 정부 입장에서 인도차이나전쟁이 확전되는 것은 미국의 군사 개입 및 중월 국경에서의 물리적인 충돌 가능성을 높이는 것으로 이는 자국 안보에 직접적인 위협을 초래하는 것을 의미했다(Chen 1993, 89; 유인선 2018, 368). 1960년대 들어 중소분쟁이 본격화됨에 따라 베트남은 중국과 소련 양쪽 모두에게 경제, 군사 원조를 받는 대상국이 되었을 뿐 아니라 국제공산권 내 우위 확보 및 영향력 확장 차원의 경쟁이 이루어지는 곳이기도 하였다. 특히 1965년 3월 미국의 지상군이 다낭에 상륙하여 베트남전 군사 개입을 확대하면서 중국 정부의 베트남 원조는 대폭 증가하게 된다.

베트남전쟁 10년 동안 중국과 베트남 정부는 원조 협정을 계속적으로 합의해 나갔다. 중국의 원조는 각종 화기, 군사장비 및 군수품을 포함한 군사지원뿐 아니라 각종 현금, 식량, 생산 및 생활 물자를 포함한 경제지원, 그리고 산업 부문 전문가 파견, 교육 및 의료 분야 시설 건축 및 물자 공급 등 전방위로 이루어졌다.

중국 측 통계에 따르면 1965년부터 1970년 동안 중국의 북베트남 원조는 중국의 전체 대외원조의 57.6%를 차지하였고 1971년부터 1975년까지 중국의 전체 대외원조에서 북베트남, 캄보디아, 라오스에 대한 지원액은 53.4%에 해당하였고 여기에 93.1%가 베트남에 지원된 것이었다(Zhang 2014, 221).

하지만 중국과 베트남의 유대가 자신들의 기대만큼 견고하게 유지되었던 것은 아니었다. 중국공산당은 1960년대 중반부터 후반까지 베트남민주공화국이 전쟁 종결을 위해 미국과 협상 및 대화를 병행하는 것에 반대하는 입장이었다(Chen 2006, 37). 레 주언은 베이징의 기대와는 달리 1968년 4월 3일 워싱턴과 평화회

표 4-1. 중국의 대베트남 경제원조, 1965-1975

	품목	단위	합계	1965~1970	1971~1975
1	현금	달러	634,620,000	254,620,000	380,000,000
2	식량	톤	5,396,600	2,435,600	2,961,000
3	목화	톤	60,000	26,000	34,000
4	면사	톤	67,600	30,600	37,000
5	면포	미터	269,600,000	75,000,000	194,600,000
6	담요	장	4,050,000	1,900,000	2,150,000
7	화학비료	톤	610,600	70,600	540,000
8	철	톤	601,100	185,100	416,000
9	석탄	톤	1,910,000	100,000	1,810,000
10	역청	톤	184,400	40,000	144,400
11	유류	톤	90,200	41,000	49,200
12	종이	톤	1,895,500	95,500	1,800,000
13	자동차	대	35,035	4,200	30,835
14	선박	척	686	334	352
15	트랙터	대	4,730	2,430	2,300
16	건설 기계	대	5,373	1,238	4,135
17	기관차	대	127	107	20
18	기차 차량	대	3,290	2,200	1,090
19	자전거	대	857,000	477,000	380,000

자료: Shi(1989, 58), Khoo(2010a, 27)에서 재인용.

담(peace talks)을 할 준비가 되어 있다고 공식 선언한다. 중국은 1968년 이전의 평화조치에 대해 반대하는 입장에서 하노이의 협상 전술, 즉 '싸우면서 대화한다' 것을 수정주의로 간주한 반면 소련은 오히려 베트남의 평화회담 참여에 적극적인 지지를 보냄으로써 중국과 정반대의 입장에 있었다(Nguyen 2006, 14). 파리평화협정에 대한 하노이 정부의 협상 전략에 반대하던 중국은 오히려

표 4-2. 중국의 대베트남 군사원조, 1964-1975

	1964	1965	1966	1967	1968	1969	1970	1971	1972	1973	1974	1975
총	80,500	220,767	141,531	146,600	219,899	139,900	101,800	143,100	189,000	233,500	164,500	141,800
대포	1,205	4,439	3,362	3,984	7,087	3,906	2,212	7,898	9,238	9,912	6,406	4,880
탄약 (천환)	25,240	114,010	178,120	147,000	247,920	119,170	29,010	57,190	40,000	40,000	30,000	20,060
포탄 (천발)	335	1,800	1,066	1,363	2,082	1,357	397	1,899	2,210	2,210	1,390	965
무전기	426	2,779	1,568	2,464	1,854	2,210	950	2,464	4,370	4,335	5,148	2,240
전화기	2,941	9,502	2,235	2,289	3,313	3,453	1,600	4,424	5,905	6,447	4,633	2,150
탱크	16	–	–	26	18	–	–	80	220	120	80	–
선박	–	7	14	25	–	–	–	24	71	5	6	–
비행기	18	2	–	70	–	–	–	4	14	36	–	20
자동차	25	114	96	435	454	162	–	4,011	8,758	1,210	506	–
군복 (천벌)	–		400	800	1,000	1,200	1,200	1,200	1,400	1,400	1,400	–

자료: Li and Hao(1989, 416), Chen(1995, 379)에서 재인용.

1969년 미국과 관계 개선을 도모하게 되고 이러한 중국의 태도는 제국주의와 수정주의 투쟁을 해 왔던 북베트남 입장에서는 용납하기 어려운 것이었다.

중국은 1968년 파리협상에 대한 베트남의 참여 결정 뒤에는 소련의 영향력이 작용했다고 보았다(Garver 1996, 49; 유인선 2012, 409). 비록 소련은 베트남과 형제국가 관계를 유지하고 있었지만 경제, 군사 지원에 소극적이었다(주홍 2015, 307). 그러나 소련의 베트남에 대한 소극적 관여는 1964년 브레즈네프(Леони́д Ильи́ч Бре́жнев) 정권 이후 적극적 관여로 전환된다. 1965년 2월 코시킨 (Алексе́й Никола́евич Косы́гин) 수상은 하노이를 방문하여 북베트남 팜 반 동 총리와의 회담을 통해 원조 확대를 합의한다. 이를 계기로 소련은 베트남에 대한 경제지원뿐 아니라 베트남이 선호하던 군사지원을 대폭 늘리게 된다. 당시 베트남은 미국의 전면 개입 및 대량 폭격 등에 대응하기 위해 기존의 방어적인 게릴라 전투가 아니라 보다 공격적인 대규모 정규전이 필요한 상황이었다(Khoo 2010a, 33). 따라서 대규모 병력, 방공 작전, 중화기 도입이 긴요했었고 베트남민주공화국 입장에서 소련의 군사원조는 전투력을 강화하는 데 중요했다. 중국이 무기 개발 수준에서 한계를 가지고 있었던 측면도 있지만 소련은 북베트남의 군사원조 요청에 적극 화답한 것이다(유인선 2012, 402).

1969년에 이르자 하노이, 베이징, 모스크바의 삼각관계는 점차 복잡해졌다. 중국은 미국과의 관계 개선 노선을 분명히 한 반면 소련과의 갈등은 지속되었으며 북베트남과는 인도차이나를 두고 경쟁이 가속화되는 상황이었다(Nguyen 2006, 19). 특히 중소관계가 악화되면서 베트남은 소련 쪽으로 기울어졌으며 중국과 소련 간의 갈등은 심화되었다. 1969년 3월 중국과 소련은 서로 자신의 영토라고 주장하는 우수리 강의 전바오다오(珍宝岛) 혹은 다만스키섬(óстров Дама́нский)에서 군사적으로 충돌하면서 소련에 대한 적대의식은 한층 더 강화되었다. 마오쩌둥 및 중국공산당 지도자들은 점차 미국이 아닌 소련을 주적으로 인식하게 된 것이다(Khoo 2010a, 29; Nguyen 2006, 20). 베트남의 평화협상 수용 이후 베트남전에 대한 중국의 단계적인 비관여도 드러나게 되었다. 1969년 중반 대부분의 중국 부대는 베트남에서 철수하였고 1970년 7월로 중국의 모든 부대는 귀환을 완료하였다(Khoo 2010a, 48).

2. 중국-베트남-소련의 삼각관계와 중국의 징벌

1970년대 들어 중소갈등은 소련과 베트남 공산주의자들과의 협력을 증가시키게 되고 이는 중국과 베트남의 갈등을 유발하는 요인으로 작용하였다(Khoo 2010b, 323). 1971년부터 1973년까지 중국은 여전히 베트남을 지원하고 있었지만 1972년 2월 닉슨(Richard Nixon) 대통령의 중국 방문 및 1973년 1월 파리평화협정이 체결된 이후 베트남 원조는 축소되기 시작한다(Path 2011, 520). 중국 공산당은 미국과의 관계 개선이 베트남에서의 미군 철군을 촉진시키고 파리평화협정이 궁극적으로 베트남의 평화를 돕는 것이라고 정당화했지만 북베트남 지도자들은 이를 확신하지 못했다(Nguyen 2006, 22). 하노이 지도자들은 중국의 미국과 베트남 정책은 그간 중국이 주장해 온 반제국주의, 반수정주의 혁명 노선을 뒤집는 것으로 판단하였고 베트남의 항미전쟁 투쟁에 대한 배반으로 간주하였다(Khoo 2010a, 59; 보걸 2014, 372).

2차 인도차이나전쟁이 종결되면서 중국과 베트남의 갈등은 여러 사안에서 격화되었다. 1974년 북베트남과 중국 간의 국경회담은 시작과 함께 파행을 맞았고 양국은 남중국해 파라셀(Paracel)/호앙사 군도에서 충돌하였으며, 베트남은 1975년부터 1977년까지 2,000번 넘게 중국과의 접경 지역을 침범하였다(Ross 1988, 243; Khoo 2010b, 326). 1977년 하반기 들어 하노이가 모스크바에 경도되었다고 판단한 중국은 해상과 육상의 접경지역 문제를 공식적으로 제기하며 베트남을 압박하였다(Khoo 2010, 326). 이에 맞서 베트남은 전략적 요충지라고 할 수 있는 다낭(Đà Nẵng)

과 깜라인만(Vịnh Cam Ranh)에서의 소련 군함 접근과 해군기지의 인력 파견을 허용하여 소련과의 군사협력을 강화하였다(보걸 2014, 369, 375). 1978년 소련은 중국을 겨냥한 중거리미사일을 극동지역에 배치, 1979년 몽골에서의 군사훈련 등을 통해 공세적 태도를 분명히 한다(Khoo 2010b, 334). 1970년대 중반 이후 경제, 군사 영역에서 밀접해지는 소련과 베트남의 관계는 중국에게 위협을 야기하였다 덩샤오핑은 중국과 베트남이 동맹을 통해 동남아시아에서의 자신들의 영역을 확대하고 있다고 보고 이것이 중국이 직면한 가장 큰 위협이라고 판단했다(보걸 2014, 369).

중국과 베트남 사이의 상호 불신과 갈등은 그간 중월관계 유지에 있어 중요한 역할을 해 왔던 원조 정책에서도 명징하게 드러난다. 1975년 9월 레 주언 베트남공산당 서기장은 베이징을 방문하여 추가 원조를 요청하였지만 덩샤오핑 부총리는 문화대혁명으로 인한 여파로 인해 신규 원조협정을 체결할 수 없다는 점을 밝혔다(주홍 2015, 328). 소련의 베트남 원조 정책은 중국과는 대조적이었다. 1975년 5월 소련은 5월 베트남이 갖고 있던 4억 5천만 달러의 부채를 취소시켰으며, 10월 레 주언이 소련을 방문했을 때 양국은 '베트남–소련 선언'을 발표하고 30억 달러의 원조를 합의하고 기존의 차관원조를 무상원조로 전환하는 등 전면적인 협력을 약속하였다(Gilks 1992, 152; 주홍 2015, 78). 베트남과 소련의 유대는 1978년 6월 코메콘 정식 가입과 11월 양국 간 우호협력조약 체결로 정점에 이르게 된다.

중국과 베트남의 관계가 악화되고 베트남과 소련 간의 연대가 강화된 것은 비단 중국이 베트남에 대한 신규 원조 중단으로 그

친 것이 아니라 베트남에 대한 경제제재로 이어지게 된다. 비록 먼저 약속했던 여러 원조 프로젝트가 지체되고 있었으나 중국의 베트남 원조는 1975년 이후에도 지속되고 있었다. 중국이 소련과의 원조 경쟁에서 불리한 입장에 있었지만 레버리지 자체가 없는 것은 아니었다. 베트남은 통일 이후 사회주의적 통합, 경제재건과 현대화라는 국가적 과제를 안고 있었고 농업 생산조차 침체되고 있었기 때문에 중국의 경제지원과 무역관계는 여전히 필요했다(Path 2012, 1045; 이한우 2011, 93). 베트남의 소련에 대한 경도는 분명해졌지만 하노이 입장에서는 중국과 소련 두 국가 모두로부터 최대의 지원을 받는 것이 유리한 상황이었다. 그렇지만 1977년 중반부터 1978년 하반기 동안 중국은 베트남과 캄보디아 충돌 문제로 갈등을 빚게 된다. 중국과 베트남의 국경지역에서도 긴장은 한층 더 고조되고 있었다. 중국 측 자료에 의하면 1977년 752건이었던 양국 간 국경 충돌이 1978년에는 1,100건으로 증가했고 1978년 8월에는 베트남군에 의해 상당수의 인명 피해가 발생하였다(Zhang 2015, 41). 더욱이 베트남은 1978년 3월 남베트남 지역에서 화교에 의해 소유된 사기업을 무력으로 국유화하고 5월에는 화폐통합을 실시하였다(Path 2012, 1044; Khoo 2010b, 356). 베트남의 강압적인 동화정책은 26만 명이 넘는 화교들의 탈출을 촉발시키게 된다.

중국의 베트남과의 관계 악화는 베트남에 대한 경제제재로 드러나게 된다. 중국은 1976년 베트남에 대한 무상 군사원조를 중단하고, 1978년 5월에는 무역량 제한, 운송 지연, 베트남에 남아 있던 기술자 철수, 물자 및 인력 통행료 인상, 무역 우대조치 중지, 수출입 쿼터를 단행한다(Path 2012, 1054). 이와 함께 중국은 5월

표 4-3. 1978년 5월 이후 중국 원조 프로젝트 취소

(단위: 개수/만 위엔)

	전체 프로젝트	경제원조	군사원조	금액
전체	108	83	25	2,047.85
폐지	74	52	22	1,634.55
잔여	34	31	3	0,423.30

출처: Path(2012, 1056).

12일과 30일 서한을 통해 경제와 군사 관련 74개의 중요한 원조 프로젝트를 폐지시킨다(Path 2012, 1054).

결국 중국은 1978년 7월 3일 최후각서를 통해 베트남의 반중 국행위 지속과 양국 우호관계 훼손을 지적하고 베트남에 대한 모든 원조를 중단할 것을 통보한다(주홍 2015, 330). 중국의 경제제재는 국경분쟁 및 화교에 대한 베트남의 강경 조치 등으로 인해 촉발된 측면이 있지만 베트남을 굴복시키거나 행동 변경을 이끌어내지 못했다. 상술한 바와 같이 베트남은 캄보디아에서 자신들의 영향력을 제한하려는 중국에 저항하였고 경제, 군사안보 문제에 있어서는 소련과 더욱 협력하는 방향으로 나아갔다. 베트남이 캄보디아를 12월에 침공하자 중국은 결국 1979년 2월 베트남을 징벌하기 위한 전쟁을 돌입하면서 양국 관계는 파국을 맞는다.

IV 결론

중국은 1945년 9월 수립된 베트남민주공화국을 인정하는 문제와

1954년 제네바합의(Geneva Accords) 당시 베트남과 라오스와 캄보디아와의 휴전 및 중립화에 중요한 역할을 했었다. 중국은 베트남의 '맏형'을 자처하며 막대한 원조를 제공함으로써 우호협력관계를 다져갔고 이 과정에서 베트남에 대한 중국의 경제, 군사 원조는 마오쩌둥과 중국공산당 지도자들에게 대외정책 목적을 달성하는 데 중요한 수단으로 활용되었다(Copper 2015, 3).

냉전 기간 오랜 '동지이자 형제' 관계에 있던 중국과 베트남이 25년 만에 전쟁에 돌입하게 된 것에는 또 다른 강대국 소련과 약소국 캄보디아가 중요한 요인으로 작용한다. 베트남은 1978년 12월 캄보디아를 침공하였고 바로 이어 1979년 2월 중국과 전쟁을 벌인다. 베트남의 두 전선에서의 전쟁은 독립된 두 전투가 아니라 상호 긴밀하게 얽혀 있으며 여기에는 중국-베트남-캄보디아와 중국-베트남-소련 간의 복잡한 이해와 대립 구도가 작용하고 있었다.

이 논문은 무모해 보이는 베트남의 두 전선에서의 전쟁이 성급하고 비이성적인 선택이 아닌 중국, 소련, 캄보디아로 형성된 삼각관계에서 파생된 대담한 결정이라는 점을 강조한다. 마오의 중국과 폴 포트의 민주 캄푸치아 사이에는 개인적인 유대 및 이념적 공감대가 형성되어 있었지만 강대국 중국이 취약하고 급진적인 크메르 루즈 정권에 상당한 원조를 제공한 것은 친소비에트 경향을 보여주는 베트남을 경계하기 위한 전략적 선택이었다. 중국에게 폴 포트의 캄보디아는 자신들의 영향권에서 벗어나 주적인 소련에 가까워진 베트남을 대항하는 유일한 동맹으로서의 가치가 있었다. 이런 점에서 1978년 12월 베트남의 캄보디아 침공은 크메르 루즈를 군사적으로 뒷받침함으로써 동남아시아 지역에서의 영향력 확대를 추구하는 중국을 경계하고 소련과의 동맹을 강화하는 목적이 있었다. 이 전쟁은 또한 인도차이나에서 세력 확장을 원하는 베트남의 적극적인 의지를 보여주는 것이었다.

중국과 베트남 동맹이 베트남전쟁 후반부에 악화되어 중국이 베트남에 대한 제재를 부과하고 전쟁으로 귀결되는 과정은 양자의 문제로 한정되지 않는다. 베트남의 크메르 루즈 정권 전복은 중국의 베트남 침입의 결정적 요인이 되었고 여기에는 양국과 긴밀한 관계에 있었던 소련이 지대한 영향을 미쳤다. 중국-베트남-소련의 삼각관계는 경제적 국가통치술(economic statecraft)을 통한 힘의 투사 측면에서도 중요한 의미를 갖는다.

중국과 베트남은 서구 강대국의 아시아 개입을 봉쇄한다는 공통의 이익에 기반하여 오랜 기간 긴밀한 관계를 유지해 왔다. 1950년 중반부터 중국이 베트남에 제공한 막대한 양의 경제, 군사 원조는 베트남의 전쟁 수행과 전후 재건에 절대적으로 필요한 자원이었을 뿐 아니라 중국에게는 베트남에 대한 영향력을 만들어 주는 정치적 수단이었다. 그럼에도 중국의 대베트남 정책이 경제지원에서 경제제재로 전환된 근원적 이유는 적대국 소련의 개입과 이로 인한 대상국 베트남과의 갈등이 있었다. 비록 소련은 원조 측면에서 중국에 비해 후발 주자였지만 경제력과 기술력을 바탕으로 베트남에 대한 원조를 확대하고 베트남의 확장을 지지하는 강력한 동맹이 된다. 결정적으로 1978년 베트남의 코메콘 가입과 소련과의 우호협력조약 체결은 중국으로 하여금 베트남과 소련의 안보협력을 최소화해야 하는 문제를 넘어 캄보디아로 확대된 소련의 중국 포위와 이에 동조하는 베트남의 협력을 저지해야 하는 문제가 되었다. 같은 해 12월 베트남이 중국의 편에 있는 캄보디아를 무력 침공한 것은 중국으로 하여금 베트남에 대한 제재를 넘어 군사력이 필요하다는 것을 확정해주었다.

베트남의 캄보디아 침공과 사회주의 형제국 간의 전쟁은 아시아의 열전으로 시작해 냉전으로 이어지는 과정을 보여주는 중요한 사례이다. 베트남의 캄보디아 침공은 서방국가들의 경제제재로 이어져 해외 자금 조달에 직접적인 타격을 가져왔으며 1980년대 베트남 경제 침체의 원인이 되었다(이한우 2011, 46). 중국은 1979년 3월 베트남으로부터 철수하지만 양국 간의 영토 및 영해 경계의 갈등은 수십 년 지속되고 있다(응웬 티 한 2015, 33). 1989년 9월 베트남군은 캄보디아에서 철수하게 되고 1991년 베트남의 유일한 동맹이었던 소련이 붕괴하게 된다. 이를 계기로 중단되었던 베트남과 중국의 국경무역이 1989년 재개된다. 베트남이 중국과 1991년 관계를 다시 정상화면서 중국-베트남-소련의 삼각관계는 구조적으로 와해된다. 여기에는 냉전의 한 축인 소련의 해체, 개혁개방 노선을 위한 중국의 우호적 관계 형성 필요성, 대외관계의 다변화를 추구하고 경제건설이 시급했던 베트남의 이익이 복합적으로 작용한다(Thayer 2017). 베트남은 1986년 도이모이(đổi mới)를 채택하면서 정치외교적인 고립을 탈피하고 국제시장에의 접근을 확대시킬 수 있는 정책 전환의 계기를 마련하게 된다.

중월관계는 대상국에 대한 지원이 제재로 그리고 전쟁으로까지 이어진 동아시아의 역사적 사례라는 점에서도 독특하다. 두 전선의 전쟁은 강대국 소련과 부상하는 중국을 대상으로 균형 게임을 한 베트남과 중국에 편승을 한 약소국 캄보디아의 다른 귀결을 보여주는 것이기도 하다. 베트남의 두 전선의 전쟁은 베트남과 캄보디아 그리고 베트남과 중국 양자 간의 문제를 넘어서는 다자 행위자 간의 이념과 이익의 조합과 상충의 결과이자 삼자관계 하에 이루어진 정치적 행위의 연장임을 보여준다.

참고문헌

마상윤. 2014. "적(敵)에서 암묵적 동맹으로 – 데탕트 초기 미국의 중국 접근."
『한국정치연구』 23(2): 313-337.

베트남공산당사연구회. 1987. 김종욱 역. 『베트남공산당사』. 서울: 소나무.

유인선. 2012. 『베트남과 그 이웃 중국』. 파주: 창비.

_____. 2018. 『베트남의 역사』. 서울: 이산.

이한우. 2011. 『베트남 경제개혁의 정치경제』. 서울: 서강대학교출판부.

에즈라 보걸. 2014. 심규호·유소영 역. 『덩샤오핑 평전: 현대 중국의 건설자』. 서울:
믿음사.

응웬 따이 트. 2019. 김성범 역. 『베트남 사상사』. 서울: 소명출판.

응웬 티 한. 2015. "베트남 – 중국 간 영토·영해 경계 획정의 역사." 『영토해양연구』
10: 32-62.

주홍. 2015. 김일산 외 역. 『중국 대외원조 60년』. 서울: 푸른사상.

최규빈. 2018. "베트남에 대한 중국의 경제지원과 경제제재, 1960-1978." 『국가안보와
전략』 18(2): 103-140.

표나리. 2017. "중국의 대(對)베트남원조 시행 및 중단의 배경 고찰(1950~1978)."
『아세아연구』 60(3): 167-203.

Burchett, Wilfred. 1981. *The China-Cambodia-Vietnam triangle*. London: Zed
Press.

Chandler, David. P. 1999. *Brother Number One: a Political Biography Of Pol
Pot*. Oxford: Westview Press.

Chen, Jian. 1995. "China's Involvement in the Vietnam War, 1964-69." *The
China Quarterly* 142: 356-387.

_____. 2006. "China, the Vietnam War and the Sino-American rapprochement,
1968-1973." in *The Third Indochina War: Conflict between China,
Vietnam and Cambodia, 1972-79*. edited by Odd Arne Westad and
Sophie Quinn-Judge, 33-64. London: Routledge.

Ciorciari, John. D. 2014. "China and the Pol Pot regime." *Cold War History*
14(2): 215-235

Copper, John F. 2016. *China's Foreign Aid and Investment Diplomacy*. Volume
II: History and Practice in Asia, 1950-Present. New York: Palgrave
Macmillan.

Christensen, Thomas J. 2015. *The China Challenge*. New York, NY: W.W.
Norton & Company.

De Nike, Howard J., John Quigley, and Kenneth J. Robinson. 2000. *Genocide
in Cambodia : documents from the trial of Pol Pot and Ieng Sary*.

Philadelphia: University of Pennsylvania Press.

Duiker, William J. 1986. *China and Vietnam: The Roots of Conflict*. Berkeley: Institute of East Asian Studies University of California.

Garver, John W. 1996. "The Tet Offensive and Sino-Vietnamese Relations," in *The Tet Offensive*. edited by Marc Jason Gilbert and William Head, 45-62. Westport, CT: Praeger.

Gilks, Anne. 1992. *The Breakdown of the Sino–Vietnamese Alliance, 1970-1979*. Berkeley: Institute of East Asian Studies.

Kiernan, Ben. 2004. *How Pol Pot Came to Power: Colonialism, Nationalism, and Communism in Cambodia, 1930–1975*. New Haven, CT: Yale University Press.

_____. 2006. "External and indigenous sources of Khmer Rouge ideology." in *The Third Indochina War: Conflict between China, Vietnam and Cambodia, 1972-79*. edited by Odd Arne Westad and Sophie Quinn-Judge, 187-206. London: Routledge.

_____. 2021. "The Pot Pot regime's simultaneous war against Vietnam and gennocide of Cambodia's ethnic Vietnamese minority." *Critical Asian Studies* 53(3): 342-358.

Khoo, Nicholas. 2010a. "Breaking the Ring of Encirclement The Sino-Soviet Rift and Chinese Policy toward Vietnam, 1964 – 1968." *Journal of Cold War Studies* 12(1): 3-42.

_____. 2010b. "Revisiting the Termination of the Sino –Vietnamese Alliance, 1975-1979." *European Journal of East Asian Studies* 9(2): 321-361.

Lawson, Eugene. 1984. *The Sino–Vietnamese Conflict*. New York: Praeger.

Nguyen, Lien-Hang T. 2006. "The Sino-Vietnamese split and the Indochina War, 1968-1975." in *The Third Indochina War: Conflict between China, Vietnam and Cambodia, 1972-79*. edited by Odd Arne Westad and Sophie Quinn-Judge, 12-32. London: Routledge.

Path, Kosal. 2012. "China's Economic Sanctions against Vietnam, 1975-197." *The China Quarterly* 212: 1040-1058.

_____. 2018. "The Duality of Vietnam's Deference and Resistance to China." *Diplomacy & Statecraft* 29(3): 499-521.

_____. 2020. *Vietnam's Strategic Thinking during the Third Indochina War*. Madison: The University of Wisconsin Press.

Po, Sovinda and Christopher B. Primiano. 2020. "An "Ironclad Friend": Explaining Cambodia's Bandwagoning Policy towards China." *Journal of Current Southeast Asian Affairs* 39(3): 444-464.

Quinn-Judge, Sophie. 2006. "Victory on the battlefield: isolation in Asia: Vietnam's Cambodia decade, 1979 – 1989." in *The Third Indochina War:*

Conflict between China, Vietnam and Cambodia, 1972-79. edited by Odd
    Arne Westad and Sophie Quinn-Judge, 207-230. London: Routledge.

Ross, Robert S. 1988. *The Indochina Triangle: China's Vietnam Policy, 1975–*
    1979. New York, NY: Columbia University Press.

Song, Yongyi. 2013. "Conversation Record of Chairman Mao Zedong's Meeting
    with Pol Pot, Secretary of the Central Committee of the Communist Party
    of Kampuchea," June 21, 1975, History and Public Policy Program Digital
    Archive, Song Yongyi, ed., 中国文化大革命文库 (Chinese Cultural Revolution
    Database), 3rd ed. Hong Kong: Universities Service Centre for Chinese
    Studies, Chinese University of Hong Kong.

Tan, Lek Hor. 1979. "Cambodia's Total Revolution." *Index on Censorship* 8(1):
    3-10.

Thayer, Carlyle A. 2017. "Vietnam's Foreign Policy in an Era of Rising Sino-US
    Competition and Increasing Domestic Political Influence." *Asian Security*
    13(3): 183-199.

Wang, Chenyi. 2018. "The Chinese Communist Party's Relationship with
    the Khmer Rouge in the 1970s: An Ideological Victory and a Strategic
    Failure." Cold War International History Project of the Woodrow Wilson
    International Center, Washington, D.C. Working paper 88. Accessed
    October 13, 2021 https://www.wilsoncenter.org/sites/default/files/media/
    documents/publication/cwihp_working_paper_88_ccps_relationship_khmer
    _rouge_1970s.pdf

Yin, Qingfei and Kosal Path. 2021. "Remembering and Forgetting the Last War:
    Discursive Memory of the Sino-Vietnamese War in China and Vietnam."
    TRaNS: Trans -Regional and -National Studies of Southeast Asia 9: 11-29.

Zhai, Qiang. 2000. *China and the Vietnam Wars, 1950–1975*. Chapel Hill, NC:
    University of North Carolina Press.

Zhang, Shu Guang. 2014. *Beijing's Economic Statecraft during the Cold War,*
    1949-1991. Washington, DC: Johns Hopkins University Press.

Zhang, Xiaoming. 2015. *Deng Xiaoping's Long War: The Military Conflict*
    between China and Vietnam, 1979-1991. Chapel Hill: The University of
    North Carolina Press.

Shi, Lin(石林). 1989. 『当代中国的对外经济合作』北京: 中国社会科学出版社.

Li, Ke(李可) and Hao Shengzhang(郝生章). 1989. 『文化大革命中的人民解放军』
    北京: 中共党史资料出版社.

필자 소개

최규빈 Gyubin Choi

통일연구원 부연구위원
한동대학교 국제어문학부 졸업, 영국 리즈대학교 국제정치학 박사

논저 『한반도 평화학: 보편성과 특수성의 전략적 연계』(공저), "베트남에 대한 중국의 경제지원과 경제제재, 1960-1978", "Peaceful Coexistence and Sustainable Development on the Korean Peninsula during COVID-19: Non-Traditional Security Threat and the Prospect of Inter-Korean Cooperation"

이메일 gbchoi@kinu.or.kr

제5장

냉전의 종식과 핵보유국의 태동

— 중·러가 북한의 핵프로그램에 미친 영향(1980-1994)

The End of the Cold War and Rise of a Nuclear State:
Influence of China and Russia on North Korea's Nuclear
Program 1980-1994

김보미 | 국가안보전략연구원

북한이 핵무기 개발에 본격적으로 착수한 것으로 알려진 1980년대 초부터 미국이 북한에 대한 예방타격을 가장 진지하게 고려했던 시점인 1차 북핵위기까지의 과정을 역사적으로 고찰해봄으로써 북중러 삼각관계가 북한의 핵프로그램에 미친 영향을 살펴본다. 북한의 성공적인 핵무기 개발은 강력한 동맹국의 존재 없이는 설명할 수 없다. 조중동맹, 조소동맹은 상황에 따라 일시적으로 긴밀하게 협력하기도 하였으나 전반적으로 느슨한 형태로 유지되어 왔다. 그럼에도 불구하고 강력한 동맹의 존재는 미국의 예방타격의 가능성을 피하는 데 도움을 준 것으로 보인다. 모든 안보위협에 대해 동맹국들이 보호해 줄 의무가 없다는 사실을 깨닫게 된 북한은 국방에서의 자위를 실현하기 위한 수단으로 핵무기를 강력히 희망하게 되었다. 중·러와의 관계는 과거보다 많이 느슨해졌고 이들 국가로부터 안전보장 또한 기대하기 어려워졌으나 동맹관계가 유지되는 한 북한은 미국에 의해 붕괴되지 않을 수 있었을 뿐만 아니라 미국이 대북공격을 자제하는 동안 무기화를 진척시킬 수 있었다. 중국과 러시아 모두 북한의 핵프로그램을 환영하지는 않았으나 북한 정권의 붕괴 역시 바라지 않았기 때문에 동맹의 존재는 미국이 감당해야 하는 전쟁의 비용을 상상을 초월할 수준으로 상승시킬 수 있었다. 결국 미국이 북한에 대한 군사적 공격을 테이블 구석으로 미루어 둔 동안 북한의 핵능력은 더욱 발전하였고 2006년 핵실험에 최초로 성공하게 되었다.

This article focuses the impact of the North Korea-China-Russia triangle relationships on North Korea's nuclear program from 1980 to 1994. The presence of strong allies with nuclear weapons is the key element to understand the successful development of nuclear weapons of DPRK. Since the Korean War, the DPRK-China-Russia have cooperated closely depending on the circumstances, but overall, their relations have been loosely maintained. Nevertheless, the existence of strong alliances seemed to have had a power to avoid a preventive strike by the United States. Pyongyang realized that its allies were not obligated to protect all security threats it felt and obsessed over nuclear weapons as inevitable choice for self-defense.

Relations with China and Russia have become much looser compared to the Cold War period, and their security guarantees have become unreliable, but as long as the alliance is maintained, North Korea could not be collapsed by the United States and progress toward weaponization while the U.S. refrained from attacking North Korea. Neither China nor Russia welcomed North Korea's nuclear program, but at the same time, neither did they wish for the collapse of the North Korean regime, so the existence of allies could raise the cost of war to an unimaginable level for the U.S. In the end, while the United States hesitated a military attack on North Korea, nuclear capabilities of North Korea further developed and the first nuclear test was successfully carried out in 2006.

KEYWORDS 북한 North Korea, 중국 China, 러시아 Russia, 삼각관계 triangle relations, 북핵위기 the first North Korean nuclear crisis

I 문제제기: 북한은 어떻게 핵보유국이 될 수 있었나?

일반적으로 핵프로그램은 중대한 안보위협에 놓인 국가들이 대안적 해결책을 찾지 못하고 핵무기에 관심을 갖게 되면서 시작된다.[1] 세이건(Scott D. Sagan)은 국가가 외세의 위협에 대항하여 국익을 확보하고 영토를 지키며 국제분쟁의 가능성을 감소시키고 적을 억지하기 위한 자구의 수단으로 핵무기를 추구하게 되는 것을 "안보모델(security model)"로 지칭하였다(Sagan 1996/97, 54). 안보모델은 현실주의 국제정치이론에서 핵확산의 원인으로 가장 보편적으로 수용되고 있는 모델로, 실제로 대다수의 사례에서 핵확산 국가들이 안보상의 이유로 핵무기 개발을 시도하였거나 핵실험에 성공하였다는 사실을 확인할 수 있다.[2]

북한의 경우에도 안보위협을 이유로 핵무기를 개발하였다는 것이 대체적인 분석이며, 북한 스스로도 외세에 의한 체제위협이 핵프로그램의 개발에 결정적 원인이었음을 강조해왔다. 미국의 대

---

1   물론 이에 반대되는 의견도 존재한다. 예를 들어, 국내정치적 요구와 같은 비안보적 요인이나 국제적 핵지원 가능성의 여부에 따른 연구들이 그러하다. 경제학적 관점에서 자국이 글로벌 경제에 통합되기를 원하는 정치엘리트들은 내부지향적(inward-looking)인 지도자들보다 핵무기 보유를 삼가는 경향이 있다는 솔링겐(Solingen 1994)의 연구나 특정 유형의 지도자들은 적대적 민족주의(oppositional nationalism)의 국가정체성 개념(national identity conception)으로 대표되는 위협을 과장하는 성향이 있기 때문에 핵무기를 만들려는 성향이 강하다는 하이만(Hymans 2006)의 심리적 요인에 초점을 맞춘 연구도 있다.

2   세이건은 핵보유 결정의 세 가지 모델로 안보모델(security model), 국내정치모델(domestic model), 그리고 규범모델(norms model)을 제시하였다. 세이건은 안보모델을 설명하면서 특히 핵보유국의 위협에 놓인 국가가 핵무기를 가진 동맹으로부터 신뢰할 만한 안전보장을 제공받지 못한다면 핵무기를 개발하게 될 것이라고 보았다(Sagan 1996/97, 54).

북압살 정책과 적대시 정책 등에 의해 북한이 생존 위협인식을 느낄 수밖에 없었고, 핵실험 성공 이후에는 각종 대북제재와 압박, 북한에 의한 도발 및 위협에 대한 근거 없는 선전들이 북한의 상황을 더욱 어렵게 만들어 기술적으로 진보한 핵능력과 양적으로 풍부해진 핵무기가 필수가 되었다는 것이다. 이와 같은 북한의 핵보유 정당성에 대한 논리와 국제정세인식에 기초하여 대다수의 국내외 전문가들은 북한이 안보적 이유에서 핵무기를 개발하였고 계속해서 핵능력을 확장하고 있다고 보고 있다.

그러나 핵보유를 희망한다고 해서 모든 국가가 핵보유국이 될 수는 없다. 이는 안보모델이 지니는 가장 큰 설명력 부재 현상이기도 했다. 월츠(Kenneth N. Waltz)는 국가가 핵무기를 보유하기로 결정하면 이를 막을 수는 없다고 주장했으나, 실제로는 안보위협을 이유로 핵무기 개발에 착수했던 국가들이 모두 핵무기 개발에 성공했던 것은 아니었다(Sagan and Waltz 2003, 38). 이란, 리비아, 시리아 등 북한과 함께 소위 "불량국가"로 분류되는 약소국들은 저마다 안보상의 목적에 의해 핵프로그램에 착수하였으나 누구도 핵무기 개발에 성공하지 못했다. 오히려 NPT를 필두로 강력한 비확산 레짐이 존재하는 상황에서 경제제재와 국제적 고립에 대항하여 핵확산에 성공한 북한의 사례는 매우 예외적인 것이었다고 볼 수 있다. 그렇다면 북한이 핵실험 개발에 성공할 수 있었던 배경은 무엇인가?

몬테이로와 뎁스(Monteiro and Debs 2014)는 핵무기를 개발하는 과정에서 직면하게 되는 안보환경에 관심을 두고 핵확산을 추구하는 동기보다는 핵확산 과정에서 연관성이 있는 전략적 행위자들(잠재적 핵확산 국가, 핵확산 국가의 적성국, 그리고 핵확산 국가의 동맹국)의 관계에 주목하였다. 그 결과, 이들은 오직 두 가지 유형의 국가들, 강대국이지만 심각한 안보위협에 처한 국가, 다른 하나는 동맹의 보호를 받는 약소국이지만 동맹관계가 장기간 지속될 것 같지 않거나 동맹과 핵심적 안보이익을 공유하기 어려운 국가들만이 핵무기 개발에 성공할 수 있다고 주장하였다.

일반적으로 강력한 동맹국은 약소 동맹국에게 안전보장을 약속하거나 방기위협을 자극함으로써 약소국의 핵확산 욕구를 억누르고 핵무장의 필요성을 감소시킨다. 그러나 강력한 동맹국의 존재에도 불구하고 예외적으로 핵무기 개발을 시도하는 약소국들이 있다. 강력한 동맹국과 약소국의 안보이해(security interests)가 일치하지 않을 경우, 약소국이 핵무기를 추구할 기회는 오히려 증가할 수 있다. 강력한 동맹국의 존재는 적성국이 예방전쟁을 시도하기 어렵게 만들고, 적성국이 예방전쟁을 주저하는 동안 약소국은 핵개발에 성공하는 것이다. 느슨한 동맹관계가 잠재적 핵확산 국가의 안보적 수요를 감당할 수는 없으나 핵무기를 손에 넣을 기회를 제공하게 되는 것이다.

이는 북한 핵프로그램의 역사를 이해하는 데 도움을 준다. 북한의 핵개발 과정에서 중국과 러시아(소련)의 역할은 핵무기 개발에 실패한 다른 국가들의 사례와 확실히 구분된다. 동맹국의 보호를 기대할 수 없는 약소국들은 예방적 핵확산의 대상이 될 확률이 더 높아 핵보유 기회를 포기할 수밖에 없었다. 북한의 곁에는 중국, 러시아라는 이미 핵을 보유한 강력한 동맹국들이 있었다. 그러나 북한과 중국, 북한과 러시아의 관계가 항상 긴밀했던 것은 아니었다. 1961년 7월, 약 일주일 간격으로 체결된 "조소 우호협력 및 상호원조조약(이하 조소동맹)"과 "조중 우호협력 및 상호원조조약(이하 조중동맹)"의 존재에도 불구하고 북한은 사실상 중·소로부터 완전한 안전을 담보받지는 못했으며 안보문제에 있어서도 일치된 이해관계를 갖지 못했다.[3]

조중동맹, 조소동맹은 상황에 따라 일시적으로 긴밀하게 협력하기도 하였으나 전반적으로 느슨한 형태를 유지하고 있었다. 그럼에도 불구하고 강력한 동맹의 존재는 미국의 예방타격의 가능성을 피하는 데 도움을 준 것으로 보인다. 동맹조약의 자동군사개입 조항에 따른 중·러의 참전 가능성과 한국전쟁에 중국이 참여하였던 기억을 미국은 완전히 뿌리칠 수 없었을 것이며 이는 북한에 대한 예방타격을 주저하게 되는 이유가 되었을 가능성이 크다. 중국과 러시아 모두 북한의 핵프로그램을 환영하지는 않았지만 북한 정권의 붕괴 역시 바라지 않았기 때문에 동맹의 존재는 전쟁의 비용을 상상을 초월할 수준으로 상승시킬 수 있었다. 미국이 북한에 대한 군사적 공격을 테이블 구석으로 미루어 둔 동안 북한의 핵능력은 더욱 발전하였고 결국 2006년 핵실험의 성공으로 이어졌다.

본 연구는 북한이 핵무기 개발에 본격적으로 착수한 것으로 알려진 1980년대 초부터 미국이 북한에 대한 예방타격을 가장 진지하게 고려했던 시점인 1차 북핵위기까지의 과정을 역사적으로 고찰해봄으로써 북중러 삼각관계가 북한의 핵프로그램에 미친 영

3   예를 들어, 한미연합군사훈련은 북한이 느끼기에 생존을 위협하는 중대한 안보문제이지만 중국이나 소련(러시아)의 입장에서 우선적으로 해결해야 할 절대적 안보문제로 인식되지는 않는다.

향을 살펴보고자 한다.

II 사회주의 동맹의 압박과 북한의 NPT 가입(1980-85)

북한의 핵개발이 시작된 시점이 정확히 언제였는지 공개된 사료를 통해 확인할 수 있는 길은 없다. 다만 일반적으로는 1980년대 초부터 북한이 본격적으로 핵무기 개발에 착수한 것으로 알려져 있다. 북한이 1980년대 이전부터 핵무기 개발에 관심이 있었다는 사실은 사회주의 진영 내에서 큰 비밀은 아니었다. 북한은 에너지원으로서 원자력 기술의 확보와 안전보장 수단으로서 핵무기를 희망했으며 그 같은 열망을 숨기지 않았다. 북한이 핵폭탄을 생산할 가능성이 있다는 우려가 사회주의 형제국들 사이에 널리 퍼져 있었으나 북한은 원자력 에너지 확보와 발전소 건립을 명목으로 관련 기술을 습득하기 위해 적극적으로 노력하였다.

실제로 1960년대부터 에너지 부족 문제에 시달려 왔던 북한에게 원자력발전소 건립은 아주 중요한 문제였다. 남한은 북한보다 한발 앞서 1978년 5월 부산 근처 고리 지역에 첫 원자력발전소를 완공하였을뿐만 아니라 1986년까지 6기의 원자력 발전소를 추가로 건설하기로 결정하였다. 남한 정부의 원자력 발전소 건설계획이 순조롭게 진행될 경우 1986년 말에는 남한의 전력생산량이 북한의 약 3배에 달할 것으로 추정되었다. 1986년 말은 북한의 7개년 계획(1980-1986)이 마무리되는 시점으로 북한 지도부는 반드시 특별한 경제적 성과를 거두어야만 했다. 이러한 계산에 따라 북한은 원자력발전소를 건립함으로써 남한과의 원자력 에너지 분야에서 격차를 줄이고 북한의 경제적 위상을 높이고자 하였다.[4]

　그러나 북한이 원자력 기술을 원했던 또 다른 이유가 있었다. 바로 핵무기 개발이었다. 북한 지도부는 군사작전을 제외하고 어떠한 방법도 통일을 달성할 수 없으며 한반도에서 또 다른 전쟁이 발발한다면 재래식 전쟁이 아닌 핵전쟁이 될 것으로 예견하였다.[5] 이 같은 판단에 기초하여 북한은 원자로 건설을 원했으며 핵무기를 생산할 수 있는 능력을 갖추기 위해 외부와 접촉하고 있었다.[6]

　북한의 원전 건설 요청에 대해 소련은 군사적 고려와 비용을 이유로 거절하였다.[7]

4　"Report, Embassy of Hungary in North Korea to the Hungarian Foreign Ministry," February 23, 1979, History and Public Policy Program Digital Archive, MOL, XIX-J-1-j Dél-Korea, 1979, 81. doboz, 82-5, 002289/1979. Obtained and translated for NKIDP by Balazs Szalontai. https://digitalarchive.wilsoncenter.org/document/110134 (검색일: 2021년 9월 30일).

5　"Memorandum, Hungarian Foreign Ministry," February 16, 1976, History and Public Policy Program Digital Archive, MOL, XIX-J-1-j Korea, 1976, 83. doboz, 6, 002134/1976. Obtained and translated for NKIDP by Balazs Szalontai. https://digitalarchive.wilsoncenter.org/document/111471 (검색일: 2021년 9월 30일).

6　"Report, Embassy of Hungary in North Korea to the Hungarian Foreign Ministry," February 18, 1976, History and Public Policy Program Digital Archive, MOL, XIX-J-1-j Korea, 1976, 82. doboz, 4, 001570/1976. Obtained and translated for NKIDP by Balazs Szalontai https://digitalarchive.wilsoncenter.org/document/111472 (검색일: 2021년 9월 30일).

7　"Report, Embassy of Hungary in North Korea to the Hungarian Foreign Ministry," April 15, 1976, History and Public Policy Program Digital Archive, MOL, XIX-J-1-j Korea, 1976, 82. doboz, 5, 00854/2/1976. Obtained and translated for NKIDP by Balazs Szalontai. https://digitalarchive.wilsoncenter.org/document/111473 (검색일: 2021년 9월 30일).

북한은 이밖에 체코와 유고, 중국 등에 원자력 발전소 건립 지원을 요청하였으나 어느 누구로부터도 긍정적 답변은 얻지 못했다. 북한은 8차 당대회에서 높은 경제적 목표를 설정하고 이에 따라 체코와 동독 등의 대학교에 대표단을 파견하여 원자력(핵물리학, 농축시설, 원자로 보호, 동위원소 분리 및 원자로 전자장비 등) 관련 연구를 위해 자국의 대학원생들과 연수생들을 받아줄 수 있는지 의사를 타진하였으나 모두 거절당하였다.[8] 사회주의 형제국가들은 언어 문제나 급박한 일정 등을 이유로 북한의 요청을 거절하였으나 실상은 북한이 원자력 에너지뿐만 아니라 핵무기 개발에 열의를 갖고 있다는 사실을 알고 있었기 때문에 기밀 분야에서의 협력을 꺼렸던 것으로 보인다. 소련 역시 중국의 세력 확장 열망에 대한 견제와 긴밀한 북중관계에 대한 불편한 감정, 소련에 대한 북한의 비방 선전 등으로 유독 원자력 관련 기술에 대해서는 북한과 협력하기를 꺼렸다.[9]

사회주의 형제국가들은 북한에 원자력 발전소 건립을 지원하

8   "Report, Embassy of Hungary in North Korea to the Hungarian Foreign Ministry," April 30, 1981, History and Public Policy Program Digital Archive, MOL, XIX-J-1-j Korea, 1981, 86. doboz, 72, 003729/1981. Obtained and translated for NKIDP by Balazs Szalontai, https://digitalarchive.wilsoncenter.org/document/110137 (검색일: 2021년 9월 30일).

9   경제협력은 지속되었지만 양국 간 경제협력은 사실상 북한에 대한 소련의 일방적 차관 지원에 가까웠다. "Report, Embassy of Hungary in North Korea to the Hungarian Foreign Ministry," March 12, 1981, History and Public Policy Program Digital Archive, MOL, XIX-J-1-j Korea, 1981, 86. doboz, 103, 002477/1981. Obtained and translated for NKIDP by Balazs Szalontai. https://digitalarchive.wilsoncenter.org/document/110136. (검색일: 2021년 9월 30일).

는 대신 NPT 가입을 종용하였다. 이들은 표면적으로는 이미 다수의 국가들이 동 조약에 서명하였고 북한이 참여한다면 평화적 열망을 선전함으로써 공격적 이미지를 상쇄할 수 있을 것이기에 좋은 기회가 될 수 있을 것이라며 북한을 설득하였다. 그러나 사회주의 국가들의 NPT 가입 권유는 북한의 핵무기 개발을 저지하기 위한 계산에서 출발한 것으로 볼 수 있었다. 1982년 4월, 영변 부근에서 원자로와 유사한 시설이 건설되고 있는 모습이 미국의 정찰위성에 의해 발각되면서 북한의 핵무기 개발이 국제적 이슈로 부상하고 있었기 때문이다. 그러나 북한은 미국의 핵무기와 대량살상무기가 한반도에 존재하는 한, NPT에 참여할 만한 객관적 근거가 부족하다는 이유를 들어 조약 가입 권유에 화답하지 않았다.[10]

놀랍게도 북한은 얼마 지나지 않아 그토록 가입을 꺼리던 NPT의 회원국이 되기로 결정하였다. 소련이 가입을 대가로 원자력 발전소 건립 지원을 약속했기 때문이었다.[11] 1984년 2월, 북한과 소련은 원자력 발전소 건립에 관한 예비적 합의에 도달하였다. 동해안에 위치한 함흥이 북한의 첫 원자력 발전소의 건립 장소로 언급되었다. 소련은 원전건설 완료 시점까지 10~12년, 북한은 5년이 소요될 것으로 내다보았다. 북한과 소련은 원전 완공 후 5년간 모든 시설들을 소련 전문가의 지도하에 운영하고 북한 근로자들이

---

10   Report, Embassy of Hungary in North Korea to the Hungarian Foreign Ministry, August 04, 1983, History and Public Policy Program Digital Archive, MOL, XIX-J-1-j Korea, 1983, 78. doboz, 81-40, 004628/1983. Obtained and translated for NKIDP by Balazs Szalontai https://digital archive.wilsoncenter.org/document/110141 (검색일: 2021년 9월 30일).

11   이 같은 소련의 결정은 북한을 NPT에 가입시키려는 미국의 압박에 의한 것이기도 했다.

시설의 본격적인 운영에 앞서 소련에서 추가적인 직업훈련을 받기로 합의하였다. 또한 북한은 소련의 협조로 국내 우라늄 광석 조사도 계속하기로 합의하였으나 일정 기간 동안은 소련의 농축우라늄을 제공받기로 하였다. 북한은 이 모든 과정에서 사찰실행 권리를 갖는 IAEA의 기준에 발전소 건립과 운영이 부합해야 한다는 사실 또한 이해한 것으로 알려졌다.[12]

이로써 북한은 소련이 지원하는 발전소 건설을 대가로 1985년 12월 12일 NPT 조약에 가입하였다.[13]

III 진영의 붕괴와 한반도비핵화선언(1986-91)

1. 중국과 러시아의 외교적 전환과 한중·한소 수교

NPT 가입 이후에도 북한의 핵확산 활동은 계속되었다. 본래 북한은 NPT에 의거해 18개월 이내에 IAEA와 핵안전협정을 체결하고 임시 및 일반 사찰을 수용하여야 했으나 이를 차일피일 미루었다.

---

12 Report, Embassy of Hungary in North Korea to the Hungarian Foreign Ministry, March 09, 1985, History and Public Policy Program Digital Archive, MOL, XIX-J-1-k Korea, 1985, 76. doboz, 81-532, 2745/1985. Obtained and translated for NKIDP by Balazs Szalontai. https://digitalarchive.wilsoncenter.org/document/110142 (검색일: 2021년 9월 30일).

13 이에 대해 1986년 3월에 작성된 미국 중앙정보부(Central Intelligence Agency) 보고서는 북한이 소련으로부터 핵개발과 군사적, 경제적 지원을 받기 위해 가입했던 것이라고 주장했다. 보고서는 북한 우라늄의 국내 자체 공급이 제한되어 있고 우라늄 처리와 정화에 어려움을 겪고 있어 소련의 도움을 받을 수 있다고 하였다(이경하 2017).

대신 북한은 1986년 5MW급 실험용 원자로 건설을 완공하였으며 폐연료봉에서 핵무기용 플루토늄을 추출하기 위한 목적으로 방사화학실험실을 건설하였다. 또한 북한은 1989년 1월, 이란과 무기와 군사 장비 납품과 석유공급의 교환과 북한의 우라늄 매장 개발과 탐사 분야에서 군사협력을 맺기도 하였다.[14] 급기야 1989년 9월에는 프랑스의 상업용 정찰위성인 SPOT 2호에 의해 북한의 영변 핵시설이 공개되면서 북핵문제가 국제적 이슈로 부상하였다.

1980년대 후반 들어, 북한이 NPT 체제 내에 잔류해야 할 이유가 불분명해지고 있었다. 이 시기는 남북 간 경제력의 차이가 명확해졌고 북한의 군사력 또한 남한에 확실한 우위를 점치기 어려워졌다. 동시에 사회주의 정권의 붕괴에 따른 북한의 대외위협인식 또한 높아졌다. 북한은 서방의 채권국으로부터 제공 받은 차관의 이자조차 지급하지 못하였던 반면 1988년에 이르러 남한의 GNP는 북한의 7배에 달할 정도로 격차가 벌어져 있었다. 경제적 측면에서 중국과 소련에게 남한은 북한보다 매력적인 파트너였다. 차관 상환 불이행과 아웅산테러 사건 등으로 국제사회에서 북한의 신뢰도는 추락한 반면 남한은 경제기적을 이룩한 동아시아 국가들 중 하나로 인정받고 있었으며 중국·소련과 경제적 상호의존관계가 점차 확대되고 있었다. 남한은 북한의 전통적인 우방인 소련과

---

14   "Untitled report from Mieczysław Dedo, Polish Ambassador to the DPRK, concerning the results of Kim Jong Nam's visit to Iran," January 09, 1989, History and Public Policy Program Digital Archive, AMSZ, Department II, 3/94, w. 3. Obtained by Marek Hańderek and translated by Jerzy Giebułtowski. https://digitalarchive.wilsoncenter.org/document/208563 (검색일: 2021년 9월 30일).

중국이 경제적 도약을 꿈꾸고 있다는 사실을 놓치지 않았다. 노태우 대통령은 남한에 대한 소련 정부의 인식이 긍정적으로 변화했음을 인지하고 한소 간 경제 교역 규모를 빠르게 확장시켜 나갔다. 남한은 중국과의 경제 교역 또한 적극적으로 확대하여 1990년 한중교역 규모는 조중교역의 7배에 달했다.

이처럼 북한과 가장 오래 역사적 경험을 공유해 온 중국과 소련이 남한과 경제적으로 가까워지자 북한 지도부는 안보 공백을 우려하였다. 남한과 팽팽한 경쟁을 이어가는 것이 더 이상 불가능해지는 와중에 중소의 대남 수교 가능성이 커짐에 따라 북한은 외교적 고립 상황에 처하였다. 중국과 소련은 자본주의 진영과의 화해를 촉진하고 있었고 탈냉전으로 인한 급속한 정세변화에 직면하여 북한 또한 반미 자주노선의 폐기와 핵보유 중 하나를 선택해야만 하는 상황에 맞닥뜨리게 되었다.

중국과 소련 중, 북한을 먼저 배신한 쪽은 소련이었다. 고르바초프(Mikhail Gorbachev) 서기장을 비롯한 소련 지도부는 북한 지도부에 한국과 외교관계를 수립하지 않을 것임을 여러 차례 약속하였음에도 불구하고 급격히 입장을 선회하였다. 1990년 9월 30일, 뉴욕의 유엔본부에서 한국과 소련의 외무장관 사이에서 공식적인 수교가 이루어졌다. 북한 지도부는 소련이 사전에 북한과 상의 없이 남한과 수교하기로 결정했다는 소식을 접한 후 격한 반응을 보였다. 이들은 조소동맹이 더 이상 무의미하다고 주장하였다. 특히 북한 외교부장(외무상) 김영남은 1986년 10월, 고르바초프가 조소회담에서 한국에 대한 원칙적 입장을 바꾸지 않겠다고 했던 발언, 같은 해 12월, 셰바르드나제(Eduard Shevardnadze) 외무장관이 방북하여 한국과 국교수립 의사가 없음을 확인했던 사실들을 이유로 들어 소련의 일방적인 한소수교 결정이 조소동맹의 제3조(체약 쌍방은 평화와 전반적 안전의 공고화를 촉진시킬 것을 염원하면서, 양국의 이해관계와 관련되는 모든 중요한 국제문제들에 대하여 상호 간 협의한다)에 어긋나기 때문에 조소동맹이 무효화되었다고 주장했다.[15] 이어 북한은 한반도에 미국의 핵무기가 존재하는 이상 북한 역시 핵개발의 길로 나설 수밖에 없으며 NPT를 탈퇴할 것이라고 선언하였다.

1992년 8월 24일에는 한중수교(정식 명칭은 "한중우호선린협력관계")가 이루어졌다. 중국은 이미 1980년대부터 남한과 수교를 맺기 위해 노력하고 있었다. 중국은 남한의 경제발전 노하우를 전수받고 한국과 대만의 외교관계를 단절하겠다는 목표하에 한중수교 체결을 추진하였다(류지영 2019). 당시 대만이 국가 승인을 받기 위해 노력하고 있었기 때문에 중국은 대만과 긴밀한 관계에 있던 남한으로 하여금 외교관계를 단절하도록 압력을 행사하였다. 뿐만 아니라 남한과의 협력은 소련의 대북 영향력을 감소시키는 데에도 긍정적인 역할을 할 것으로 기대되었다. 중국은 1980년대 중반 북

---

15 Excerpts from Recollections by the Former Soviet Ambassador in North Korea Aleksandr Kapto, 1996, History and Public Policy Program Digital Archive, Aleksandr Kapto, Na Perekrestkakh Zhizni: Politicheskie Memuary (Moskva: SotsialnoPoliticheskii Zhurnal, 1996), pp. 433-436. Translated by Sergey Radchenko. https://digitalarchive.wilsoncenter.org/document/121977 (검색일: 2021.9.30.). 셰바르드나제 외무장관은 평양을 방문하여 소련과 남한의 관계가 비공식적인 것일 뿐이며 앞으로도 그럴 것이라고 다짐하였다. 또한 회담 후 발표된 공식성명에도 위와 동일한 내용을 포함시켰다(오버도퍼·칼린 2016, 316).

한과 소련의 군사협력이 강화되는 움직임이 나타나자 전두환 정부가 제안하는 남북중미의 4자회담을 활용하여 중국과 어색한 관계에 있었던 소련을 배제하고자 하였다.

이러한 목표하에 중국은 남한과 수교를 맺고 장기적으로는 남북한 또한 상호 관계를 개선할 수 있기를 희망하였다. 중국의 후진타오(胡錦濤) 지도부는 한중수교와 남북관계 개선에 대한 자신들의 생각을 북한 지도부에 전달하였으나 이들은 불쾌한 감정을 숨기지 않았다. 북한 지도부의 주체의식은 매우 강했다.[16] 북한의 반응을 확인한 중국 지도부는 자칫 한중관계 개선이 조중관계에 악영향을 미칠 수 있다는 인상을 받게 되었다. 소련은 남한과 일방적인 수교를 수립함으로써 북한을 철저히 소외하였으나 중국은 소련의 전철을 밟고 싶지는 않았다(오버도퍼·칼린 2016, 375). 따라서 중국 지도부는 남한 정부의 관계개선 요청에도 불구하고 이에 대한 북한의 반응과 북한 문제에 대한 중국의 발언권 약화를 우려하여 한동안 이를 구체화하지 않기로 결정하였다.[17]

16 "The Secret Parts of General Secretary Hu's Statements," November 08, 1986, History and Public Policy Program Digital Archive, 2017-0639, Act on Access to Information Held by Administrative Organs, published online by the Ministry of Foreign Affairs of Japan, January 12, 2017. Translated by Stephen Mercado. https://digitalarchive.wilsoncenter.org/document/219977 (검색일: 2021년 9월 30일).

17 "The Secret Parts of General Secretary Hu's Statements," November 08, 1986, History and Public Policy Program Digital Archive, 2017-0639, Act on Access to Information Held by Administrative Organs, published online by the Ministry of Foreign Affairs of Japan, January 12, 2017. Translated by Stephen Mercado. https://digitalarchive.wilsoncenter.org/document/219977 (검색일: 2021년 9월 30일).

그러나 시대의 흐름상 한중수교의 체결은 시간문제였다.[18] 당시 한중 교역량의 증가, 중국의 서울올림픽 보이콧 거부, KAL기 폭파사건에 대한 국제사회의 북한 비난에 대한 중국의 지원 부족 등으로 북중관계는 서서히 냉각되고 있었으며 중국은 남한과 수교의 필요성을 더욱 크게 느끼게 되었다. 중국은 북한에 원유 공급량을 증액하는 것을 거부하였을 뿐만 아니라 상업적 목적으로 청진항을 중국이 사용하는 것과 관련하여 수년간 이어온 협상을 중단하기까지 하였다.[19] 중국은 나름대로 조심스럽게 북한의 입장을 고려하여 한국과의 수교를 추진하였으나 결코 쉬운 일은 아니었다. 1992년 4월, 양상쿤(楊尚昆) 국가주석은 평양을 방문해 중국의 대남정책이 변화할 것이라는 점을 김일성에게 미리 알렸으며 중국 정부는 7월 29일 한중수교가 합의에 도달하고 가서명까지 마쳤음에도 북한을 설득할 시간을 벌기 위해 8월 24일까지 발표를 미루었다(오버도퍼·칼린 2016, 374–375).

18 중국과 북한은 비교적 우호적인 관계를 유지하고 있었지만 서로 다른 견해를 갖는 부분에 대해 강력하게 반대하거나 강요할 수 있을 정도의 수직적이거나 긴밀한 관계는 아니었다. 김일성은 북중관계에 대해 좋은 관계를 유지하고 있지만 항상 "모든 부분에 서로 동의하지는 않는다"면서 중국과 견해가 일치하는 내용에 대해서는 논의하지만 다른 견해를 갖고 있는 문제들은 건드리지 않는다고 하였다. 이는 중국의 한중수교 체결에도 그대로 적용되었던 것으로 보인다. "Record of Conversation between Comrade J. Batmunkh and Kim Il Sung," November 20, 1986, History and Public Policy Program Digital Archive, Mongolian Foreign Ministry Archive, fond 3, dans 1, kh/n 173, khuu 123–164. Obtained and translated for NKIDP by by Sergey Radchenko and Onon Perenlei. https://digitalarchive.wilsoncenter.org/document/116671 (검색일: 2021년 9월 30일).

19 "Untitled report from Mieczysław Dedo, Polish Ambassador to the DPRK, following his conversation with the Chinese ambassador in North Korea," March 25, 1988, History and Public Policy Program Digital Archive,

한중수교 체결에 앞서 중국은 첸지천(錢基琛) 외교부장을 대표로 하는 사절단을 평양에 파견하여 북측에 사정을 설명하였다. 그러나 김일성은 한중수교를 일종의 배신행위로 간주하였다(권영석 2017). 중국은 북한을 설득하기 위해 한중수교는 대만의 국가 승인을 저지하기 위해 필요하다는 논리를 펼쳤지만 이미 한소수교가 체결되는 과정을 지켜본 북한의 입장에서는 소련에 이어 중국으로부터 또 다시 배신당했다는 생각을 떨쳐버리기 힘든 상황이었다. 결국 한중수교가 체결되자 북한은 "착잡한 심경"이라는 표현으로 당시의 고립된 감정을 나타내었다.

중국은 냉전의 종식과 함께 "중국식 사회주의"를 주창하며 자본주의 진영과의 화해를 촉진하고 국제사회에 통합하려 했으나, 북한은 1990년 "우리식 사회주의"를 내세우면서 외교적 고립의 길을 선택하였다. 그리고 이 같은 양국의 각기 다른 선택은 중국으로 하여금 북한의 근본적 태도를 변화시키기 더욱 어려운 구조를 만들었다.[20] 북한과 중국의 최고지도자들이 1992년부터 1999년까지 서로의 국가를 방문하지도 않았던 사실은 당시 냉랭했던 북중관계의 단면을 그대로 보여주는 것이었다.

AMSZ, Department II, 25/92, w. 4. Obtained by Marek Hańderek and translated by Jerzy Giebułtowski. https://digitalarchive.wilsoncenter.org/document/208560 (검색일: 2021년 9월 30일)

20 Jian, Chen. "North Korea's Relations with China." Wilson Center. Accessed February, 12, 2022. https://digitalarchive.wilsoncenter.org/resource/modern-korean-history-portal/north-korea-s-relations-with-china.

2. IAEA 안정협정 체결까지 중·러의 압박

북한의 체제 위협인식은 동구 사회주의 국가들이 연이어 붕괴되면서 더욱 증폭되었고 이에 비례하여 핵개발에 대한 당위성 역시 커져갔다. 미국의 대북압박과 러시아·중국의 외교적 전환은 북한을 공황상태에 빠뜨렸으며 핵무기 개발을 염원할 수밖에 없게 만드는 중대한 원인이 되었다. 1990년 9월 30일 한소수교, 1992년 8월 한중수교가 체결되면서 북한은 소련, 중국의 안전보장에 대한 불확실성을 강하게 느꼈고, 이는 북한 지도부가 핵무기 개발에 대한 확신을 공고히 하는 계기를 제공하였던 것으로 보인다.

그러나 중국과 러시아는 북한의 핵무기 개발을 용인하지 않았고 국익 차원에서 북한은 전통적 우방국가들과의 대립을 자제하고 국제사회의 일원으로 협력하고 있다는 인상을 심어주어야만 했다. 북한에게 있어 제국주의와의 타협은 있을 수 없는 일이었지만, 사회주의 진영의 붕괴와 전 세계적인 데탕트라는 거대한 정치적 흐름을 무시하고 쇄국적 태도를 견지하는 것은 더더욱 불가능했다. 특히 구소련을 계승한 러시아와의 관계 재설정이 이루어지면서 북한은 대외적으로 폐쇄적 자세를 견지하기 더욱 어려워졌다.

러시아는 북한이 IAEA의 안전협정 체결에 동의하지 않을 경우, 북한과 군사 및 원자력 분야에서의 협력을 종료하고 대북지원을 전면 재검토하고 축소할 준비가 되어 있었다. 소련 붕괴 후 출범한 러시아는 국내적 요구에 따라 북한과의 관계처럼 일방적 지원만이 요구되는, 별다른 수익이 없는 대외관계는 축소해야만 했다.[21] 이미 소련 말기 재정적 상황의 악화로 소련 지도부가 약속했

던 소련산 원자로의 제공 가능성은 희박해진 상태였다. 북한은 제
3차 7개년계획(1987-1993)이 종료되는 1993년까지 원자력 발전소
의 첫 단지가 완공되기를 희망하였으나, 1988년 5월까지도 국제지
질규범과 안전요구사항을 따라야 한다는 소련의 완고한 자세로 인
해 부지선정조차 완료하지 못했다.[22]

러시아 지도부는 정치적 차원에서도 북한의 IAEA 안전협정
체결을 종용해야 할 필요가 있었다. 러시아 지도부는 구소련 시절
부터 북한을 핵확산금지조약에 가입시킴으로써 미국과 친밀한 이
스라엘, 남아프리카공화국, 파키스탄 또한 NPT에 가입시키기 위
한 압박 수단으로 사용하려는 의도를 갖고 있었다(이경하 2017). 이
러한 상황에서 북한이 러시아의 뜻을 무시하고 계속해서 IAEA 안
전협정 체결을 거부한다면 러시아 지도부는 북한과의 관계를 과감
히 축소하는 것이 올바른 선택이었다. 러시아의 대북지원 감소는
북한 지도부의 태도를 변화시키기 위한 가장 효과적인 방법들 중
하나였다. 1991년 10월 러시아 지도부는 IAEA에 대한 북한의 비
협조적인 태도가 러시아의 대북지원 감소 및 종료, 원자력 발전소

---

21   러시아는 소련 시절. 1984년까지 20억 달러 이상의 원조와 차관을 북한에 제공
      하였으나 대부분은 상환받지 못한 상태였다. 그럼에도 김일성 주석은 1984년과
      1986년 두 차례에 걸쳐 모스크바를 방문하여 이전보다 더 많은 양의 석유와 가
      스, 무기 기타 생산품을 특혜에 가까운 조건으로 받는 데 성공하였다. 이 밖에 소
      련은 1988년 북한에 19억 달러 상당의 물자를 제공한 것으로 알려졌으나 북한이
      지불한 대금은 절반도 미치지 못했다(오버도퍼·칼린 2016, 313-314).

22   "Report, Embassy of Hungary in North Korea to the Hungarian Foreign
      Ministry," May 30, 1988, History and Public Policy Program Digital
      Archive, MOL, XIX-J-1-k Korea, 1988, 58. doboz, 81-5, 5654/1988.
      Obtained and translated for NKIDP by Balazs Szalontai https://digital
      archive.wilsoncenter.org/document/110144 (검색일: 2021년 9월 30일).

건설, MiG-29 전투기 공급, 에너지 공급 등에 영향을 미칠 수 있음을 김일성 지도부에 설명했다.[23] 러시아 지도부는 1991년 11월에도 북한 지도부에 대북 군사원조에 대한 부담감을 토로하였다.[24]

더 나아가 러시아 지도부는 북한이 IAEA와 안전조치 협정을 체결하도록 종용하기 위해 중국 지도부와 협력하기에 이르렀다. 본래 소련과 중국은 중소분쟁으로 인해 수십 년간 냉각기를 보냈으나 고르바초프 시절인 1989년 중소정상회담을 계기로 관계회복의 전기를 마련한 상태였다. 1991년 10월, 게오르기 쿠나제(Georgy Kunadze) 러시아 외무성 차관은 러시아 주재 중국 대사 유홍량(于洪亮)을 만나 미국의 한반도 전술핵 배치 여부를 떠나 북한이 IAEA의 안전조치 문제를 해결할 수 있도록 영향력을 행사해 줄 것을 요청했으며 유홍량 대사 역시 한반도 안정과 평화적 대화를 통한 모든 핵무기의 금지와 제거를 지지한다는 의사를 밝혔다.[25] 중국은 남한과의 관계정상화를 추진하면서 북한에 중국식 경제개

23 Record of Conversation between F.G. Kunadze and Son Seong-Pil, October 02, 1991, History and Public Policy Program Digital Archive, State Archive of the Russian Federation (GARF) fond 10026, opis 4, delo 2803, listy 1-3. Obtained and translated by Sergey Radchenko https://digital archive.wilsoncenter.org/document/119251 (검색일: 2021년 9월 30일).

24 Letter from G.F. Kunadze to R.I. Khazbulatov, November 15, 1991, History and Public Policy Program Digital Archive, State Archive of the Russian Federation (GARF) fond 10026, opis 5, delo 157, listy 17-19. Obtained and translated by Sergey Radchenko. https://digitalarchive.wilsoncenter.org/document/119253 (검색일: 2021년 9월 30일).

25 "Record of Conversation between G.F. Kunadze and Yu Hongliang," October 08, 1991, History and Public Policy Program Digital Archive, State Archive of the Russian Federation (GARF) fond 10026, opis 1, delo 2290, listy 36-38. Obtained and translated by Sergey Radchenko. https://digital archive.wilsoncenter.org/document/119252 (검색일: 2021년 9월 30일).

방을 하고 남북관계 개선을 통해 동북아의 평화와 안정을 도모하라고 충고하였다. 이어서 중국 지도부는 북한 측에 부시(George H. W. Bush) 미 대통령이 남한에서 전술핵무기를 단계적으로 철수하겠다고 발표한 데 대해 의심을 품지 말고 되도록 빨리 핵개발 계획을 둘러싼 의혹을 해결하라고 재촉하였다(오버도퍼·칼린 2016, 395). 이로써 북한은 중국과 러시아로부터 모두 핵무기를 개발해선 안 된다는 압박을 받게 되었다.

북한은 IAEA와 북한, 미국과 북한의 문제가 조러관계에 영향을 미쳐서는 안 된다고 반박하였으나 결과적으로 1991년 12월 '남북기본합의서'에 합의하는 한편 '한반도비핵화선언'을 발표하게 되었다. 동맹국들의 압박과 함께 미국으로부터의 유화적 제스처가 북한의 완고한 입장을 누그러뜨렸던 것으로 추정된다. 소련이 붕괴되면서 부시 대통령은 전 세계에 배치된 미국의 전술핵무기를 모두 철수하겠다고 선언하였고 그 여파로 남한에 있던 원자포가 철수되었다. 이어 부시 대통령은 남아 있던 약 60개의 공중 포격용 핵탄두마저 완전히 철수시키기로 약속했으며 핵탄두를 보관해 왔던 군산의 미군기지에 대해 북한의 사찰을 허용하기로 결정했다. 결정적으로 부시 정부는 북한이 핵사찰을 수용할 시 1992년 팀스피리트 훈련을 중단하겠다고 선언하기에 이르렀다. 이로써 북한은 미국의 제안에 유화적인 태도로 나설 수밖에 없게 되었다.[26]

---

26 북한은 미국이 남한의 핵시설 사찰에 대한 북한의 요구를 무시하고 핵이 없는 북한에게만 사찰 수행 요구를 한다고 지적한 바 있었으며 미국이 북한에 핵무기를 사용하지 않을 경우 IAEA 안전협정에 체결할 의사가 있음을 밝혔다. Record of Conversation between F.G. Kunadze and Son Seong-Pil, October 02, 1991, History and Public Policy Program Digital Archive, State Archive of

결국 북한은 1992년 1월이 되어서야 안전조치협정을 체결하고 4월 핵시설에 관한 최초보고서를 IAEA에 제출하였다. 그러나 그것이 북한이 핵무기 개발 의지를 완전히 접었다는 의미는 아니었으며 한반도의 평화는 일시적인 것에 가까웠다.

IV 1차 북핵위기와 전통적 사회주의 연대의 해소(1992-94)

1. 북미 긴장의 고조와 전쟁의 위기

탈냉전 시대가 도래하면서 전통적 우호관계였던 조중관계와 조러관계는 냉각기를 맞이하였다. 소원해진 조중관계와 반비례하여 한중관계가 긴밀해짐에 따라 북한은 중국에 대해 긍정적 감정을 유지하기 어려워졌고 조중 간 지도자들 간의 관계 역시 멀어졌다.[27] 조러관계의 악화는 조중관계보다 더 심각했다. 러시아는 북한의 핵개발이 일본의 핵무장 등 동아시아의 핵도미노 현상으로 이어질 수 있다는 우려 속에 남한의 입장을 지지하였으며, 러시아의 일방적 무상원조에 가까웠던 양국 간 경제협력은 1993년 이후 차관

the Russian Federation (GARF) fond 10026, opis 4, delo 2803, listy 1-3. Obtained and translated by Sergey Radchenko https://digitalarchive. wilsoncenter.org/document/119251 (검색일: 2021년 9월 30일).

27 1992년 상호무역을 위한 물물교환 제도를 폐지한 후, 조중 간 교역량은 1993년 8억 9천 9백만 달러에서 1999년 3억 7천만 달러로 감소하였다. 반면 이 시기 한중 교역량은 두 자릿수의 연간 증가율을 유지하였다.

형식으로 변화되었다. 이로 인해 북한의 대러 군사·경제적 의존이 감소하였고 러시아의 한반도 영향력 또한 상실되었으며 북한은 러시아보다 중국에 더욱 경도되었다.

한편 동맹국들과의 관계 이완으로 북한은 핵보유 의지를 더욱 확고히했다. 장기적으로 핵무기 탑재를 염두에 둔 상태에서 북한은 투발수단 개발에서도 어느 정도 성과를 내기 시작하였다. 북한은 이미 1980년대 중반부터 스커드-B 미사일(사거리 300km)과 스커드-C 미사일(사거리 500km)을 실전 배치하였고 1993년에는 사거리가 1,000km에 달하는 노동 1호 미사일 개발에도 성공하였다(Narang and Miller 2018). 또한 북한은 핵에너지를 빙자해 비밀리에 원자로와 재처리 시설을 자체 개발했으며 국제사회가 미처 반응하기 전에 기술적 진전을 이루어냈다.

1992년 5월부터 1993년 1월까지 IAEA는 북한이 신고한 핵시설과 핵물질 관련 내용의 진위 검증을 위해 영변 핵시설에 대한 사찰을 진행했다. 그 결과, IAEA는 북한이 주장한 플루토늄 생산량(90kg)보다 훨씬 더 많은 플루토늄이 추출된 것으로 판명되어 보고서와 실제 조사 결과 심각한 불일치가 있다는 결론에 도달했다. 이에 IAEA가 플루토늄 재처리 시설과 지하 핵폐기물 저장소에 대한 특별사찰을 요구했으나 북한은 이를 부당한 주권 침해로 규정하고 상호 핵사찰 실시를 위해 진행 중이었던 남북핵통제공동위원회의 회담을 중단하였다. 이러한 상황에서 한미 국방부 장관이 IAEA의 의혹 제기를 계기로 1992년 10월 연례협의회에서 다음 연도 팀스피리트 훈련 재개를 결정하자, 한반도 내 긴장 수위는 더욱 높아졌다. 1993년 3월 8일 한미는 팀스피리트 훈련 재개를 결정하였고 이에 격분한 북한은 4일 후인 3월 12일 NPT 탈퇴 선언이라는 초강수를 두었다.

북한이 최종적으로 NPT를 탈퇴하기까지 90일이라는 시간적 여유가 있었기 때문에 한국과 미국은 북한을 설득하여 NPT 탈퇴를 철회할 수 있도록 노력을 기울였다.[28] 한국은 남북한 사이에 특사교환을 위한 실무접촉을 북한과 시작하였고 미국 클린턴 정부는 로버트 갈루치(Robert L. Gallucci) 국무부 정치군사 담당 차관보를 대표로 1993년 6월부터 북한과 북미 고위급회담을 개최하여 핵문제 해결과 관계 정상화 문제를 논의하였다. 그 결과 북한은 일단 NPT 탈퇴 선언을 철회하였으며 북미는 7월 제네바에서 2단계 북미고위급회담을 통해 북한의 경수로 도입을 지지한다는 내용을 담은 공동성명을 발표하였다.

그러나 북한은 1994년 3월 1일 IAEA 사찰을 받는 과정에서 비협조적 자세로 일관하였다. 이에 IAEA가 특별사찰 문제를 UN에 회부하기로 결정하자 북한은 5월 16일 영변 원자로에 연료 재장전을 실행하는 조치로 핵연료봉을 교체할 것임을 발표했다. 위기는 점점 고조되었고 북한은 1994년 6월 13일 IAEA 탈퇴를 선언하고 사찰을 수용하지 않겠다는 입장을 밝혔다. 북한과 미국의 힘겨루기가 계속되면서 미국은 북한의 핵개발을 저지하기 위해 경제

---

28 러시아 또한 북한이 결정을 번복할 때까지 북한과 핵에너지 분야에서 협력(전문가 교환, 원자력발전소 건설 지원, 핵연료 공급 등)을 중단하기로 결정하였다. "Letter from G.F. Kunadze to E.A. Ambartsumov," May 27, 1993, History and Public Policy Program Digital Archive, State Archive of the Russian Federation (GARF) fond 10026, opis 4, delo 2704, listy 51-52. Obtained and translated by Sergey Radchenko. https://digitalarchive.wilsoncenter. org/document/119254 (검색일: 2021년 9월 30일).

적 압박과 군사적 옵션을 고려하기 시작했다. 경제적 압박은 제재를 의미하였고 당시 미국은 강력한 UN 대북제재를 추진할 수 있었다. 그러나 제재는 북한이 선전포고와 다름없다고 경고했던 것이었다. 또 다른 방안은 군사적 행동으로, 미국은 북한 핵물질의 추가 생산을 저지하기 위한 목적으로 선제적 타격을 고려하였다. 작계 5027(Op plan 5027)로 알려진 이 군사작전은 순항미사일과 F-117 스텔스 전투기를 활용하여 영변 원자로를 타격하는 것을 목표로 하였다(Daily NK 2017).

1994년 6월, 미 클린턴 정부에게 선제타격은 어느 정도 실현 가능한 선택지로 떠올랐다. 6월 16일, 클린턴 대통령은 윌리엄 페리(William Perry) 국방부 장관과 존 샬리캐슈빌리(John Shalikashvili) 합참의장을 불러 영변 핵시설 타격에 대해 의견을 구했고 이들은 세 가지 구체적인 방안을 제안하였다.[29] 첫 번째는 추가 증원군을 투입할 가능성을 평가하기 위해 병참·행정·군수 부문 등 비전투 병력 2천 명을 파견하는 한편 대포병전용 레이더와 정찰용 장비 등을 배치하는 것이었다. 두 번째는 항공모함, 1만 명의 추가 지상군, 그리고 F-117 스텔스 전투기 등을 파견하는 방안이었다. 마지막 세 번째는 5만 명의 지상군, 400대의 항공기, 발사대, 패트리어트 미사일, 그리고 다른 중화기 시스템으로 주한미군

---

29 앞서 1994년 5월 18일, 미국 4성 장군들은 펜타곤의 비밀회의실에서 제2차 한국전쟁의 가능성에 대해 논의했으며 6월 14일 각료회의에서는 영변 핵시설 파괴에 관한 진지한 대화가 오갔다. 미국은 영변 핵시설에 대한 공격으로 세 가지 옵션을 고려하고 있었는데 첫째, 영변 핵시설의 재처리 공장만을 공격하거나 둘째, 재처리 공장 및 5MW 원자력발전소를 포함한 시설의 다른 핵시설을 폐기하거나 셋째, 영변 전체를 제거하고 북한의 주요 군사시설을 타격하는 것이었다(Daily NK 2017).

을 강화하는 것으로 예비역 소집 또한 필요할 것으로 알려졌다. 페리 장관과 샬리캐슈빌리는 모두 세 번째 방안을 클린턴에게 추천하였다. 클린턴 행정부는 이 임무를 성공적으로 수행할 수 있을 것으로 확신했다(Erickson 2017).

2. 위기의 봉합: 이완된 동맹이 가져다 준 기회

클린턴 대통령은 북한이 핵을 개발해 사용하려 한다면 이는 북한 정권의 최후가 될 것이라고 경고했으나, 결과적으로 선제타격안이 최종 선택지가 되지는 않았다. 미국이 영변 핵시설 선제타격안을 폐기하기로 결정한 데에는 크게 두 가지가 배경으로 작용한 것으로 보인다. 첫째, 북한의 대남 군사적 위협 가능성이다. 북한과 같이 위험수용적인 국가를 상대로 군사적 공격은 성공하기 어려울 뿐더러 오히려 예상치 못한 역효과를 불러일으키기도 한다. 미국이 대북공격을 실행할 경우 북한이 남한을 향해 핵무기를 사용할 가능성을 배제할 수 없었다. 수도권은 비무장지대에서 멀지 않았고 북한은 전체 병력의 70%를 휴전선 인근에 배치하고 있었으며 서울을 사정권 안에 두고 있는 수천 개의 포대를 갖고 있었다. 뿐만 아니라 미국이 영변의 핵시설을 공격할 수 있는 것은 사실이지만 북한의 핵시설을 완벽히 제거할 수 있을지는 확신하기 어려웠다(Carpenter 2017).

둘째, 예방타격 시 전쟁비용이 상상할 수 없을 정도로 치솟을 수 있다는 점이다. 일반적으로 군사적 취약성을 지닌 국가가 핵무기를 개발할 시, 적국이나 강대국이 예방전쟁 등을 통해 핵무기 확보를 저지할 수 있다. 미국은 전쟁이 발발할 경우 승리할 수 있다는 믿음은 갖고 있었으나 발생할 전쟁비용이 더 심각한 문제라고 보았다. 개전 시 30만 명에서 최대 75만 명의 국군과 미군 희생자가 발생할 것으로 예상되었으며 전쟁으로 인한 인명피해 역시 6.25 전쟁 때의 10배에 달할 것으로 전망되었다(Nuno and Monteiro 2017, 289). 당시 미 국방부가 실행한 모의실험은 90일 내에 주한미군 5만 2천여 명과 한국군 49만 명의 사상자가 발생할 것으로 예측하였다.[30] 뿐만 아니라 미국은 전비로 1천억 달러 이상을 투입하게 될 것이며 재산 파괴와 경제활동 중단으로 주변국가들까지 지불해야 할 돈은 1조 이상으로 추정되었다(오버도퍼·칼린 2016, 482).

나아가 미국은 북한에 대한 예방타격이 자칫 북한의 전통적 우방국들을 자극하여 확대될 위험성을 갖고 있다는 사실을 염두에 두어야 했다. 1994년 봄, 워싱턴 D.C.에는 온갖 전쟁설이 난무했다. 미국 내에서는 대북 선제타격 시 중국의 개입 가능성이 클 것으로 예측하고 있었다. 일부 언론은 북한의 핵폭탄 제조를 막기 위해 미국이 중국과 전쟁할 준비가 되어 있어야 한다고 목소리를 높였다. 심지어 클린턴 정부가 중국 정부에 북한에 접근하거나 북한으로 진입하는 중국의 배나 이동수단 등을 폭격할 준비가 되어 있다고 알려야 한다고도 주장했다(Sigal 1997).

중국은 자동 군사개입 조항으로 해석될 수 있는 조중동맹의

---

30 2006년 뉴스위크는 1994년 한국에 전쟁이 발발했다면 미국의 최종 전쟁비용은 1천억 달러에 달했을 것이며 한국의 경제 손실 규모는 1조 달러를 넘었을 것이라고 주장했다(최익재 2017).

제2조에 따라 중국은 북한이 무력침공을 당할 시 반드시 참전하도록 되어 있었다. 조약의 제2조는 "체약 쌍방은 체약 쌍방 중 어느 일방에 대한 어떠한 국가로부터의 침략이라도 이를 방지하기 위하여 모든 조치를 공동으로 취할 의무를 지닌다. 체약 일방이 어떠한 한 개의 국가 또는 몇 개 국가들의 연합으로부터 무력침공을 당함으로써 전쟁상태에 처하게 되는 경우에 체약 상대방은 모든 힘을 다하여 지체 없이 군사적 및 기타 원조를 제공한다"고 명시하고 있다.[31] 따라서 클린턴 정부는 대북 군사적 옵션을 실행하기에 앞서 확전의 위험성과 중국의 개입 가능성을 완전히 무시할 수 없었다. 무엇보다 중국은 한국전쟁 당시 패망의 위기에 놓인 북한을 지원하기 위해 약 240만 명이라는 대규모 파병을 실행에 옮긴 동맹국이었다.

그러나 실제로 중국과 러시아 모두 한국전쟁 발발 시 파병할 의지가 있었다고 보기는 어려웠다. 중국의 경우 도광양회(韜光養晦) 전략에 따라 불필요한 대외적 개입을 줄이고 국가경제 발전에 매진하겠다는 입장을 취하고 있었다. 중국은 북한이 NPT 탈퇴를 선언한 이후인 3월 13일, 외교부 성명을 통해 북핵문제에 대해 최초로 입장을 표명하였다. 중국은 성명을 통해 한반도 비핵화를 일관되게 지지하며 이는 온정적으로 추진되어야 한다고 밝힘으로써

---

31 조소동맹 제1조 역시 "체약 일방이 어떠한 국가 또는 국가 연합으로부터 무력침공을 당함으로써 전쟁 상태에 처하게 되는 경우에 체약 상대방은 지체 없이 자기가 보유하고 있는 온갖 수단으로써 군사적 및 기타 원조를 제공한다"고 밝히고 있다. 조소동맹과 조중동맹은 완전히 동일하지는 않으나 조중동맹의 초안이 조소동맹의 내용을 참고로 하여 작성된 탓에 비슷한 내용으로 이루어져 있다(『조선중앙년감 1962』, 157-162).

대북강압에 반대하는 입장만을 드러냈다. 러시아 또한 미국의 영변 핵시설 타격이 현실화될 때 개입할 가능성이 크지 않았다. 북한이 한소수교를 사회주의 연대를 달러에 팔아먹은 배신행위로 맹렬히 비난한 이후 악화된 양국관계는 좀처럼 회복되지 못했다. 특히 러시아는 경제적 이유에서 한국과의 관계를 발전시켜 나가고 있었던 탓에 북한을 군사적으로 지원할 가능성이 매우 낮았다.

결국 중·러 모두 각자의 국익을 이유로 전쟁발발 시 동맹국인 북한을 지원할 준비가 되어 있었다고 보기 어려웠다. 그렇다고 해서 이들이 북한 정권이 붕괴하도록 지켜보기만 한 것도 아니었다. 한반도는 중러에게 중대한 전략적 요충지였다. 중국의 지도자들은 전략적 차원에서 북한과 전통적 우호관계를 유지하는 것을 매우 중요한 문제로 보았다. 북한은 중국의 완충역할을 할 것이며 북한의 붕괴가 중국의 경제발전에 악영향을 미칠 것이라고 판단했기 때문이다(Chen Jian).[32] 러시아 역시 북한의 오랜 우방국으로 안보적 이해관계를 갖고 있었다. 한소수교 이후 러시아에 대한 북한의 부정적 감정은 최고조에 달했지만 러시아는 전략적 차원에서 소원해진 북한과의 관계를 재정립할 필요성을 느끼고 있었다. 러시아는 중국이 한반도에서 독점으로 목소리를 내는 것을 긍정적으로만 바라보지 않았고 미국의 동북아 지역 내 세력확장을 예의주시하였다.

중국과 러시아는 나름의 방식으로 미국이 북한에 강압정책을

---

32 이와 같은 판단하에 조중무역의 감소에도 불구하고 중국은 북한의 최대 식량과 석유 공급자로 남아 있었으며 1990년대 중반 고난의 행군으로 대표되는 북한 체제의 최악의 위기상황에서도 북한을 지원하고 한반도 관련 문제에서 중국의 국익을 해치지 않는 선에서 최대한 북한의 입장을 대변하려 하였다.

취하지 않도록 노력하였다. 1994년 3월, 러시아는 북핵위기로 인한 긴장이 고조되는 상황 속에서 자신들의 역할을 찾기 위해 남북한과 미국, 러시아, UN, 그리고 IAEA가 모여 북핵문제 국제회의를 개최할 것을 제안했다. 중국은 표면적으로는 북한문제에 대해서도 거리를 두는 것처럼 보였으나 내심 미국이 북한과 양자 간 직접 대화와 협상으로 문제를 해결하기를 희망하였으며 실제로 그러한 방향으로 미국을 유도하였다. 애초 미국은 북한과 직접적인 대화를 크게 고려하지 않았다. 그러나 국제무대에서 중국의 비협조적 혹은 관망적 자세는 북한과의 직접 협상을 자극하는 요인이 되었다. 1993년 4월 1일, IAEA 이사회는 북한이 안전조치협정을 위반하고 있다고 선언했다. 이 결의안은 28개국이 지지한 것으로 알려졌는데 중국과 리비아는 반대표를 던졌고 인도, 파키스탄, 베트남은 기권하였다. 또한 미국은 1993년 5월 11일 UN 안보리에서 IAEA 특별사찰 요구를 받아들이도록 하기 위해 대북제재 결의안 제825호를 통과시키고자 하였으나 중국을 설득하는 데 실패하였다. 북미 직접 대화는 북핵문제에 있어서 주요 당사국으로 인정받고 있던 중국이 미국에 촉구했던 제안이었으며 북한 역시 바라던 것이었다(Sigal 1997).

종합적인 판단하에 클린턴 정부는 대북 군사적 타격 계획을 접고 외교적 접근을 시도하였다. 마침 6월 15일부터 카터(Jimmy Carter) 전 미국 대통령이 평양을 방문하여 김일성 주석, 강석주 외무성 제1부부장 등과 만나 미국의 대북 경수로 건설 지원과 핵위협 제거, 이에 대한 대가로 북한의 핵개발 동결, 남북정상회담 추진, 북미 고위급회담 재개 등에 합의하면서 위기 국면이 진정되었다. 1994년 10월 몇 달간의 협상 끝에 북한과 미국은 기본합의서(the Agreed Framework)를 체결하였다.

기본합의서에 따라 북한은 영변 핵시설 가동을 동결하고 사찰에 동의하며 NPT에 남아 한국과 한반도 비핵화 공동선언을 이행하고 사용후 핵연료를 재처리하지 않기로 결정하였다. 그 대가로 미국은 북한에 중유를 공급하고 북한이 경수로 2기를 획득할 수 있도록 돕고 외교적 교류를 확대하는 한편 제재를 해제하며 소극적 안전보장(Negative Security Assurance)과 관계정상화를 포함한 북미관계 개선을 추진하기로 합의하였다. 이 과정에서 북한 경수로 건설을 위한 한반도에너지개발기구(KEDO)가 창설되었으며 한국이 경수로 공사비의 70%를 부담하는 것으로 결정되었다.

결국 1차 북핵위기는 미국이 예상보다 많은 양보를 하게 되면서 마무리되었다. 이는 북한과 전쟁을 치를 경우 매우 값비싼 대가를 치를 수도 있다는 우려에 근거하여 도출된 결과였다. 북한과 중국, 북한과 러시아의 관계가 이완되면서 북한은 그 어느 때보다 강한 안보적 공백을 느끼고 있었지만, 미국으로부터 군사적 공격을 받기보다 미국과 외교적인 방식으로 핵문제를 해결할 수 있는 기회를 잡게 되었다.[33] 탈냉전 시기 대외전략의 전환으로 중러 모두 북미 간 전쟁이 발발할 시 반드시 전쟁에 개입하겠다는 생각을 품고 있진 않았으나 북한과의 동맹은 여전히 유지되고 있었던 탓에 한반도 유사사태 발생 시 이들이 관여할 가능성은 남아 있었다. 특

---

33   칼린과 저비스는 북한의 핵무기고 규모로 북한의 위협수준을 감지하는 것은 위험할 수 있다며 북한이 핵프로그램을 빌미로 경제문제를 해결하려 했다는 점을 주목할 필요가 있다고 주장했다(Carlin and Jervis 2015, 15).

히 미국이 북한에 선제타격을 감행할 경우 조소동맹 1조와 조중동맹 2조에 따라 러시아와 중국은 자동적으로 군사적 개입을 하도록 되어 있었으므로 전쟁비용은 상상을 초월할 것이 분명했다. 따라서 의도치는 않았으나 북한은 이완된 동맹관계의 존재로 인해 핵무기를 개발할 시간을 벌 수 있게 되었으며 스스로를 지킬 수 있는 억제력까지 확보하게 된 셈이었다.[34]

결과적으로 1990년 한소수교와 1992년 한중수교 수립 등으로 전통적 우방국가들과의 관계가 소원해지고 심각한 에너지 부족과 경제난에 직면한 상태에서 북한이 핵프로그램을 대가로 경제적 이익과 미국으로부터 안전보장을 확보한 것은 큰 성과였다.

V 결론

북한은 냉전 시기 소련의 지원으로 별다른 뜻 없이 원자력 개발에 발을 디뎠으나 점차 에너지원뿐만 아니라 자위적 국방을 위한 용도로 핵무기 개발에 관심을 갖게 되었다. 1980년대 탈냉전에 따른 공산주의 진영의 붕괴와 동맹국인 중국·러시아와(구소련)의 관계 악화에 따른 안전보장 약화는 북한 또한 반미 자주노선의 폐기와

---

34 이 시기 동안 북한이 핵개발을 진지하게 고민하는 계기를 마련하고 기술적 준비를 강화하였던 것은 사실이지만, 다른 한편으로 핵실험 성공에 이르지는 않았기 때문에 긍정적 유인(positive inducement)을 이끌어 낼 기회를 잡았던 것으로 보인다. 사실상 비확산 정책이 잠재적 핵확산 국가의 핵실험 성공을 막는 데 초점을 맞추고 있다는 점에 비추어 볼 때, 이 당시가 북한이 미국으로부터 가장 큰 보상을 얻을 수 있는 시기이기도 했다.

핵보유 중 하나를 선택해야만 하는 상황에 맞닥뜨리게 하였다. 중국과 러시아는 자본주의 진영과의 화해를 시도하고 있었고 사회주의권 붕괴에 따른 급속한 정세변화에 직면하여 국제적 고립의 위기에 처한 북한은 일시적으로 미국, 한국과 관계 회복을 위한 노력을 기울였으나 가장 확실한 안전보장 수단으로써 핵무기를 선호하였다.

북한 정권에게 핵무기는 국방에서의 자위를 실현할 수 있는 무기였다. 북한은 NPT로 대표되는 비확산레짐이 어느 정도 체계를 잡아가고 있던 1980년대 비밀리에 무기화를 시도하였다. 북한은 핵에너지 개발을 빙자하여 원자로와 재처리 시설을 자체 개발하였으나 외부에 발각되지 않고 핵무기 개발에 성공하는 것은 사실상 불가능했다. 위성 관찰에 의해 핵무기 개발 정황이 드러나면서 북한은 첫 번째 핵실험을 실행하기도 전인 1994년 클린턴 정부의 예방공격 위협에 직면하게 되었다.

그러나 핵능력에 대한 불투명성과 한국에 대한 북한의 공격 가능성, 확전 시 급격한 전쟁비용 상승 위험성, 그리고 중·러라는 동맹국들의 전쟁 개입에 대한 우려 등이 복합적으로 작용하면서 북한은 미국에 의한 예방타격 위기를 모면할 수 있었다. 탈냉전기 중국, 러시아의 외교적 전환으로 북한과 이들 사이 안보위협에 대한 이해관계는 불일치하게 되었으며 한중, 한러 수교를 계기로 북한의 위협인식은 최고조에 이르렀다. 만일 당시 북한의 안보적 요구사항들이 중국과 러시아의 안보적 목적에 포함되는 것이었더라면, 그리하여 중·러가 외교적 고립과 체제위기를 느끼고 있던 북한에게 추가적인 안전보장을 약속하였더라면 북한은 핵무기의 필요성을 느끼지 않았을지도 모르며, 북한 핵프로그램의 무기화가 중단되었을 수도 있다.

느슨한 동맹은 북한이라는 잠재적 핵확산 국가의 안보적 요구들을 충족시키지는 못했으나 핵무기 개발에 성공할 기회를 제공하였다(Monteiro and Debs 2014, 29). 강력한 동맹국들의 존재는 분명 북한의 핵능력이 외부공격에 의해 파괴되지 않고 발전하는 데기여하였다. 북한은 자신들이 느끼는 모든 안보위협에 대해 동맹국들이 보호해 줄 의무가 없다는 사실을 깨우쳤으며 핵프로그램의 발전을 가속화하였다. 중·러와의 관계는 과거보다 약화되었고 이들 국가로부터 안전보장 또한 기대하기 어려워졌으나 동맹관계가 유지되는 한 북한은 미국에 의해 붕괴되지 않을 수 있었을 뿐만 아니라 미국이 대북공격을 자제하는 동안 무기화를 진척시킬 수 있었다.

위기는 또 다른 기회가 되어 북한은 1차 북핵위기 후에도 지속적으로 핵능력을 추구하였다. 2006년 10월 함경북도 길주군 풍계리에서 감행한 1차 핵실험을 시작으로 2017년 9월까지 모두 6차례에 걸쳐 핵실험을 진행하였으며 운반수단으로 단거리에서 장거리까지 다양한 사거리의 미사일을 개발하였다. 그리고 마침내 2017년 11월 29일, 미국 본토를 사정권 안에 둘 수 있는 대륙간탄도미사일 화성-15형을 시험발사하여 성공으로 규정한 뒤 "국가 핵무력 완성"을 선언하였다.

북한의 사례는 강한 동맹국을 가진 국가를 상대로 군사적 옵션을 실행하는 것이 매우 어렵다는 사실을 증명한다. 동맹국들로부터 충족되지 못했던 북한의 안보불안감은 북한이 핵개발의 길로 들어서도록 부추겼다.. 그리고 지금까지 북한의 핵능력을 억제하기 위한 몇 차례의 북미대화와 다자회담 등이 있었지만 북한은 핵무기만이 국가의 안전을 담보할 수 있다는 믿음을 접지 않았다. 섣부른 판단은 경계해야 할 필요가 있지만, 당분간 북한은 계속해서 핵보유국의 지위를 공고히 하고 대미·대남 억제력을 유지하기 위해 핵능력의 강화·지속을 꾀할 것으로 예상된다. 특히 미중경쟁이라는 새로운 전략적 환경이 펼쳐지면서 북한은 중국·러시아와의 연대 강화를 통해 한국과 미국의 군사력에 맞서 억제력을 확보하고 국가이익을 창출할 수 있는 중대한 기회를 맞이하게 될 것으로 보인다.

참고문헌

권영석. 2017. "중 첸치천 '한중수교' 사전통보에 김일성 한동안 생각에 잠겼다."
『연합뉴스』, 5월 12일. https://www.yna.co.kr/view/AKR20170512075900009
(검색일: 2021년 10월 5일).

돈 오버도퍼·로버트 칼린. 2016. 이종길·양은미 역. 『두 개의 한국』. 고양: 길산.

류지영. 2019. "한중수교 설계자 덩샤오핑... 김일성 두 번째 남침 야욕 꺾어."
『서울신문』, 11월 10일. https://www.seoul.co.kr/news/newsView.php?id=
20191110500089 (검색일: 2021년 10월 5일).

이경하. 2017. "CIA "북, 소련 지원 받기 위해 NPT 가입." 『자유아시아방송』, 10월
30일. https://www.rfa.org/korean/in_focus/nk_nuclear_talks/nknpt-1030
2017165250.html (검색일: 2021년 10월 1일).

최익재. 2017. "미국, 1994년 북 선제타격 검토..90일 내 군인 54만 사상 예상 나와
포기." 『중앙일보』, 12월 11일. https://www.joongang.co.kr/article/22191
798#home (검색일: 2022년 1월 20일).

『조선중앙년감 1962』. 1962. 평양: 조선중앙통신사.

Carlin, Robert and Robert Jervis. 2015. "Nuclear North Korea: How It Will
Behave." 38 North, October 21. Accessed October 1, 2021. https://
www.38north.org/wp-content/uploads/2016/06/2015-10-CarlinJervis_
Nuclear-NK.pdf.

Carpenter, Ted Galen. 2017. "The 1994 North Korea Crisis: Military Force a Bad
Idea Then (and a Worse One Now)." Cato Institute, April 18. Accessed
January 20, 2022. https://www.cato.org/commentary/1994-north-korea-
crisis-military-force-bad-idea-then-worse-one-now.

Daily NK. 2017. "1994 Nuclear Crisis in Retrospect: Assessing Likelihood of
US Pre-emptive Strike." Daily NK, April 21. Accessed January 20, 2022.
https://www.dailynk.com/english/1994-nuclear-crisis-in-retrospect/.

Debs, Alexandre and Nuno P. Monteiro. 2017. Nuclear Politics: The Strategic
Causes of Proliferation. New York, NY: Cambridge University Press.

Erickson, Amanda. 2017. "The Last Time the U.S. Was on 'the Brink of War'
with North Korea." Washington Post, August 9. Accessed January 20, 2021.
https://www.washingtonpost.com/news/worldviews/wp/2017/08/09/the-
last-time-the-u-s-was-on-the-brink-of-war-with-north-korea/

Hymans, Jacques E. C. 2006. The Psychology of Nuclear Proliferation: Identity,
Emotions, and Foreign Policy. Cambridge: Cambridge University Press.

Jian, Chen. "North Korea's Relations with China." Wilson Center. Accessed
February, 12, 2022. https://digitalarchive.wilsoncenter.org/resource/

modern-korean-history-portal/north-korea-s-relations-with-china.

Monteiro, Nuno P. and Alexandre Debs. 2014. "The Strategic Logic of Nuclear Proliferation." *International Security* 39(2): 7-51.

Narang, Vipin and Nicholas Miller. 2018. "North Korea Defied the Theoretical Odds: What Can We Learn from Its Successful Nuclearization?" *Texas National Security Review*, March 19. Accessed August 18, 2021. https:// carnegieendowment.org/2018/03/19/north-korea-defied-theoretical-odds-what-can-we-learn-from-its-successfulnuclearization-pub-75834.

Sagan, Scott D. 1966/1997. "Why Do States Build Nuclear Weapons?: Three Models in Search of a Bomb." *International Security* 21(3): 54-86.

Sagan, Scott D. and Kenneth N. Waltz. 2003. *The Spread of Nuclear Weapons: A Debate Renewed*. 2nd ed. New York: W.W. Norton.

Sigal, Leon V. 1997. "The North Korean Nuclear Crisis: Understanding The Failure of the 'Crime-and-Punishment' Strategy." *Arms Control Today*, May. Accessed January 20, 2022. https://www.armscontrol.org/act/1997-05/features/north-korean-nuclear-crisis-understanding-failure-crime-punishment-strategy.

Solingen, Etel. 1994. "The Economy of Nuclear Restraint." *International Security* 19(2): 126-169.

필자 소개

김보미 Kim, Bomi

국가안보전략연구원 부연구위원
University of Michigan, Ann Arbor 정치학과 졸업, 북한대학원대학교 북한학 박사

논저 "북한의 핵전력 지휘통제체계: 이론적 예측과 안전성 전망", "2차 핵시대 미국의
비확산 정책: 파키스탄 · 이란 · 북한을 중심으로", 『김일성과 중소분쟁: 북한 자주외교
의 기원과 형성(1953-1966)』

이메일 bk.bomi@gmail.com

제6장

인도·태평양 지역 미국 주도 삼자 안보협력과 삼각관계

US-led Trilateral Security Cooperation and Triangular Relations

박재적 | 한국외국어대학교 국제지역대학원

* 이 글은 박재적(2019). "인도·태평양 지역 소다자 안보협력-과거, 현재, 미래." 『통일연구』 23(1): 125-154; 박재적(2018). "인도·태평양 전략 공간에 대한 미국, 호주, 일본, 인도의 접근." 『안보학술논집』 29: 319-354를 수정·보완한 것임을 밝힙니다.

인도·태평양

지역에서 다수의 양자와 소다자 안보협력이 중첩되는 그물망 네트워크가 형성되고 있다. 소다자 안보협력이 일반적으로 기존의 동맹, 파트너십, '국방협력 협정'에 기반을 두고 생겨나는 경향이 크기 때문에 인도·태평양 지역에서 미국이 소다자 안보협력을 주도하고 있다. 이 글은 '안보 삼자주의'를 포함하는 소다자 협력의 장·단점에 관한 학계의 논의를 소개한 뒤, 이른바 '중심축과 바큇살(hub and spoke)' 동맹체제를 구축해온 미국이 인도·태평양 지역에서 삼자 안보협력을 주도해 오고 있음을 살펴본다. 또한, 미국이 주도해 온 한·미·일, 미·일·호주, 미·일·인도 삼자 안보협력의 결과, 비록 역사적 구원과 영토분쟁으로 한국-일본 양자관계는 정체되어 있지만, 일본-호주, 호주-인도, 일본-인도의 양자관계는 증진하고 있음을 밝힌다. 이어서, 이 글은 미국 주도 '안보 삼자주의'를 구성하는 역내 국가 간의 양자관계 증진이 미국 주도 삼자 안보협력의 강화와 확장에 기여하지만, 다른 한편으로는 타 역내 국가와 삼자 협력을 추동하는 기반이 되고 있다고 주장한다. 그 결과 미국 주도 삼자, 사자 안보협력에서 미국과 역내 국가와의 양자관계가 점증적으로 대칭적으로 전개되고 있다.

In the Indo-Pacific region, a network of web overlapping bilateral and minilateral security cooperation has been forming. The US has been leading the minilateral security cooperation in the Indo-Pacific region, because such cooperation tends to emerge based on existing alliances, partnerships, and/or 'defense cooperation agreements'. In this context, after introducing academic discussions on the strengths and weaknesses of minilateral security cooperation, including trilateral ones, this chapter examines the ways that the US, which has constructed the so-called 'hub and spoke' alliance system, has been facilitating trilateral security cooperation in the Indo-Pacific region. Second, this chapter observes that, with the development of the South Korea-Japan-US, Japan-Australia-US, and Japan-India-US trilaterals, bilateral security relations between Japan-Australia, Australia-India and Japan-India have been enhanced, though the one between South Korea and Japan has soured due to historical animosity and territorial disputes. Third, this chapter claims that, while the promotion of bilateral relations among the regional countries constituting the US-led 'security trilaterals' contributes to the strengthening and expansion of US-led trilateral security cooperation, it also serves as a basis for promoting trilateral cooperation with other regional countries. As a result, bilateral relations between the US and regional countries are gradually becoming more symmetrical within the US-led trilateral and quadrilateral security cooperation.

KEYWORDS 소다자주의 minilateralism, 미국 주도 삼자 안보협력 US-led trilateral security cooperation, 인도·태평양 Indo·Pacific, 삼각관계 triangular relations

I 서론

인도·태평양 지역에서 양자 동맹 및 '국방협력협정(Defense Cooperation Agreement, 이하 DCA)'이 상호 중첩적으로 연결되는 삼자 등 소다자 안보협력이 급증하고 있다. 소다자주의는 소수의 국가가 특정 이슈를 다루기 위해 비제도적인 틀에서 연계되는 것을 지칭한다(U.S. Department of Defense 1998, 42). 소다자주의의 최소 단위는 삼자주의인데(Tow 2015, 27), 삼자 안보협력이 탈냉전 후, 특히 9·11 이후 역내에서 꾸준히 증가해 왔다(Atanassova-Cornelis 2020; Green 2014, 758; Cronin et al. 2013). 미국·일본·호주, 미국·일본·인도, 일본·인도·호주 안보협력뿐만 아니라, 한국·미국·일본, 한국·미국·인도, 한국·미국·호주, 중국·인도·러시아, 호주·인도·프랑스, 미국·호주·영국 등 다양한 조합의 삼자 안보협력이 추동되고 있는데 리-브라운(Lee-Brown)은 이를 '안보 삼자주의(security triangle)'로 지칭한다(Lee-Brown 2018).

삼자 안보협력의 삼각관계는 1장에서 정성철이 언급한 디트머(Dittmer)의 삼각관계 유형 중 '삼각 협력'에 가장 가깝다. 특히, 미국이 주도하고 있는 삼자 안보협력은 미국과 미국의 동맹국 및 DCA을 체결한 안보협력국이 체결하고 있는바, 삼국의 협력 수준이 높다. 미국은 유럽 등 다른 지역과 비교해 볼 때 인도·태평양 지역에는 효율적인 다자안보 협력체가 활성화되어 있지 않기 때문에, 역내 전통안보 의제뿐만 아니라 다수 국가의 공동대응이 필수적인 비전통안보 의제에 효과적으로 대응하기 위한 협력의 기제로 미국 주도 소다자 안보협력이 필요하다고 주장한다. 이에 비해 중국은 인도·태평양 지역에서 다수의 양자와 삼자 안보협력이 중첩되는 그물망 네트워크가 형성되고 있는 이유는 미국이 소다자 안보협력을 중국 봉쇄의 기제로 운영하려고 하기 때문이라고 미국을 비난한다(Liff 2018).

미국 주도 삼자 안보협력을 포함하는 소다자 협력이 지역질서 구축의 하나의 축이 될지, 아니면 미·중 지정학적 대립을 격화시킬지는 미국의 의도와 능력 그리고 중국의 대응에 상당한 영향을 받게 될 것이다. 그러나, 그에 못지않게 미국 주도 소다자 협력에 참여하는 지역 국가들의 의도나 능력에 의해서도 적지 않은 영향을 받게 된다. 미국 주도 소다자 안보협력에 참여하고 있는 역내 국가들이 냉전 시기처럼 미국의 통제와 관리를 받는 비대칭 관계에서 벗어나, 독자적으로 또는 역내 중견국 연합을 통해 미국과의 관계를 점증적으로 대칭적으로 개선해나가고 있기 때문이다.

이와 같은 맥락에서 이 글은 '안보 삼자주의'를 포함하는 소다자 협력의 장·단점에 관한 논의를 소개한 뒤, 이른바 '중심축과 바퀴살(hub and spoke)' 동맹체제를 구축해온 미국이 인도·태평양 지역에서 삼자 안보협력을 주도해 오고 있음을 살펴본다. 또한, 미국이 주도해 온 한·미·일, 미·일·호주, 미·일·인도 삼자 안보협력의 결과, 비록 역사적 구원과 영토분쟁으로 한국-일본 양자관계는 정체되어 있지만, 일본-호주, 호주-인도, 일본-인도의 양자관계는 증진하고 있음을 밝힌다. 이어서, 이 글은 미국 주도 '안보 삼자주의'를 구성하는 역내 국가의 양자관계 증진이 미국 주도 삼자 안보협력의 강화와 확장에 기여하지만, 다른 한편으로는 타 역내 국가와 삼자 협력을 추동하는 기반이 되고 있다고 주장한다. 그 결과 미국 주도 삼자, 사자 안보협력에서 미국과 역내 국가와의 양자관계가 점증적으로 대칭적으로 전개되고 있다.

II '소다자주의': 이론적 접근

1. 제도적 관점

다자협력에서 종종 목도되는 제도적 무기력성을 극복하고, 양자주의의 편협성을 극복하기 위해 소수의 파트너십 형태로 구성되는 소다자 협력이 급속히 증가하고 있다(Patrick 2015, 116). 소다자주의는 특정 관심 이슈를 논의하기 위한 소수 행위자 간 결합을 지칭한다. 소수 행위자가 강조되는 이유는 집단행동(collective action)의 맹점으로 지적되는 무임승차(free-riding) 문제를 해결하기 위한 것이다(Naim 2009). 최소 3국 이상의 국가 간 협력이 소다자주의로 지칭되기 위해서는 구성 국가들의 협의가 특정 이슈에 대한 구체적 합의 또는 협력을 동반해야 한다. 물론, 소다자 안보협력은 유연성(flexibity)을 특성으로 하는 전략적 파트너십(strategic partnership)인 관계로 연루(entrapment)나 방기(abandonment)의 위협이 경감된다(Basrur and Kutty 2017). 소다자주의는 일회성이 아니라는 점에서 임시적 기구(ad-hoc institution)와 차별되지만, 지속성(continuity)과 높은 수준의 제도성(institutionality)을 갖춰야 하는 것은 아니다.

　일련의 학자들에게 소다자주의는 국제기구의 기능을 보충하기 위해, 다자의 틀에서 다루기에는 복잡한 이슈들을 소수의 당사자가 협의하여 대응하는 외교적 과정이다(Moret 2016, 2). 이와 같은 관점에서 모레트(Moret)는 하스(Haas)를 인용하면서 소다자주의를 네 가지 형태로 분류한다(Moret 2016, 2). 첫째, 엘리트 다자주의(elite multilateralism)이다. 주요 20개국 협의체(G20)처럼 특정 영역에서 지도적 또는 핵심적 역할을 감당하는 국가들의 연합이다. 둘째, 지역 다자주의(regional multilateralism)인데, 양자 또는 지역의 소수 국가에 의해 체결된 무역 협정이 다수로 확산한 것이다. 세계무역기구(WTO)가 교착상태에 빠져들고 있다는 비판이 제기되는 가운데, 특히 아시아에서 역내 포괄적 경제 동반자 협정(RCEP), 포괄적·점진적 환태평양 경제 동반자 협정(CPTPP) 같은 지역 다자주의가 다수 추진되고 있다. 셋째, 기능주의적 다자주의(functional multilateralism)이다. 광범위한 이슈를 다루는 과정의 초기 단계에서 그에 부속되는 몇 묶음의 이슈를 처리하는 의지의 연합(coalition of the willings)이다. 넷째, 비공식적 다자주의(informal multilateralism)이다. 다자 협정이 협정국의 의회에서 비준받지 못했을 때, 국제 규범에 부합하는 조치들을 수행하기 위해 몇 국가들이 비준되지 못한 협정과 실질적으로 유사한 협력을 추진하는 것이다.

이처럼 소다자주의를 제도의 관점에서 바라볼 때, 소다자주의는 다자주의에 비해 아래와 같은 장·단점이 있다(Moret 2016, 2). 장점으로는 첫째, 비형식성으로 인해 새로운 도전에 유연하게 대처할 수 있다. 둘째, 특정 이슈에 관심이 있는 국가들의 결합인 관계로 비용분담 문제가 다자의 경우보다 상대적으로 덜 불거진다.

셋째, 가치 및 이익을 공유하면서, 당면한 문제를 해결하기에 적합한 능력이 있는 소수 국가의 모임이므로 협의를 신속히 도출해 낼 수 있다. 즉, 소다자주의 장점은 글로벌 차원의 다자주의가 교착상태에 빠질 때 공식적이거나 정형적인 틀 밖에서 임시적이고 신속하게 조처함으로써 다자주의를 활성화시키는 것이다. 일례로 북대서양조약기구(NATO)나 관세 및 무역에 관한 일반협정(GATT)이 성공적으로 기능할 수 있었던 이유는 NATO와 GATT 내부에서 동심국가(like-minded state)가 소다자 협의를 통해 동 기관이 효율적으로 작동하도록 뒷받침하였기 때문이다(Green 2014, 759). 또 다른 예로는 WTO가 교착상태에 있을 때, 몇 국가가 양자 또는 소다자 FTA로 관세를 인하하면 다른 국가들도 경쟁적으로 관세인하 경쟁에 뛰어들어 WTO가 지향하는 자유무역이 강화된다.

이에 비해 단점은 첫째, 비공식적인 소다자 틀에서 합의된 사항은 협의에 참여한 국가에 대한 구속력이 없으므로, 참여국이 합의를 준수하지 않고 악용할 수 있다. 둘째, 비공식적인 소수의 모임인바 통제기구가 없으므로 참여국 간 '견제와 균형'이 쉽지 않다(Patrick 2015, 129). 셋째, 소다자 협력은 참여하고 있는 소수 행위자만의 이익을 대변하여 다자주의를 약화시킬 수 있다. 즉 클럽의 이익(club good)을 대중의 이익(public goods)에 우선하게 된다(Patrick 2015, 117).

소다자 협력에 참여하는 행위자들이 다자주의의 규칙과 규범에 충실하지 않으면 다자기구가 추구하는 가치와 기능의 실현을 방해하게 될 것이다(Alwis 2016). 즉, 소다자주의가 추구하는 효율성과 다자주의가 추구하는 정당성 간 대립과 반목이 발생할 수 있다. 아울러, 다자주의 협력의 틀 내에 다양한 소다자 협력이 다수 존재할 때는 이슈 연계가 불가능해지는 때도 있다. 위에서 언급한 대로, 양자나 소다자 FTA가 WTO 레짐을 긴장시켜 WTO 내에서 더 높은 수준의 관세인하를 끌어낼 수도 있으나, 반대로 여러 개의 FTA가 난립하게 된다면 이슈 연계는 불가능해지고 WTO의 근간 자체가 훼손될 수도 있다.

2. 제도적 균형의 관점

소다자 협력이 더 큰 틀의 다자협력을 강화할 수 있는지에 초점을 맞추는 제도적 접근과 달리, 다른 일련의 학자들은 소다자 협력을 세력균형과 지역질서의 관점에서 접근한다. 인도·태평양 전략 공간에서 미국은 싱가포르, 베트남, 대만, 인도를 포함한 다수의 국가와 양자 DCA를 체결하고 있을 뿐만 아니라, 일본, 호주, 필리핀, 한국, 태국과 DCA보다 높은 수준의 안보협력관계인 동맹을 유지하고 있다. 동 지역에서 소다자 안보협력이 아래에서 기술하는 바와 같이 미국에 의해 주도되는 이유다. 리-브라운(Lee-Brown) 은 최근 십 년간 중국이 인도·태평양 지역에서 공세적 군사정책을 펼치는 시기에 동 지역에서 미국이 주도하는 소다자 안보협력이 증가했다는 점에서, 미국이 주도하는 소다자 안보협력은 중국을 봉쇄하기 위한 안보네트워크 구축의 일환이라고 주장한다(Lee-Brown 2018, 168-170). 바오강 혜(Baogang He)는 미국의 독보적 최강대국 지위가 약화하면서, 중국이 러시아·인도·중국 삼자협력(RIC), 브릭스(BRICS, 브라질·러시아·인도·중국·남아프리카공화국),

상하이협력기구(SCO)를 통해 미국이 주도하는 지역 안보 질서에 대항하고 있다고 분석한다(B. He 2018, 125-128).

인도·태평양 전략 공간에서 미국이 주도하는 소다자 안보협력을 바라보는 시각은 국제정치 이론에 따라 다양하다. 자유주의는 태평양과 인도양에서 국가 간 협력을 촉진하기 위한 제도를 형성해가는 과정으로 접근한다. 구성주의의 경우 가치와 규범에 입각한 외교를 촉진하기 위한 비물질적 토대를 구축하는 과정으로 이해한다(K. He 2018, 151-156). 이에 비해 현실주의는 이를 중국에 대한 균형으로 바라본다. 인도·태평양 지역 소다자 안보협력은 아래에서 살펴보는 것처럼 세력균형을 유지하거나 변경시키기 위해 동심 국가(like-minded state)들이 추진하는 측면이 강하다. 따라서 그린(Green)은 인도·태평양 지역 소다자 안보협력의 과거, 현재, 미래를 논하는 데는 신현실주의적 접근이 더 적실하다고 주장한다(Green 2014, 964).

이에 반해 카이 헤(Kai He)는 역내 국가들이 인식하는 중국위협론의 정도가 다르고, 다수의 국가가 중국의 부상에 대항한 동맹을 결성하는 것에 부정적이라는 점에서 균형이론에 바탕을 둔 현실주의적 접근을 비판한다. 특히, 비동맹주의를 주창해온 인도가 동맹 결성에 부정적이라는 점을 지적한다. 또한, 인도양과 태평양을 포괄할 수 있는 경제적·제도적 기제가 부족하다는 점에서 신기능주의자들이 주장하는 바와 같이 소다자 안보협력이 기존의 다자기구 내에서 다자협력을 강화하거나 보충하기 위해 추동된다고 보기는 어렵다. 아울러 현재 인도·태평양 지역에서 민주주의나 자유주의 가치가 쇠퇴하고 있다는 점에서 구성주의에 입각한 설명도 설득력이 떨어진다(K. He 2018, 151-156). 세 가지 주류 이론에 바탕을 둔 접근을 모두 비판하면서 카이 헤는 미국이 소다자 안보 협력을 통해 인도·태평양 지역에서 제도를 통한 균형(institutional balancing)을 추구하고 있다고 주장한다. 제도를 통한 균형은 크게 두 가지 유형이 있는데, 하나는 적국을 제도에 포함해 적국이 제도의 규정과 규범 등을 준수하게 함으로써 적국의 위협을 감소시키는 것이다. 다른 하나는 적국을 제도적 기제에서 배척한 뒤, 적국에 대해 현실주의식 균형을 취하는 것이다(K. He 2018, 157-159). 인도·태평양 전략 공간에서 제도를 통한 균형 전략이 중국을 수용하여 중국위협을 감소시키는 포괄적인(inclusive) 방향으로 전개될지, 중국을 적으로 설정하는 폐쇄적 방향으로 전개될지는 인·태 지역 안보질서 전개에 지대한 영향을 미친다.

III 인도·태평양 지역 미국 주도 삼자 안보협력

미국은 자국이 주도하는 안보네트워크의 강화가 효율적인 다자안보 협력체가 부재한 인도·태평양 지역의 특성상 지역협력을 끌어내기 위한 현실적인 대안이라고 주장한다. 즉, 미국이 동맹국과 파트너 국가를 연계하는 것은 양자주의와 다자주의를 연결하는 실타래 역할을 한다(Cha 2011, 27-50).

　미국은 안보네트워크를 강화하는 데 있어 소다자 협력, 특히 안보 삼자주의(security triangle)를 주요 기제로 활용하고 있다 (Green 2014, 764-767). 물론 미국이 주도하는 안보 네트워크상에서 삼자 등 소다자 협력이 동맹을 대체하지는 않는다. 이른바 미국이 주도하는 바큇살과 중심축 동맹체제를 구성하는 개별 동맹(바큇살)은 견고하다. 그러나 미국과 역내 국가는 새롭게 부상하고 있는 초국가적인 비전통안보 이슈에 대응하기 위한 소다자 협력의 중요성을 인식하고 있다. 더욱이 미국의 관점에서, 미국이 주도하는 소다자 협력은 미국이 동맹국 및 안보 우호국에 미국의 안보 공약을 재확증(re-assurance)하여 줌으로써 미국으로부터의 방기(abandonment) 우려를 경감시켜 준다. 일례로 2021년 9월에 체결된 미국·호주·영국 안보협력 파트너십(AUKUS)은 미국 편에 서서 중국의 억압(coercion) 대상이 된 국가인 호주를 미국이 지원한다는 강력한 메시지가 담겨 있다(Mastro and Cooper 2021). 아울러 미국은 중국이 역내에서 미국의 이익에 반하는 공세적 군사행동을 지속한다면, 비전통안보 이슈에 대응하기 위한 소다자 협력이 좀 더 제도적인 국방협력으로 변용될 가능성을 배제하지 않는다는 인식을 중국에 심어줌으로써 중국의 오판을 방지하고자 한다(Green 2014, 770). 위와 같은 논리로 미국은 자국이 주도하는 소다자 협력이 인도·태평양 지역의 전략적 균형에 이바지한다고 주장한다.

안보 영역에서 미국이 주도하고 있는 삼자 협력은 크게 국방협력과 안보협력으로 구분할 수 있다(Park 2016, 170-171). 비록 안보협력이 국방협력을 포괄하는 상위개념이지만, 일반적으로 국방협력은 특정 국가의 위협에 대한 대응을, 안보협력은 다양한 비전통안보 이슈에 대한 대응을 지칭하는 것으로 세분되기도 한다(Mak 2014, 128). 물론 탈냉전기 비전통안보와 전통안보의 영역 구분이 점증적으로 희미해지면서, 안보협력의 의제가 확장되는 추세이다.

1. 삼자 국방협력

미국은 인도·태평양 지역에서 안보 정책을 펼침에 있어 다자협력보다는 양자 동맹체제 내에서의 협력에 주력해 왔었다. 동아시아 역외 국가인 미국이 폐쇄적인 동아시아 지역 개념을 앞세우는 중국과 다자의 영역에서 경합하는 것보다는 냉전 초 구축한 중심축과 바큇살 동맹체제를 축으로 동 지역의 안보 문제를 관리하는 것이 훨씬 수월했기 때문이다. 따라서 (소)다자 국방협력을 양자 동맹의 연장선에서 추진했다. 대표적인 예가 한·미동맹과 미·일동맹을 연계하는 삼자 국방협력이다.

　한·미·일 3국 간 국방 협력의 제도화는 일찍이 대북정책조정자그룹(TCOG)에서 시도되었다. 1997년에 북핵문제를 다루기 위해 결성되었던 4자회담에 일본이 제외되었던 것을 고려하여, 삼국은 1999년에 TCOG을 결성하여 삼국의 북한 정책을 조율하였다 (Pritchard 2007, 178-180). 그런데 2003년 6자회담이 시작된 후 중국이 TCOG을 삼국이 6자회담 전략을 사전에 조율하는 기제로 인식하자, 삼국은 중국의 우려를 불식시키기 위해 공식적인 TCOG 모임을 중단하였다.

　미국은 동북아에서 미·일동맹과 한·미동맹의 연계를 통해 한·미·일 국방협력을 강화하고, 그 과정에서 한국과 일본의 양자 국방협력도 증진되기를 희망한다. 그러나 양국 간 역사적 구원과 영토분쟁으로 인해 미국의 그러한 동맹 연계 전략은 수월히 추진되지 못하고 있다. 그런데도, 양국은 북한의 군사위협에 효율적으로 대응하기 위한 한·미·일 3국 간 실무 차원의 소다자 국방협력이 필요하다는 것에는 공감하고 있다. 비록 한국의 유보적인 입장으로 무산되기는 하였으나, 2010년 북한에 의한 천안함 폭침과 연평도 포격 후 삼국이 공동안보(collective security)를 선언하는 것을 고려하기도 하였다(Green 2014, 765). 3국 간 고위 국방 당국자 간 회담이 점차 정규화되고 있다. 실제로, 3국은 2008년부터 차관보급의 삼자 국방회담(The Defense Trilateral Talks)을 정기적으로 개최하고 있다.

향후 미국이 동북아 지역에서 미사일방어(MD) 체제를 구축하기 위해 한·미·일 안보협력을 더욱 강조하고, 한국에 미국 주도 MD로의 편입을 강요할 가능성이 크다. 북한이 핵 및 미사일 기술을 더욱 고도화시켜 나간다면, 바이든 행정부가 탄도미사일 방어를 매개로 한·미동맹과 미·일동맹의 연계를 추진할 것으로 보인다. 현재는 한·미·일 삼각 동맹체제 구축에 대한 중국의 부정적 시각과 한·일 관계 경색을 고려하여, 미국이 삼자 미사일 방어 협력 추진을 밀어붙이지 않고 있다. 그러나 미국의 입장에서, 한국과 일본 양국 국민의 서로에 대한 부정적 정서를 고려할 때, 북한 핵·미사일 위협에 대한 공동대응 외에 한·미동맹과 미·일동맹의 군사협력을 추동할 연계 고리를 찾기 어려운 실정이다. 미국 상원 세출위원회가 2021년도 미사일 방어 예산을 기존보다 11억 달러 증액했는데, 증액분은 북한 미사일에 대한 대응을 포함하는 지상배치 미사일방어체계(GMD) 예산 4억 5000만 달러가 포함되어 있다(하헌영 2020).

중국은 한·미·일 삼국 간 국방협력이 TCOG의 경우처럼 북한에 대한 대응을 조율하는 것에 머무른다면 이를 비난하지 않는다. 그러나 중국은 삼국 국방협력의 이면에는 중국을 견제하려는 속내가 녹아 있다고 의심한다. 실제로 미국이 중국의 잠재적 위협에 대응하기 위해 동북아 지역에서 한국과 일본의 긴밀한 국방협력을 추동하고 있는 것을 부인하기는 어렵다. 한국은 한편으로는 중국의 우려를 고려하여서 한·미·일 국방협력의 제도화에 소극적인 태도를 견지하고 있다. 그러나 다른 한편으로는 삼자 국방협력을 통해 중국의 부상이 초래할 역내 질서의 불확실성에 대비하고, 미·중 지정학적 경쟁·경합의 차원에서 양국에 대한 레버리지를 확보하기 위해 삼국의 국방협력을 일정 수준에서 유지하고자 한다.

2. 삼자 안보협력

소다자 협력은 3국 이상의 국가가 참여해야 하므로, 특정한 (잠재적) 위협을 대상으로 한 소다자 국방협력(defense cooperation)보다는 소다자 안보협력(security cooperation)이 결성 및 유지에 있어 상대적으로 쉽다. 후자의 경우 참여국 간 이익의 공통분모를 찾기가 전자보다 수월하고, 전자의 경우 위협의 대상이 되는 국가의 저항을 고려해야 할 필요가 있기 때문이다. 따라서 미국이 인도·태평양 지역에서 안보네트워크를 강화하는 데 있어, 국방협력보다 안보협력이 주가 되고 있다.

미국·호주·일본 간 삼자안보협의(Trilatearl Strategic Dialogue, TSD)가 미국이 주도하는 안보협력의 대표적인 예이다. 미국, 일본, 호주는 2001년 삼자안보대화(Trilateral Security Dialogue)를 발족시킨 뒤, 2006년부터 이를 장관급 회담으로 격상시키고 삼자전략대화로 명칭을 변경하였다. 또한, 삼국 정상회담도 비정규적으로 개최하고 있으며, 해양안보 등을 의제로 공동 군사훈련을 실시하고 있다.

미국은 일본 및 인도와도 소다자 안보협력을 가동하고 있다. 3국의 공통 관심 의제는 원자력의 평화적 이용, 해양안보 등이다. 인도는 핵 공급자 그룹(NSG)의 주요 회원국 중 하나인 일본과 관계를 증진하는 것이 인도의 NSG 가입에 긍정적인 영향을 미칠 수 있다고 기대한다. 일본이 미국과 인도의 양자 군사훈련인 말라바(Malabar)에 2007년, 2009년, 2014년, 2015년에 참가한 뒤, 2015년 7차 미국·일본·인도 차관급 회담에서 2016년부터 매년 정기적으로 참가하겠다는 의사를 표명하였다. 실제로 2015년 이래 말라바 군사훈련은 삼자의 형태로 실시되다가, 2020년부터 호주도 참여함으로써 상징적인 쿼드 군사훈련으로 간주되고 있다.

미국·일본·호주와 미국·일본·인도 삼자 협력은 안보 영역 밖에서도 활발히 전개되고 있다. 일례로, 2018년에 미국, 일본, 호주는 인도·태평양 삼자 인프라 펀드(Trilateral Infrastructure Fund)를, 미국, 일본, 인도는 삼자 인프라 작업반(Trilateral Infrastructure Working Group)과 삼자 인프라 포럼(Trilateral Infrastructure Forum)을 발족시켰다. 또한, 미국, 일본, 호주는 공공-민간 파트너십(PPP) 방식의 인프라 투자를 촉진하기 위해 2019년 11월 파란점 네트워크(Blue Dot Network)를 결성하기도 하였다.

미국·호주·인도의 삼자 안보협력은 인도의 유보적 태도로 앞서 언급된 다른 삼자 협력과 비교할 때 정체되어 있다. 이는 호주가 역내 안보의 관점에서 주요국이기보다는 미국 편에 서서 움직이는 미국의 조력자라고 인도가 인식하고 있는 데서 기인한다 (Brewster 2016, 13). 인도의 관점에서 호주보다는 일본이 더 적합한 안보 파트너 국가이다. 인도의 이러한 인식을 호주가 받아들일 수 없으므로, 미국·호주·인도의 삼자 안보협력은 위상, 체면과 같은 정치적 고려에 덜 민감한 군인들에 의해 군사적인 측면에서 구동되지 않는 한 다른 삼자 협력의 진전을 따라가지 못할 것으로 전망된다. 인도와 호주 군인들의 경우는 미국과 함께 해양상황 인지 (Maritime Domain Awareness)를 상호 협력하는 것에 관심이 많다. 인도·태평양이 광활하기에 한 국가의 역량만으로는 전 영역을 살피는 것이 불가능하기 때문이다.

TSD나 미·일·인도 삼자 안보협력 정도는 아니지만, 미국은 한국 및 호주와의 소다자 안보협력이나, 한국 및 인도와의 소다자 안보협력 추진에 관심이 높다. 전자의 경우, 한국과 호주의 양자 안보협력이 2013년부터 격년제로 장관급 2+2회담을 개최하고 있을 정도로 증진하고 있는 것을 주목할 필요가 있다. 한국은 호주가 미국에 이어 장관급 2+2회담을 개최하는 두 번째 국가이며, 호주는 미국, 영국, 인도네시아, 일본, 싱가포르에 이어 6번째로 한국과 장관급 2+2회담을 개최하고 있다. 매년 개최되는 미국과 호주의 장관급 2+2회담 선언문은 한반도 평화를 위해 미국과 호주가 한국과 긴밀히 협조할 것이라고 명시하고 있다. 주목할 것은 한·미·일 안보협력이 장기간 정체된다면, 미국이 한·미·호 안보협력 관계를 대안으로 활용할 수도 있다는 점이다. 2017년 11월 트럼프 대통령의 아시아 순방 시 미국이 한·미·일 군사훈련을 개최하자고 요청하였으나 한국이 거부하였다. 그러나 한국, 미국, 호주

해군이 2017년 11월 6~7일 제주도 인근 해상에서 대량살생무기 (WMD) 확산 차단을 위한 연합 해양차단훈련을 실시하였다. 한국이 당시 중국과의 사드(THAAD) 분쟁으로 인한 경색 관계를 복원하는 과정에서 중국을 고려하여 한·미·일 군사훈련에 유보적이었고, 대신 미국의 입장도 고려하여 한·미·호 군사훈련을 했다고 합리적으로 추측할 수 있는 대목이다.

한·미·인도의 경우는, 2011년경부터 추진 가능성이 제기되고 있다(Panda 2012). 그러나 인도는 북핵 문제를 둘러싼 소다자 국방협력을 공조하기에는 적합하지 않은 국가이다. 핵무기 비확산체제(NPT) 밖에서 핵무기를 개발한 인도가 북한에 대한 도덕적 우월감을 주장하는 것은 불합리하기 때문이다. 또한, 중국을 의식하고 있는 한국이 미국과 인도와의 삼국 간 안보협력 추진에 그다지 적극적이지 않고 있다.

미국은 역외 국가가 참여하는 삼자 협력도 추동하고 있다. 미국은 아직 구상 단계에 머물고 있지만, 미국·일본·영국 간 소다자 안보협력에도 관심을 기울이고 있다. 영국과 일본의 양자 안보협력이 2010년대 중반부터 증진 중이다. 2016년 1월 일본에 기항하고 있는 미국 항공모함 로날드 레이건(Ronald Reagan)의 활주로에서 영국 국방상 팔론(Fallon)이 삼국이 긴밀히 협력하여 상호 운용성을 높일 것을 공언하였고, 2016년 말 삼국 해군총장이 미국 국방성에서 삼자 해양협정(trilateral naval agreement)에 서명하였다. 2021년 2월에 개최된 일본과 영국 외무·국방 장관 회담 시, 중국의 해상 진출 강화에 맞서 양국의 안보협력을 심화시킬 방안을 모색하고, 영국 항공모함 퀸 엘리자베스(Queen Elizabeth)의 동아시아 파견을 논의하였다. 실제로 퀸 엘리자베스가 일본에 파견되어 일본 해상자위대, 미국 해군과 연합훈련을 실시하였다. 방산협력의 경우, 일본과 영국이 각각의 국방기술을 융합하여 공동으로 무기를 생산하기도 한다. 미국, 영국, 일본이 지리적으로 서로 다른 지역에 있는바, 삼국이 자국이 위치한 지역에서 획득한 높은 수준의 군사정보를 상호 공유한다면 상당히 광활한 지역을 통제하게 된다. 이를 위해서 서방 5개국 정보 공유체인 다섯 개 눈(five eyes)의 일원인 미국과 영국은 일본이 최상 수준의 정보력을 갖출 수 있도록 조력해주고 있다.

　　2021년 9월에는 미국, 영국, 호주가 인도·태평양 지역에서 안보·국방 협력을 강화하는 파트너십인 AUKUS를 출범시켰다. 삼국은 첨단기술 협력 및 정보 공유를 촉진하고, 안보·국방과 관련된 과학, 기술, 기반산업, 공급망의 융합과 연계를 심화하기로 하였다. AUKUS의 첫 번째 협력사업으로 호주가 핵추진 잠수함을 보유할 수 있도록 미국과 영국이 지원하기로 하였는데, 이는 미국이 1958년에 영국에 관련 기술을 전수한 뒤 최초이다.

3. 삼자 협력의 확장 – 쿼드

도널드 트럼프(Donald Trump) 미국 대통령이 2017년 11월 아시아 순방 시 미국의 인도·태평양 전략을 언급한 이후, 미국, 일본, 호주, 인도 간 안보협력(쿼드, Quad)이 주목받고 있다. 2017년 11월 아세안 정상회담의 부속 회담 형식으로 4국 관료 회합이 개최된 이래, 2021년 12월 현재까지 15차례나 쿼드 공식회의가 개최되었다. 2007년 일본과 미국이 추동하였으나 중국을 자극하지 않으려는 호주와 인도의 반대로 무산되었던 쿼드가 버전 1이었다면, 2017년 11월에 재점화된 쿼드는 버전 2라고 할 수 있다. 2007년에 대두되었던 쿼드 버전 1은 인도와 호주의 유보적 태도로 1년도 안 되어 좌초되었지만, 2017년 11월 이후 현재 진행 중인 쿼드 버전 2는 인도와 호주의 동참 속에 추진되고 있다. 그렇다면 무엇이 두 버전의 차이를 만든 것인가? 첫째, 인도, 호주, 미국, 일본 내에서 국내정치 변동이 그 차이를 상당 부분 설명해준다. 2007년에는 호주의 케빈 러드(Kevin Rudd) 총리와 인도의 맘모한 싱(Manmohan Singh) 총리가 쿼드에 유보적인 태도를 견지했으나, 2017년에는 호주의 말콤 턴불(Malcolm Turnbull) 총리 및 인도의 나렌드라 모디(Narendra Modi) 총리가 버전 2를 지지했다. 호주의 자유당-국민당 연합이 정권을 유지하면서 현 스콧 모리슨(Scott Morrison) 총리도 쿼드를 지지하고 있다. 둘째, 국내정치적 영향 못지않게, 중국위협론이 커진 것도 쿼드 추진에 동력이 되고 있다. 호주에서는 중국이 연구비 제공과 로비 등을 통해 학계, 정계, 재계에 부당한 영향력을 행사하려 한다는 우려가 팽배하다. 또한, 2021년 1월부터 시행된 '대외 관계법'에 근거해 호주 연방 정부가 빅토리아주 정부의 중국 일대일로 참여에 '비토권(Right for Veto)'을 행사한 것이 방증하는 것처럼 중국의 대규모 인프라 투자에 대한 우려도 크다. 인도와 중국도 중국의 일대일로 사업을 통한 경제 레버리지(leverage) 확보 시도, 중국과 파키스탄과의 경제 회랑 건설, 인도의 핵연료공급자그룹(NSG) 가입에 대한 중국의 반대로 인도에서 중국위협론이 고조되었다. 더군다나 2017년과 2020년에 국경분쟁을 겪으면서 양국 관계가 극도로 악화하였다. 또한, 일본은 센카쿠(중국명, 댜오이다오) 열도에서 중국과 영토분쟁 중이다. 미국에서는 중국의 추동을 받아 활동하는 산업 경제 스파이에 대한 우려가 증가하였고, 양국의 첨단 기술 패권경쟁이 심화하고 있다. 셋째, 인도에서 동남아시아와 서태평양에 관한 관심이 증가하였고, 일본에서 인도양에 관한 관심이 증가하였다.

이와 함께, 넷째, 버전 1과 버전 2 사이의 중요한 차이점은 쿼드 버전 1의 실패 후 지난 10년간 4국 간 다양한 조합의 양자와 삼자 안보협력이 증진하였다는 점이다(Madan 2017). 미국, 일본, 호주, 인도 4국에서 가능한 양자 조합이 총 6가지인데, 모든 조합에서 외교·국방 장관 회담(2+2)이 개최되고 있다. 앞에서 살펴본 바와 같이 2001년에 태동한 미국, 호주, 일본 간 TSD는 2006년부터 장관급으로 위상이 높아졌다. 또한, 2011년에 시작된 미국·일본·인도 삼자 협의도 2015년에 장관급으로 격상되었다. 2015년에는 일본·호주·인도 간 차관급 삼자 전략대화가 시작되었다. 따라서, 버전 1이 동맹국인 미국, 일본, 호주가 동맹국이 아닌 인도를 끌어들이는 모양새여서 인도의 입장에서는 거부감이 있었던 반면, 버전 2는 말라바 군사훈련에 참여하고 있는 미국, 일본, 인도가 호주를 초청하는 모양새도 띠고 있다(Madan 2017).

4. 중국의 시각

미국이 자국이 중심되는 소다자 안보협력이 역내에서 점증하는 비전통안보에 효과적으로 대응하는 데 필요하다고 주장하지만, 중국은 이를 중국을 봉쇄하기 위한 도구로 인식한다(Liff 2018). 소다자 안보협력이 비전통안보 의제에 대한 대응을 명분으로 한다고 하더라도, 참여국이 정기적으로 공동 군사훈련을 하는 수준까지 격상되면 중국은 이를 소다자 군사협력으로 간주한다(Zhang 2014, 167-187). 안보협력을 명분으로 한 군사훈련에서 획득된 신뢰와 축적된 경험은 필요하다면 국방협력을 위해 언제라도 전용될 수 있기 때문이다.

위에서 언급된 쿼드의 경우 미국이 소다자 안보협력이라고 주장하는 반면, 중국은 미국이 미·일·호 TSD에 인도를 끌어들여 중국을 포위하는 국방협력을 추진하고 있다고 인식한다. 중국은 쿼드가 군사적으로 강화되면 지켜만 보지 않고, 캄보디아, 라오스 등을 통해 아세안 국가들을 분리하려 하듯이 4국 사이를 갈라놓으려 할 것이다(Mukherjee 2018, 853). 즉, 4국 중 어느 한 국가가 쿼드 추진에 유보적인 틈새를 보이게 되면, 중국이 이를 파고들 것이다. 중국은 또한 AUKUS를 군비경쟁을 유발하고, 핵확산 위험을 초래하는 앵글로색슨(Anglo-Saxon) 국가의 편협한 소다자체라고 비난하고 있다(신화망 2021). 미국과 중국 사이에서 이러한 인식의 간극이 해소되지 않는다면, 인도·태평양 지역에서 미국 주도 소다자 안보협력을 둘러싸고 새로운 냉전 구도가 형성될 가능성이 크다.

중국은 아직 상대적으로 낮은 진전을 보이는 미국·인도·호주 소다자 안보협력과 아직 궤도에 오르지 않은 한국·미국·호주 및 한국·미국·인도 소다자 안보협력이 본격적으로 추진된다면 비판적인 입장을 견지할 것이다. 한국·미국·호주 삼자 협력의 경우는 호주가 일본과의 양자 안보 관계를 급속히 발전시켜오고 있어서,

중국은 한국·미국·일본·호주 간 4자 소다자 국방협력의 가능성까지도 우려한다. 한국·미국·인도 소다자 안보협력이 추동되면, 중국은 미국이 한국·미국·인도 소다자 안보협력을 통해 우회적으로 한국을 쿼드에 끌어들이려 할 것으로 의심할 것이다.

미국의 (소)다자 안보협력 강화에 대항하여 중국도 역내 (소)다자 안보협력을 재정비하고 있다. 일례로 상하이 협력기구의 외연을 확장하기 위해, 2017년에 인도와 파키스탄을 회원국으로 끌어들였다. 이에 더하여 중국은 중국이 주도적 역할을 할 수 있는 (소)다자 협력체를 결성하고자 한다. 기존의 중국·인도·러시아 (RIC) 및 BRICS 이외에도 중국·러시아·몽골, 중국·러시아·파키스탄, 중국·러시아·이란 등의 소다자 안보협력을 추진 중이다 (Haghdoost and Tirone 2021; Kamphausen 2018, 10-13).

IV 미국 주도 삼자 안보협력의 삼각관계

1. 삼자 협력 속 역내 국가의 양자관계

미국 주도 삼자 안보협력에서 중심축은 당연히 미국이다. 그러나 중심축이라고 하더라도 다른 두 구성국의 관계를 통제할 수 있는 것은 아니다. 일례로 미국은 한·미동맹과 미·일 동맹의 연계를 통해 한국-일본 안보 관계가 증진하기를 희망하지만, 미국의 중재 노력에도 불구하고 최근 한·일 관계는 악화로 치닫고 있다.

빅터 차 교수는 영토분쟁과 역사적 구원으로 한일관계가 분쟁적인 것이 일반적인데, 한·일 양국에 공동의 적이 있고, 양국이 미국의 방기 위협에 직면하면 한·일 관계가 협력적으로 된다고 주장하였다(Cha 1999). 이러한 논리의 이면은 미국이 중국과 북한의 위협이 있는 상황에서 한국과 일본에 대한 안보 공약을 경감시키면, 한·일 관계가 협력적으로 되도록 유인할 수 있다는 것이다. 그러나 빅터 차 교수의 유사동맹(quasi-alliance) 모델은 최근 상황에 비추어 적실성이 떨어져 보인다. 트럼프 대통령 시기, 미국 우선 정책(America First Policy), 방위비 분담, 주한미군 철군 위협 등의 이슈로 양국에서 미국의 동맹 공약이 약화하고 있다는 우려가 팽배했음에도 한·일 관계는 수교 이후 역대 최대급으로 악화하였다.

이에 비해, 일본-호주, 일본-인도, 호주-인도 안보협력은 증진하고 있다. 일본과 호주는 TSD의 틀에서 양자 안보협력을 유사동맹 수준으로 끌어올렸다(Dobell 2020). 일본과 호주의 안보협력이 급증하고 있는데, 좁게는 미국 주도 미사일 방어체제 구축, 넓게는 미국 주도 안보네트워크에서 일본과 호주가 핵심 국가로 기능한다. 양국이 이미 2010년에 상호군수지원 협정을, 2012년에 정보보호 협정을 체결했다. 2014년부터는 상호 방문 협정(Reciprocal Access Agreement, RAA)을 협상 중인데, 사형제도에 관한 양국의 이견에도 불구하고 2021년에 원칙적으로 체결하기로 합의한 데 이어, 2022년 1월에 정식 체결되었다. 이로써 양국이 서로의 영토 내에서 실시하는 공동 군사훈련의 규모와 빈도가 늘어날 전망이다.

일본과 인도의 양자 안보협력도 증진하고 있다. 일본의 개발 원조 최대 수혜국이 인도이고, 양국이 공동으로 아프리카 개발에 뛰어들고 있다는 점에서 경제적 이해가 양국 관계 발전을 이끌고 있지만, 전략적 고려도 반영되어 있다. 2018년에 일본전기(Nippon Electric Company, NEC)가 첸나이(Chennai)와 포트 블레어(Port Blair)를 연결하는 해저케이블 건설에 참여한 것이 상징적이다. 포트 블레어는 안다만 니코바르제도(Andaman and Nicobar Islands)의 주도인데, 안다만 니코바르제도는 태국, 말레이시아, 미얀마와의 해상 경계선에 있으며 말라카 해협에 근접해 있다. 인도의 주요 군대가 배치되어 있어 원활한 통신 접속이 군사적으로 중요한데, 통신 시설의 건설을 일본의 회사가 맡은 것이었다. 인도의 입장에서 볼 때, 일본과의 상호 운용성을 높이는 데 있어 언어와 무기 운영체계의 문제가 있다. 일본은 주로 미국 시스템을 사용하고 있으나 인도는 러시아 시스템을 사용한다(Rej 2018). 그런데도 일본과 인도는 말라바 군사훈련을 통해 상호 운용성을 향상해 가고 있다

일본과 호주는 2014년 11월 안보협력을 위한 프레임(Framework for Security Cooperation)을 체결하였고, 2015년부터는 격년으로 호주-인도 훈련(AUSINDEX)으로 명명된 군사훈련을 실시하고 있다. 그러나, 아직 호주와 인도의 관계는 일본과 인도와의 관계처럼 가까워지지 않고 있다. 2011년 호주 러드 총리가 제안했던 미국·호주·인도 삼자 대화를 인도가 거부하기도 하였다(Madan 2017). 앞서 언급한 바와 같이 인도는 일본을 인도와 격이 맞는 강대국이라고 간주하지만, 호주는 미국의 안보적 이익을 대변하는 국가라고 인식하고 있다. 방산 협력의 경우, 인도의 까다로운 행정절차와 부패 때문에 호주가 인도의 방산 시장 진출을 꺼리고 있다. 아울러 호주 일각에서는 인도의 인권문제에 대한 우려를 제기하고 있다(Brennan 2021). 그런데도, 호주가 인도에 우라늄을

수출하고 있고 인도의 핵 공급자 그룹 가입을 지지하고 있는 등 호주와 인도의 양자관계도 향후 증진될 전망이다.

2. 양자관계의 삼자 안보협력에 대한 함의

미국 주도 삼자 안보협력상에서 역내 국가들의 양자관계가 삼자 안보협력에 미치는 함의를 아래와 같이 세 가지 측면에서 살펴볼 수 있다. 첫째, 양자관계가 미국 주도 삼자 안보협력의 구조와 전개 양상에 영향을 줄 수 있다. 일례로 미국 주도 안보네트워크에서 일본의 위상이 급상승함에 따라 한국이 일본의 안보 역할 증대를 우려하게 되고, 따라서 한·미·일 삼자 안보협력이 더욱 정체될 수 있다. 한·미·일 안보협력은 미국이 상위 동맹국, 한국과 일본이 하위 동맹국인 구조였는데, 최근 미국 주도 안보네트워크에서 일본의 급속한 위상 강화로 미국 상위, 일본 중위, 한국 하위로 층위의 변화가 일어날 수 있다는 우려가 한국에서 제기되고 있다. 미국 주도 안보네트워크에서 일본의 위상이 급상승하고 있고, 일본이 주도하여 쿼드 - x + 알파(쿼드 외 국가)가 참여하는 군사훈련의 규모와 빈도가 동북아에서 증가하는 상황에서 한국이 한·미·일 안보협력에 적극적이기 어렵다(박재적 2021). 한국은 동북아에서 미국, 일본, 호주가 주도하는 다자 군사훈련이 아닌, 태평양, 인도양에서 미국, 호주, 아세안 등이 주도하는 다자 군사훈련에 참여하고 있다. 그런데 일본이 동북아에서 실행하는 (소)다자 군사훈련에 한국이 계속 참여하지 않는다면, 미국 주도 안보 네트워크의 동북아 축에서 한국이 일본의 하위 노드(node)로 전락할 가능성이 있다. 이러한 상황에서 한국이 한·미·일 안보협력 강화에 적극적이기를 기대하기는 어려워 보인다.

한·미·일 안보협력이 장기간 정체된다면, 미국이 한·미·호 안보협력을 대안으로 고려할 수 있으나, 일본-호주 안보협력의 증진 속도가 한국-호주 안보협력 증진 속도보다 월등히 빠른바 한국에서 이에 대한 우려도 제기되고 있다. 한국과 호주가 장관급 2+2, 정례 군사훈련, 방산협력 등을 통해 안보협력을 증진하고 있으나, 일본-호주 안보협력 증진 속도에 못 미치고 있다.

둘째, 미국 주도 삼자 안보협력의 틀에서 증진된 일본-호주, 일본-인도, 인도-호주 관계는 미·일·호 및 미·일·인도 삼자 안보협력을 더욱 강화하고, 두 개의 삼자 협력이 연계된 쿼드 또한 강화하고 있다. 쿼드 버전 1은 2007년 미국-호주와의 말라바 군사훈련에 호주, 일본이 참여하면서 주목받았다. 2015년부터 일본의 정기적인 참여로 미국·일본·인도와의 3자 군사훈련이 된 말라바 군사훈련에 2017년 호주가 참여를 타진하였다. 그러나 중국을 불필요하게 자극하지 않으려는 인도의 거부로 호주의 참여는 성사되지 않았다. 그런데 호주와 인도는 2015년부터 양자 군사훈련인 AUSINDEX을 2년마다 실시하고 있는데, 동 훈련을 말라바 군사훈련 전 또는 후에 시행함으로써 호주가 향후 말라바 군사훈련에 참여할 수도 있다는 메시지를 중국에 던져주었다. 중국을 지나치게 자극하지 않게 하려고 2018년과 2019년에 호주의 말라바 군사훈련 참여를 거부하였던 인도가 중국과의 국경분쟁으로 인도 내에서 중국위협론이 급상승하자 2020년과 2021년에는 호주를 말라바에 초청하였다. 즉, AUSINDEX를 통해 꾸준히 증진된 호주-

인도 안보협력이 미국·일본·인도 삼자 군사훈련에 호주가 참여할 수 있는 기반을 제공하였다고 볼 수 있다.

셋째, 미국 주도 삼자 협력에 참여하는 두 지역 국가의 안보 협력 증대는 역내에서 두 국가가 중심이 되는 새로운 삼자 협력을 태동시키기도 한다. 소다자 안보협력은 기존의 양자 DCA에 기반을 두고 형성되는 경향이 크다. 킨네(Kinne)에 의하면, "국방정책, 합동 군사훈련, 공동 연구반 운영, 인원의 교육 및 교류 등을 포함하는 일상적인 국방 관계를 규정하는 장기적 관점의 제도적 및 법률적 틀을 확립하는" DCA가 탈냉전기 전 세계적으로 확산하고 있다(Kinne 2018, 800). 상호 방위(mutual defense)나 불가침(nonaggression)을 규정하는 동맹보다는 유연한 의무규정 때문에, 상대적으로 결성하기 쉽기 때문이다. DCA는 전통안보뿐만 아니라 비전통안보 이슈를 포괄하는데, 비전통안보의 특성상 냉전기 국방협력보다는 비교적 대칭적인 의무를 체결국에 지운다. 킨네는 양자 DCA가 파트너 중 한 국가가 포함되는 또 다른 DCA나 기존의 DCA가 확장된 소다자 DCA를 끌어내는 네트워크 효과를 창출한다고 주장한다(Kinne 2018, 814-820). 양자 DCA를 체결하고 협정을 준수해가는 과정에서, 체결국은 자국의 신용 정도(trustworthiness)와 제도적 설계(institutional design)에 관한 선호를 제3국에 알릴 수 있게 된다. 따라서 DCA를 적극적으로 체결해온 국가는 다른 국가와 DCA를 체결하기가 더욱 쉬워진다. 제3국이 기존 DCA 체결국과 새로운 DCA를 체결하고자 할 때, 제3국은 새로운 DCA의 기대 수준과 범위를 합리적으로 예상할 수 있게 되어 협상에 우호적 환경이 조성될 수 있기 때문이다. 아울러 한 국가가 다른 두 국가와 개별적인 DCA를 유지하고 있을 때, 공통 국가가 중간에서 개별 국가로부터 입수한 정보를 상대 국가에 전달할 수 있어서 다른 두 국가가 DCA를 체결할 가능성이 커진다.

이러한 맥락에서 2015년에 일본·인도·호주 간의 삼자 안보 대화가 발족하였다. 동 소다자 협력은 일본-호주와 일본-인도의 양자관계가 증진된 것에 기반을 둔다. 삼국은 미국의 힘이 쇠퇴하고 있는 상황에서 삼자 협력이 필요하다는 인식을 공유하고 있다 (Yoshi 2017, 2). 2021년 4월에는 3국이 공급망 복원 구상(Supply Chain Resilience Initiative)을 결성하였다. 또 다른 예는 호주-프랑스, 인도-프랑스 양자관계에 바탕을 둔 호주·인도·프랑스 삼자 협력이다. 호주와 프랑스는 프랑스 방산업체가 2016년에 77조 원 규모의 호주 디젤 잠수함 공급 계약을 맺은 이후로 양자 안보 관계가 증진하고 있었다. 인도와 프랑스도 방산 협력을 중심으로 안보 관계가 증진했다. 미국의 인도·태평양 전략 추진 후, 프랑스 에마뉘엘 마크롱(Emmanuel Macron) 대통령은 2018년 5월 호주 방문 시 '파리·델리·캔버라' 축을 제안하였다. 인도양 지역에 프랑스 배타적 경제수역(EEZ)의 85%, 160만 인구, 8,000명의 병력이 있다는 점에서 아프리카의 뿔(horn of Africa) 지역에서 군사력을 투사해 왔던 프랑스가 프랑스·호주·인도 안보협력을 추진한 것은 의외는 아니었다. 2020년에 삼국의 차관/국장급 회담이 개최되었고, 2021년에는 장관급 회담이 개최되었다. 인도양에 있는 프랑스령 레위니옹(reunion), 호주령 코코스 아일랜드(Cocos Islands) 그리고 인도 동쪽에 있는 인도령 안다만-니코바르제도에서 각국이 취합하는 군사정보가 공유되고, 상호 함정의 접근이 용인된다면 광활한 인도양의 상당 부분이 통제되게 될 것이다. 그런데, 만약 미국 주도 삼자 안보협력과 쿼드의 틀에서 호주-인도 양자관계가 증진되어 있지 않았었다면, 호주·인도·프랑스 삼자 안보협력의 태동은 불가능했을 수도 있다.

2021년 9월 AUKUS로 인해 2016년 호주와의 잠수함 공급 계약을 파기당한 프랑스가 파리·델리·캔버라 축에 복귀하기는 당분간 어려울 것으로 보인다. 이러한 상황에서, 일본-인도 안보협력이 꾸준히 증가해왔고, 일본-프랑스, 인도-프랑스의 안보협력이 최근 증진하고 있다는 점에서 일본·인도·프랑스 삼자 안보협력이 추진될 가능성이 크다. 추진된다면, 비록 미국이 동 안보협력에 가담하지 않는다고 하더라도, 프랑스가 미국의 나토 동맹국이고, 일본과 인도가 쿼드 국가라는 점에서 인도·태평양 지역에서 미국의 안보 네트워크가 강화되는 효과가 있다.

그런데 주목할 것은 일본, 인도, 호주, 한국을 축으로 하는 양자, 삼자 안보협력이 미국 주도 소다자 안보협력을 강화하는 측면도 있으나, 그 부산물로 일본, 호주, 인도, 한국이 미국 주도 소다자 안보협력에 대한 중국의 반발을 누그러뜨리고, 궁극적으로 미국과 중국이 함께 참여하거나 미국이 참여하지 않더라도 미국에 우호적인 국가와 중국이 참여하는 소다자 안보협력도 병행할 수 있는 기반을 갖추게 된다는 점이다. 상호 신뢰를 증진하려는 강대국 간 소다자 협력, 즉 미국과 중국이 포함되는 소다자 협력은 추진되기 쉽지 않다. 소다자 협력을 통해 다루고자 하는 의제가 다를 공산이 크며, 강대국 간 소다자 협력이 특정 이슈를 다루기 위한 협의체로 기능하기에는 상호 간 공유되는 이익의 폭이 좁다(Green

2014, 768-769). 실제로 2010년 힐러리 클린턴(Hillary Clinton) 미국 국무장관이 미국·중국·인도, 미국·중국·일본 삼자 등 미국과 중국이 포함되는 다수의 소다자 협력을 제안하기도 하였으나, 구체적인 성과는 없었다(Green 2014, 768).

대부분의 역내 국가들은 미국의 동맹국, 파트너 국가, 네트워크 국가 중 다수가 미국이 주도하는 소다자 안보협력만 발전시킨다면 중국의 반발이 심화할 것이므로, 중국이 포함되는 소다자 협력도 병행하여 발전하기를 원한다. 역내 국가가 주도하고 중국이 참여하는 소다자 안보협력을 촉진하는 것이 안정적인 역내 균형을 달성하는 데 효율적 방안이라는 점에서 한국·중국·일본 삼자 협력이 주목을 받았다. 앞서 언급한 TCOG이 결성되었을 때 일본과 한국이 중국의 입장을 고려하여 1999년 한·중·일 협력을 태동시켰다. 또한, 2010년 북한의 천안함 폭침과 연평도 포격으로 한·미·일 안보협력이 강화되는 가운데, 한·중·일 삼국은 삼국 협력을 제도화하기 위해서 2011년에 상설 사무국을 서울에 설치하였다. 반면 한·미·일 사무국을 만들자는 미국의 제안은 거절하였다(Green 2014, 762). 한·중·일 삼국은 2008년에 매년 정상회담을 개최하기로 합의하였다. 삼국 국민이 민감하게 생각하는 환경문제의 경우 실무 회의가 수시로 개최되고 있는 등 기능 분야에서는 한·중·일 협력 사무국이 삼국의 협력을 진전시키는 데 기여해 왔다. 그러나 일본의 식민지배로 인한 삼국 간 역사적 구원으로 인해 한·중·일 삼자 협력이 종종 한계에 봉착하고 있다. 2014년, 2016년, 2017년, 2020년, 2021년 정상회담이 좌초되었던 것이 이를 잘 방증하여 준다. 미국은 자국이 참여하지 않고 있음에도 불구하고

한·중·일 삼자 협력을 지지하고 있다. 미국의 안보네트워크에서 중요한 축을 구성하고 있는 한국과 일본이 한·중·일 삼자 협력을 계기로 양자 안보협력을 복원시킬 수 있는 발판을 마련할 수도 있다는 기대뿐만 아니라, 한국과 일본이 소다자 협력을 통해 중국을 건설적인 안보협력의 장으로 견인해 낼 수도 있다는 기대도 있다.

한국과 호주는 한국·인도네시아·호주(Korea, Indonesia, Australia, KIA) 삼자 안보협력의 추진에 관심이 큰데, 이는 미국과 중국이 참여하지 않는 역내 국가 간 삼자 협력이다. 한국은 2017년 신남방정책을 착수할 때부터 아세안 국가 및 인도와의 협력을 중시하였으나 호주는 중점 대상 국가에서 제외했다. 2013년에 외교·국방 장관의 격년제 2+2회담을 시작하는 등 한국과 호주의 양자관계가 꾸준히 증진해 왔다는 점에서, 호주에서는 이를 의외로 받아들였다. 호주의 소외감을 고려하여, 2018년 11월 문재인 대통령은 호주 모리슨 총리와의 정상회담 모두 발언에서 호주는 한국 정부가 추진하는 신남방정책의 협력국이라고 언급하였다. 2019년 12월 외교·국방 장관의 2+2회담에서는 양국 지역 정책 간 접합점을 찾기로 합의하였다. 한국의 이러한 노선 변화는 호주가 미국의 인도·태평양 전략에서 지역 거점 국가로 부상하였기 때문이다. 호주와 아세안 국가 및 인도와의 안보·경제 협력이 증진 중이고, 동남아시아 안보 논의에 있어 호주가 차지하는 비중이 커지고 있어서 한국이 호주를 신남방정책의 주요 대상 국가에 포함할 필요가 있다. 2021년 12월에 개최된 한국-호주 정상회담에서 양국은 양국 관계를 포괄적 전략적 동반자 관계로 격상시키기로 하였다. 한국과 호주 관계의 증진은 KIA 조합의 재가동에 동력이 된다.

삼국은 KIA 협력에 관한 관심은 있었으나, 이를 구체적인 정책으로 발전시키지는 못했다. 그러나 한국항공우주산업(KAI)의 인도네시아 국산 초음속훈련기 T-50 수출, 한화의 호주 K9 자주포 수출 등으로 방산 협력의 토대가 구축되었다. 천연액화가스(LPG), 수소에너지 분야도 삼국의 협력을 촉진할 수 있다. 수소자동차·연료전지 등 수소를 활용하는 분야에 강점을 가진 한국과 재생에너지·가스 등 수소를 생산하는 분야에 잠재력을 보유한 호주가 호혜적인 협력 프로젝트를 추진하기 위한 협상을 전개 중이다. 한편, 현대엔지니어링은 2020년 9월에 인도네시아에서 건설 중인 발릭파판 정유공장의 수소첨가분해시설(Hydrocracking Unit) 증설 프로젝트를 수주하였다. 궁극적으로는 삼국은 방산, 에너지 등 기능 분야에서의 삼자 협력을 바탕으로 KIA 차원의 안보 전략 대화를 태동시켜 역내 안보 이슈에 대한 공감대를 키워나갈 수 있다. KIA는 인도네시아의 경제적 부상 및 아세안 지도국으로서의 위상과 호주와 한국의 경제·군사력을 고려하면 역내에서 주요한 안보·경제협의체로 부상할 잠재력이 크다.

환인도양연합(IORA)의 틀에서 2017년 11월에 태동한 호주·인도·인도네시아 전략 대화도 역내 국가 간의 삼자 협력이다. 또한, 해양안보의 영역에서는 일본·베트남·필리핀, 인도·일본·베트남 등 다양한 삼자 협력과 비공식적 다자간 협력이 작동하고 있다. 미국 주도 소다자 안보협력의 구성국인 한국, 일본, 호주, 인도와 인도네시아, 베트남 등이 결성하는 소다자 연합이 미국 주도 안보 네트워크에서 위상을 확보해가면서 자율성도 확보해간다면 미국 주도 안보 네트워크가 지나치게 미·중 대립의 도구로 기능하는 것을 억지할 수 있게 된다. 나아가 메콩강 협력, 해적 퇴치, 해양정보 공유 등을 위해 아세안에서 태동하고 있는 자생적인 (소)다자 협력과 연계된다면, 미·중 전략적 경합에 좀 더 자유로운 다자 안보 협력을 구동할 수 있는 초석이 된다(박재적 2021). 인도·태평양 전략 공간에서 제도적 균형 전략이 중국을 수용하여 중국 위협을 감소시키는 포괄적인(inclusive) 방향으로 전개될지, 중국을 적으로 설정하는 폐쇄적 방향으로 전개될지는 미국 주도 소다자 협력에 참여하는 역내 국가에 의해서도 영향을 받게 될 전망이다.

V 결론

역내 국가의 관점에서 인도·태평양 지역에서 삼자를 포함한 소다자 안보협력을 추진하는 궁극적인 목표는 역내에 효율적인 다자 안보협력을 태동시키는 것이다. 이를 위해서 지나치게 미국이 주도하는 소다자 안보협력에만 안주하기보다는, 역내 국가들이 중심이 되는 소다자 안보협력도 다양하게 병행 추진되는 것이 필요하다. 이어 다양한 주체가 가동하는 소다자 협력사업 간의 연계를 강화하면서 점증적으로 역내 협력을 다자화, 대형화시킨다면, 역내 국가가 미국 주도 소다자 안보협력에서 미국과의 비대칭적 관계를 점증적으로 교정해 나갈 수 있게 될 것이다.

　미국 주도 소다자 안보협력과 역내 국가 주도 소다자 안보협력이 중층적으로 연계된다면, 자연스러운 융합과 배제의 과정을 거치면서 역내 다수의 국가가 참여하는 좀 더 다자적인 안보협력체가 태동할 수 있게 된다. 특정 지역에서 다수의 양자 또는 소다자 FTA가 체결되면 동 지역을 아우르는 지역 규모의 FTA가 체결되는 것과 비슷한 이치이다. 물론 이른바 스파게티 접시 효과(spaghetti Bowl effect)가 나타나 소다자 협력끼리 충돌하고 분열함으로써, 효율적인 다자 안보협력이 구현되는 것이 오히려 지체될 수도 있다. 그러나 유럽과 달리 효율적인 다자 안보협력의 기제가 부족한 인도·태평양 안보환경에서는 소다자 협력을 통해 더 높은 수준의 다자협력을 추동하는 것 외에는 효과적인 대안이 없다. 소다자 안보협력을 통해 다자협력을 추진하게 된다면 현실주의(즉, 동맹 등에 바탕을 둔 양자관계)와 자유주의(다자협력)가 수렴하는 수렴주의 안보(convergent security)가 조성될 것인데(Tow 2001), 역내 소다자 안보협력이 미·중 지정학적 대립에 함몰되지 않도록 하기 위한 역내 국가들의 전략적인 판단이 필요하다. 이러한 관점에서 미국 주도 소다자 안보협력을 통해 역내 국가의 양자관계가 증진하고, 역내 국가들의 증진된 양자 안보협력을 바탕으로 미국이 주도하지 않는 소다자 안보협력도 점증적으로 늘어나고 있는 것은 고무적인 현상이라고 할 수 있다.

참고문헌

박재적. 2021. "2022 EAI 신정부 외교정책 제언 시리즈: 인도·태평양 지역 정책." EAI 워킹페이퍼. 동아시아연구원. https://eai.or.kr/new/ko/news/notice_view.asp?intSeq=20786&board=kor_enewsletter&keyword_option=&keyword=&more= (검색일: 2022년 1월 14일).

하헌영. 2020. "北 ICBM 의식했나…미 상원, 미사일방어 예산 증액." 『매일경제』. 11월 13일. https://www.hankyung.com/politics/article/202011135855i (검색일: 2022년 1월 14일).

Akutsu, Hiroyasu. 2015. "The Changing Security Dynamics in Northeast Asia and the US Alliances with Japan and South Korea: Toward Synchronisation." In *China's Power and Asian Security*, edited by Li Mingjiang and Kalyan M. Kemburi, 265-283. Abingdon, Oxon: Routledge.

Alagappa, Muthiah. 2003. "The Study of International Order: An Analytical Framework." In *Asian Security Order: Instrumental and Normative Features*, edited by M. Alagappa, 33-69. Stanford: Stanford University Press.

Atanassova-Cornelis, Elena. 2020. "Alignment cooperation and regional security architecture in the Indo-Pacific." *The International Spectator* 55(1): 18-33.

Alwis, Akshan. 2016. "A New Age of Minilateralism: Potential Solutions for the South China Sea Conundrum." *Diplomatic Courier*, June 7. Accessed January 14, 2021. https://www.diplomaticourier.com/posts/new-age-minilateralism-potential-solutions-south-china-sea-conundrum

Basrur, Rajesh, and Sumitha Narayanan Kutty. 2017. "A time of Strategic Partnerships." *The Hindu*. September 21.

Brennan, Dechlan. 2021. "Australia's Relationship With India Is Concerning." *The Diplomat*. November 25. Accessed January 14, 2021. https://the diplomat.com/2021/11/australias-relationship-with-india-is-concerning/

Brewster, D. 2016. "Australia, India and the United States: The challenge of forging new alignments in the Indo-Pacific." United States Studies Centre, University of Sydney. Accessed January 14, 2021. https://www.ussc.edu.au/analysis/australia-india-and-the-united-states-the-challenge-of-forging-new-alignments-in-the-indo-pacific

Cha, Victor. 1999. *Alignment despite Antagonism: The United States-Korea-Japan Security Triangle*. Stanford: Stanford University Press.

_____. 2011. "Complex patchworks: US alliances as part of Asia's regional architecture." *Asia Policy* 11(1): 27-50.

Chacko, Priya. 2014. "The Rise of the Indo-Pacific: Understanding Ideational Change and Continuity in India's Foreign Policy." *Australian Journal of International Affairs* 68: 433-452.

Cronin, Patrick, Richard Fontaine, Zachary Hosfod, Oriana skylar Mastro, Ely Ratner, and Alexander Sullivan. 2013. The Emerging Asia Web: The Rise of Bilateral Intra-Asian Security Ties. Center for a New American Security (CNAS). June. Accessed January 14, 2021. https://www.cnas.org/publications/reports/the-emerging-asia-power-web-the-rise-of-bilateral-intra-asian-security-ties

Dittmer, Lowell. 1981. "The Strategic Triangle: An Elementary Game-Theoretical Analysis." *World Politics* 33(4): 485-515.

Dobell, Graeme. 2020. After Abe: Where to for Australia's quasi-alliance with Japan?. The Strategist. ASPI, 6 Oct. June. Accessed January 14, 2021. https://www.aspistrategist.org.au/after-abe-where-to-for-australias-quasi-alliance-with-japan/

Green, M. J. 2014. "Strategic Asian triangles." in *The Oxford handbook of the International relations of Asia*. Edited by Saadia Pekkanen, John Ravenhill, and Rosemary Foot. 758-774. Oxford, Oxford University Press.

Haghdoost, Yasna and Jonathan Tirone. 2021. "Russia, China and Iran Signal Allied Stance Before Nuclear Talks." *Bloomberg*. November 16. Accessed January 14, 2021. https://www.bloomberg.com/news/articles/2021-11-16/russia-china-and-iran-signal-allied-stance-before-nuclear-talks

He, Baogang. 2018. "Chinese Expanded Perceptions of the Region and Its Changing Attitudes Toward the Indo-Pacific: a Hybrid Vision of the Institutionalization of the Indo-Pacific." *East Asia* 35(2): 117-132.

He, Kai. 2018. "Three faces of the Indo-Pacific: Understanding the "Indo-Pacific" from an IR theory perspective." *East Asia* 35(2): 149-161.

Joshi, Y. 2017. India-Japan-Australia minilateral: The promise and perils of balancing locally. ORF Occasional Paper, Observer Research Foundation. Accessed January 14, 2021. https://www.orfonline.org/research/india-japan-australia-minilateral-the-promise-and-perils-of-balancing-locally/

Kamphausen, R. D., J. S. Park, R. Sahashi, R., and A. Szalwinski. 2018. The case for US – ROK – Japan trilateralism: Strengths and limitations. National Bureau of Asian Research, February 27. Accessed January 14, 2021. https://www.nbr.org/publication/the-case-for-u-s-rok-japan-trilateralism-strengths-and-limitations/

Keohane, Robert. 1982. "The Demand for International Regime." *International Organization* 36(2): 325-355.

Kinne, Brandon. 2018. "Defense Cooperation Agreement and the Emergence of a Global Security Network." *International Organization* 72(4): 799-837.

Lee-Brown, Troy. 2018. "Asia's security triangles: Maritime minilateralism in the Indo-Pacific." *East Asia* 35(2): 163-176.

Liff, Adam P. 2018. "China and the US alliance system." *The China Quarterly* 233: 137-165.

Madan, T. 2017. "The Rise, Fall, and Rebirth of the 'Quad'." *War on the Rocks*. November 16. Accessed January 14, 2021. https://warontherocks.com/2017/11/rise-fall-rebirth-quad

Mak, J. N. 2014. "Malaysia Defense and Security Cooperation: Coming out of the Closet." *Asia-Pacific Security Cooperation: National Interests and Regional Order*. Edited by See Seng Tan and Amitav Acharya. 127-153. New York: Armonk.

Mastro, Oriana and Zack Cooper. 2021. "In defence of AUKUS." *Interpreter*. Lowy Institute. October 5. Accessed January 14, 2021. https://www.lowy institute.org/the-interpreter/defence-aukus

Moret, E. 2016. "Effective Minilateralism for the EU: What, When and How." Brief Issues. European Union Institute for Security Studies Brief. June 03. Accessed January 14, 2021. https://www.iss.europa.eu/content/effective-minilateralism-eu-%E2%80%93-what-when-and-how

Mukherjee, R. 2018. "Japan's strategic outreach to India and the prospects of a Japan –India alliance." *International Affairs* 94(4): 835-859.

Naím, Moisés. 2009. "Minilateralism." *Foreign Policy* 173: 135-136.

Panda, Rajan. 2012. "인도-일본-한국 3자대화의 중요성." JPI 공동연구시리즈. 6월 12일. Accessed January 14. http://www.jpi.or.kr/kor/issue/reports_view.s ky?code=papermorgue&id=4529

Park, Jae Jeok. 2016. "Security Cooperation between South Korea and Australia: Bilateral for Minilateral?" *Pacific Focus* 31(2): 167-186.

Patrick, S. 2015. "The New "New Multilateralism": Minilateral Cooperation, but at What Cost?" *Global Summitry* 1(2): 115-134.

Pritchard, Charles. 2007. *Failed Diplomacy: The Tragic Story of How North Korea Got the Bomb*. Washington, D.C.: Brookings Institution Press.

Rej, A. 2018. "Reclaiming the Indo-Pacific: A Political-Military Strategy for Quad 2.0." ORF Occasional Paper. March. Accessed January 14, 2021. https://www.orfonline.org/research/reclaiming-the-indo-pacific-a-political-military-strategy-for-quad-2-0/

U.S. Department of Defense. 1998. *The United States Security Strategy for East Asia-Pacific Region*. Washington D.C.: Department of Defense.

Tow, William. 2001. *Asia-Pacific Strategic Relations: Seeking Convergent Security*. Cambridge, UK: Cambridge University Press.

_____. 2015. "The Trilateral Strategic Dialogue, Minilateralism, and Asia-Pacific Order Building." In *US-Japan-Australia Security Cooperation: Prospects and Challenges*. Edited by Yuki Tatsumi. Washington, D.C: Stimson: 23-36.

Zhang, Jingquan. 2014. "US Rebalancing to Asia and the Role of the US-ROK Alliance." In *China's New Diplomacy and the Changing World*. Edited by Xing Gu. Beijing: World Affairs Press: 167-187.

신화망. 2021. "중·러 대표 "美·英·호주 핵잠수함 협력은 국제 안보 질서 위협." 11월 28일. http://kr.news.cn/2021-11/28/c_1310337823.htm (검색일: 2022년 1월 14일).

필자 소개

박재적 Park, Jae Jeok

한국외국어대학교 국제지역대학원(Graduate School of International and Area Studies, Hankuk University of Foreign Studies) 부교수
연세대학교 정치외교학과 졸업, 호주국립대학교 국제정치학 박사

논저 "미·중 패권경쟁시대 인태 지역의 자유주의 국제질서: 도전과 전망", "The Quad's Search for Non-Military Roles and China's Strategic Response: Mini-lateralism, Infrastructure Investment, and Regional Balancing"

이메일 jjpark@hufs.ac.kr

제7장

역사적 기억과 한·미·일 삼각관계의 변화

Changes in the South Korea-U.S.-Japan Trilateral
Cooperation: A Focus on the National Trauma and
Institutionalization of the Trilateral Cooperation

천자현 | 연세대학교 국제관계학과

* 이 글은 "한·미·일 삼국협력의 변화-국가의 기억과 협력의 제도화를 중심으로."
『동서연구』 제33권 4호에 실린 글을 수정·보완하였습니다.

미국의 바이든 신(新)행정부는 미중 전략경쟁과 책임 있는 패권국가의 지위를 회복하기 위한 외교 전략으로 한·미·일 삼각협력의 중요성을 강조하고 있다. 특히, 최근 몇 년간 악화일로를 걷고 있는 한일관계를 고려했을 때, 원활한 삼각협력 관계 구축을 위한 한일관계의 회복이 미국 신행정부의 주요 외교정책 과제로 부각되고 있다. 이러한 배경에서, 본 논문은 한미동맹이 한·미·일 삼각협력의 하부구조로 작동하는 것이 아닌, 공간적·질적으로 발전하여 독자적으로 중요한 양자동맹이 되었다는 관점에서 한·미·일 삼각협력의 변화 양상을 분석할 것이다. 이를 위해 먼저 기존의 연구들이 한·미·일 삼각협력을 어떻게 분석하고 다루었는지 검토할 것이다. 한·미·일 삼각협력의 제도화가 어려운 가장 근본적인 원인은 한일 간 과거사 문제로, 국가의 집단기억이 외교정책에 미치는 영향과 미국 관여의 한계를 분석하여 이들 문제가 여전히 현재진행형인 이유를 입증할 것이다. 이를 통해 한미일 삼각협력이 단기간에 제도화되기 어려운 이유를 분석하고, 이를 근거로 병렬적 협력 모델을 대안으로 제시하고자 한다.

The new Biden administration of the United States emphasizes the importance of the trilateral cooperation between South Korea, the U.S., and Japan as a diplomatic strategy to try to restore its position as a responsible hegemon in the strategic competition between the U.S. and China. Especially given that the relationship between South Korea and Japan has deteriorated in recent years, it has emerged as a major foreign policy priority for the new U.S. administration to improve South Korea-Japan relations so that it can establish a smooth tripartite cooperative relationship in East Asia. This study analyzes the changes in the trilateral cooperation between South Korea, the U.S., and Japan from the perspective that the Korea-U.S. alliance has developed spatially and qualitatively and has independently become an important bilateral alliance, rather than operating as a substructure of the Korea-U.S.-Japan cooperation. To achieve this, this research reviews how existing studies have examined and dealt with the trilateral cooperation between South Korea, the U.S. and Japan. The most fundamental reason for the difficulty in institutionalizing the trilateral cooperation is the past history issues between Korea and Japan. By analyzing the impact, a nation's collective memory has on foreign policy and the limits of U.S. involvement, this study proves why these issues are currently still ongoing. By examining the reasons, the trilateral cooperation is difficult to be institutionalized in a short period of time, this study proposes a parallel cooperation model as an alternative.

KEYWORDS 한미일 삼각협력 South Korea-U.S.-Japan trilateral cooperation, 집단 기억 collective memory, 외교정책 foreign policy, 미국의 개입 U.S. mediation, 한일 관계 Korea-Japan relations

I 서론

 미국의 바이든(Biden) 신(新)행정부는 트럼프(Trump) 전(前) 대통령 임기 동안 약화된 동맹국과의 연대를 재정비하고 책임 있는 패권국가의 지위를 회복하기 위해 외교적 노력을 경주하고 있다. 특히 한미일 삼각협력의 중요성과 회복을 위해 노력하고 있음을 공개적으로 피력하고 있다. "바이든 행정부가 한국과 일본과의 관계를 회복하는 데 진력하고 있다는 강력한 신호"를 보내기 위해 한미일 외교당국자 회의를 개최하기도 하였다(Lee 2021). 이는 한국, 일본과의 양자 동맹 강화 노력과 함께 한미일 삼각협력의 재구축에 집중하고 있음을 의미하는 것이기도 하다. 한미 외교·국방 장관 2+2회의와 미일 정상회담, 한미 정상회담에서 공통적으로 한미일 삼국협력의 중요성을 강조하고 있다. 한미 2+2 공동 성명에서는 "한미일 삼국협력의 중요성을 확인하고, 역내 평화, 안보, 그리고 번영을 증진하기 위해 상호 호혜적이고 미래지향적인 협력"에 대한 내용을 담았으며, 미일 2+2회의 공동성명에도 "인도·태평양 지역의 공동안보, 평화, 번영을 위해서 미국, 일본, 한국 간의 3국 협력이 중대한(critical)" 부분임을 확인하였다. 미중 전략경쟁이 지속되는 상황에서 한국과 일본이 아시아의 주요 동맹국으로서 제 역할을 해주는 것은 미국의 이익과 직결되는 것이기 때문이다.
　미국은 삼국협력이 대북정책과 인도·태평양정책 등 아시아 지역에서의 정책 수행 및 미국의 국익에 핵심적인 요소임에도 불구하고, 트럼프-아베 재임 시기 동안 악화된 한일관계로 인해 삼각협력이 저해되었다는 문제인식을 갖고 있다(CRS 2020). 한국과 일본의 관계가 수십 년 이래 최악으로 치닫고 있음을 고려했을 때, 한일관계의 회복은 미국 신행정부의 주요 외교정책 과제로 부각될 수밖에 없다. 즉, 악화된 한일관계의 개선 여부가 국제사회에서의 신뢰 회복과 함께 미중 전략경쟁에서 성패를 좌우할 수 있는 주요 이슈로 자리 잡게 된 것이다.

이에 본 논문은 한미동맹이 과거와 같이 한미일 삼각협력의 하부구조로 작동하는 것이 아닌, 공간적·질적으로 발전하여 독자적으로 중요한 양자동맹이 되었다는 관점에서 한미일 삼각협력의 변화 양상을 분석할 것이다. 이를 위해 기존의 연구들이 한·미·일 삼각협력을 어떻게 분석하고 다루었는지 검토하고, 이들 연구의 기여와 한계를 토대로 새로운 형태의 한미일 협력의 분석틀을 제시하고자 한다.

II '유사동맹(quasi alliance)' 모델 그 이후

한미일 삼각협력을 구조적·이론적으로 설명한 대표적 모델은 빅터 차(Victor Cha)의 '유사동맹(quasi alliance)' 모델이다. 이는 동맹의 개념을 차용하여 분석한 것으로, 동맹 관계에 있어 방기(abandonment)와 연루(engagement)[1]를 활용하여 한미일 삼국 관

---

1   글렌 스나이더(Glenn H. Snyder)는 방기는 일반적으로 배반(defection)을 의미하며, 다양한 형태들―적대국과의 제휴, 탈제휴, 동맹공약 이행 실패 등―로 나타날 수 있다고 설명한다. 한편, 연루는 공유하지 않거나, 혹은 부분적으로 공유하는 동맹국의 이익과 관련된 갈등에 개입되는 것으로 설명하며, 교전 비용보다 동맹 보존의 가치가 더 높다고 평가할 때 발생한다고 설명하고 있다. 이 둘

계를 설득력 있게 설명하였다. 한국은 한미동맹에서 미국으로부터 방기되는 것에 두려움을 갖고 있으며, 일본은 미일동맹에 의해 한반도 갈등에 엮이게 되는 것에 대해 두려움을 갖고 있다는 것이다. 그는 한일관계를 한미일 삼각관계의 틀 안에서 분석하고 있는데, 미국이 강하게 개입할수록 한일 간 갈등은 커지고, 역으로 미국의 개입이 축소되면 한일관계가 우호적으로 변화하며 연대의 필요성이 높아진다는 것이다(Cha 1999; Cha 2000, 261-269). 이러한 구조적 설명은 한미일 삼국이 서로 특정한 위계질서를 갖고 있으며, 그 속에서 공동의 안보 위협 요인에 대해 역할 분담으로 대응하고 있다는 해석과 맥락을 같이한다(박선원 2001, 315). 즉, 미국의 정책이 일본과 한국의 행위를, 그리고 일본의 정책이 한국의 행위를 규정하는 등 국제정치에서의 위계성에 따라 국가의 행위가 결정된다는 것이다(신욱희 2019a, 3).

이후 한미일 삼각협력을 분석한 논문들은 미국의 아시아 정책에 영향을 받을 수밖에 없는 국제정치 구조와 '유사동맹' 모델의 설득력을 수용하면서도, 조금씩 다른 접근으로 한일관계와 한미일 관계를 분석하고 있다. 대표적으로 신욱희(2019b)는 '주체-구조 문제'와 함께 '복합성'의 관점에서 접근하고 있는데, 이는 구조 속에서 영향을 받는 단순한 행위자를 넘어 적응적 주체의 상대적 자율성이 작동하는 복합성을 고려함으로써 한일관계의 역동성을 보다 잘 설명하고 있다. 또한, "한미일 관계의 위계적이고 비대칭적인

은 상관관계를 갖는데, 방기와 연루의 위험성은 반비례하는 경향이 있으며 하나의 위험성을 줄이면 반대로 다른 하나의 위험성이 증가된다고 분석하고 있다 (Snyder 1997, 466-467).

구조"만으로는 설명할 수 없는 상호작용을 밝혀내기 위한 체계이론적 접근을 활용한 연구도 찾아볼 수 있다(박선원 2001). 이는 한미일을 하나의 독립된 하부단위로 기능하는 체계로 간주하고 삼국간의 상호작용을 분석한 시도로, 포괄적인 정치 협약에 근거한 동북아 삼각동맹안보체제(Triangular Alliance Security System, TASS)라는 표현을 사용하고 있다. 2개의 공식적인 안보 조약과 1개의 암묵적 또는 비공식 방위협력조약으로 이루어진 삼각동맹안보체제라는 것이 저자의 주장이다(박선원 2001, 319-320).

한편, '유사동맹' 모델이 설명하지 못하는 미국 개입 시의 협력적 한일관계를 이해하기 위한 접근으로는 '개입-연합정치가설(engagement-coalition politics hypothesis)'이 있다. 이 가설은 국내정치와 국제정치의 연계에 초점을 맞춘 것으로, 양국 협력 증감이 미국의 영향력과 함께 한국과 일본 내의 지배연합의 변화라는 변수를 함께 분석할 것을 주장한다(우승지 2003). 다시 말해, 수직적 연계와 수평적 연계를 함께 고찰함으로써 한일관계의 역동성을 이해하는 데 도움을 주고 있다.

이처럼 기존 연구들은 '유사동맹'의 유용성과 한계를 분석해왔고, 한미일 삼각관계에 대한 설득력 있는 가설들을 제공해왔다. 그럼에도 불구하고 이들 연구는 시기적으로 냉전기 한미일 삼각협력과 한일관계에 초점을 맞춰 분석해왔다는 한계를 갖는다. 빅터 차의 '유사동맹' 모델이 발표된 지 20년이 넘은 지금, 현재의 한미일 삼각협력 양상과 그 구조 속에서의 한일관계에는 많은 변화가 관찰되고 있는 것이 사실이다. 이에 본 논문은 '유사동맹' 모델이 탈냉전 이후 한미일 관계와 한일관계를 설명함에 있어 몇 가지 주요 한계가 있음을 지적하고자 한다.

첫째, 한미동맹을 설명함에 있어 방기의 두려움에 관한 주장이다. 아시아 지역과 한일관계에 대한 미국의 역할 혹은 관여가 축소되었던 지난 4년간의 트럼프 행정부 기간을 고려했을 때, 방기와 연루에 대한 두려움의 논리는 크게 적용되지 않았음을 알 수 있다. 주한미군 철수, 방위비 분담 증대에 대한 압박 등 동맹 중시 전략이 약화되었음에도 불구하고 한국은 방기에 대한 두려움으로 반응하지 않았다. 오히려 국내적으로 자주론의 목소리가 커지며 전작권 환수와 주한미군 철수 등의 급격한 변화에 대비해야 한다는 의견들이 관심을 받기도 하였다.

둘째, 방기의 두려움이 한일 협력으로 연결될 것이라는 주장이다(Cha 1999, 213). 전술한 바와 같이 트럼프 행정부 기간 한미동맹의 약화가 한국 외교정책에 방기의 두려움을 초래하지 않았으며, 두려움이 없었기에 한일 간 협력적 관계로 이어지지도 않았음은 더욱 분명한 사실이다. 오히려 그 기간 동안 한일관계는 역사 갈등에서 시작하여 정치, 외교뿐만 아니라 무역관계까지 영향을 미쳐 지속적으로 경색되어왔다. 이는 방기의 두려움이라는 전제가 허용되지 않았기에 그 결과 역시 다르게 나타날 수밖에 없었던 것으로 보인다.

셋째, 한일 역사 갈등은 시간이 지나면서 점차 완화될 것이라는 예측이다. 빅터 차는 저서에서 한일 역사 갈등 그 자체를 본격적으로 다루지는 않지만, 향후 동북아시아 지역의 정치적 지형을 예측하면서, 젊은 세대들이 등장하면서 한일 간 역사 갈등 역시 차츰 나아질 것이라고 예상하였다. 그러나 현재 우리가 목도하고 있는 현실은 이 예측이 완전히 빗나갔다는 것을 방증하고 있다. 최근의 무역 갈등에서 비롯된 한국 내 일본 제품 보이콧(boycott)은 오히려 젊은 세대들 사이에서 더 확산되고 있기 때문이다. 이러한 이유로 본 논문은 한미일 삼각협력이 국제정치 구조와 위계에 따른 역할 배분과 정체성 부여를 넘어 새로운 형태의 협력 모델로 조정되어 가고 있다고 본다. 3절에서는 한미일 삼각협력이 당장 제도화되기 어려운 이유를 설명하기 위해 국가의 집단기억이 외교정책에 미치는 영향과 한일 역사 갈등 해결을 위한 미국 개입의 한계를 분석할 것이다. 이러한 분석을 바탕으로 4절에서는 한-미, 미-일 두 동맹의 병렬적 협력 모델을 대안으로 제시하고자 한다.

III 한일 역사 갈등의 현재화

당분간 한미일 삼국협력이 제도화된 삼각협력의 형태로 발전하기 쉽지 않을 것으로 분석하는 이유는 한일관계라는 삼각관계의 한 변(邊) 때문이다. 세 꼭짓점과 세 변으로 이루어지는 삼각형의 형태에서 한국과 일본이라는 두 꼭짓점이 이루는 변은 지난 80여 년 동안 불안정한 특수관계에 있었다. 한편으로는 경제적 협력, 인적 교류 등이 활발한 가까운 이웃이었으며, 다른 한편으로는 여전히 해결되지 않은 과거사 문제를 사이에 둔 먼 이웃이기도 했다. 2017년 강제징용 대법원 판결 이후, 화이트 리스트 배제와 같은 일본의 무역 보복, 초계기 위협 비행 등으로 양국 관계는 그 어느 때보다 좋지 않은 상황이다(미국의회조사국 2021.2.10.). 미국 역시 아베 총리 재임기 동안 두 동맹국의 관계가 악화되어 한미일 삼각협력이 저해되었다고 평가하고 있다(미국의회조사국 2020.9.24.). 그렇다면 한일 간 역사 갈등은 왜 여전히 현재진행형인가? 본 논문은 이 질문에 대한 대답으로 국가적 집단기억이 외교정책에 미치는 영향과 미국 관여의 한계를 제시하고자 한다.

1. 외교정책과 국가의 집단기억

국가의 집단기억(collective memory), 그 중에서도 트라우마(trauma)로 남아 있는 역사적 사건의 경우 여론 형성에 영향을 주고, 나아가 외교정책결정에도 영향을 미치게 된다.[2] 한국의 경우 일본 식민지배 역사와 이 과정에서 발생한 강제징용, 위안부 등 반인륜적 범죄 행위가 국가적 트라우마로 깊게 자리하고 있다(Chun 2021). 게다가 이에 대해 충분히 사죄하고 보상했다는 일본의 입장과 그렇지 않다는 한국의 입장이 충돌함으로써, 언제든 한일관계를 경색시킬 수 있는 위험요인이 되고 있다. 양국 간 활발한 인적·물적 교류와 협력의 필요성에도 불구하고 늘 살얼음판을 걷는 것 같은 불안함이 존재하는 데에는 과거의 상흔이 여전히 남아 있기 때문이다.

국가적 트라우마가 발현된 대표적인 사례가 한일군사비밀정

---

2   내셔널 트라우마(national trauma)와 여론, 외교정책의 관계에 대한 분석은 비교적 최근 국제정치 분야에서 연구되고 있다. 주로 국제정치에서 집단기억과 국가적 트라우마가 안보 정책을 결정함에 있어 어떤 역할을 하는지를 중심으로 연구가 이루어지고 있다(Edkins 2002, 243-256; Bell 2006; Resende and Budryte 2013).

보보호협정(General Security of Military Information Agreement, GSOMIA)과 관련한 일련의 논란이다. 2016년 협정 체결 당시, 야당의 원내대표는 국회에서 열린 최고위원회의에서 "군사적으로 일본과 손잡겠다는 것은 절대 용납할 수 없다"며 "협정 체결은 국민정서에 기름을 붓는 셈이다. 국방부는 국민을 분노하게 할 협정 추진을 중단하지 않으면, 야권 공조를 통해 저지하겠다"고 밝혔다. 덧붙여 "일본과 직접적인 군사정보보호협정을 체결하는 건 일본 군국주의 망령에 날개를 달아줄 것"이라고 비판하며 과거 아픈 역사의 반복을 기억하자는 취지의 발언을 하기도 하였다.

협정 체결 3년 후인 2019년, 한국의 강제징용 판결에 대해 일본이 화이트 리스트 제외라는 부당한 보복조치로 대응하자, 이에 한국 정부가 지소미아를 연장하지 않고 종료하기로 결정함으로써 한일관계는 물론 한미일 삼각협력도 타격을 받게 되었다. 한국의 지소미아 반대론자들은 한국이 입수하는 대북 정보가 더 많기 때문에 일방적 혹은 비대칭적 정보 교환 가능성에 대해 우려하고 있다. 또한, 대중국 견제 행위로 간주될 수 있다는 점에서 한국의 외교 반경이 위축될 수 있으며, 동아시아의 지역질서가 냉전기로 회귀될 가능성에 대해서도 부정할 수 없다는 것이 반대론자들의 논리이다. 한미일 삼국과 중국의 안보딜레마(security dilemma)를 심화시켜 지역 안보를 더욱 불안정하게 한다는 취지로 해석할 수 있다. 또한 일본이 협정 체결을 계기로 북한의 급변사태 등 한반도에 대한 적극적이고 명백한 개입 정당성을 갖게 될 수 있다는 점에서도 우려하고 있다. 일본에 대한 부정적 집단기억이 여전히 지배적이라는 점을 고려했을 때, 이는 한국 정서상 받아들이기 힘든 정책적 선택인 것이다.

2014-2015년에 있었던 일본의 안보법제 추진 및 집단적 자위권 행사 용인과 관련한 논란도 같은 맥락에서 이해할 수 있다(박철희 외 2016). 당시 한국의 시민단체들은 "일본 재무장 반대와 동북아 평화를 위한 시국선언"을 발표하였다. 이들 선언문은 일본의 집단적 자위권 도입은 과거사를 제대로 청산하지 않은 일본에게 군사대국화 가능성을 열어주는 것으로, 한반도 평화를 위협하는 결정이라고 주장하였다. 집단적 자위권 도입을 과거의 침략전쟁 기억과 연결시킴으로써 '일본이 과거에 아시아주의를 거쳐 대동아공영권이라는 논리로 대륙 침략과 식민지 지배를 정당화했듯이, 미중 간의 패권 싸움 속에서 결국 일본이 보통국가, 군사대국화가 될 것'이라는 논리로 귀결되는 것이다(박철희 2019, 134-135).

한편, 한일 간 방위협력 및 일본의 집단적 자위권 행사에 대한 한국인들의 위협 인식과 부정적 의견은 여론조사를 통해 잘 드러나고 있다. 한국인의 72%는 "일본은 우리의 동맹국이 아니다"라고 응답했고, 75.5%는 "일본 군사력이 아시아의 평화를 깨뜨리기 때문에 일본의 집단적 자위권 행사에 반대한다"고 응답하였다(허종준 2013). 한국일보와 요미우리신문이 공동 조사한 결과에서도 절반 이상의 응답자가 "한일 방위 협력 강화가 필요 없다"고 응답했다. 북한 정세를 근거로 일본이 방위력을 강화하는 것이 타당한가에 대한 질문에도 한국인의 68.2%가 "타당하지 않다"고 답했다. 반북 정서를 가진 한국의 보수 성향 응답자들도 절반 이상이 일본의 방위력 강화에 반대했다는 점을 눈여겨볼 만하다(한국일보 2017.6.12.). 군사정보보호협정 등 한일 군사협력 추진에 대한 질문에서 한국 국민의 59%는 "과거사 반성 없는 일본과 군사적으로 협력을 강화해서는 안 된다"는 입장을 보였다(한국갤럽 2016). 야스쿠니 신사 참배, 강제 징용, 위안부 문제 등의 과거사 문제는 한일 군사협력 및 일본의 집단적 자위권 행사와 직접적 관련 이슈가 아니다. 그럼에도 불구하고, 과거사에서 비롯되는 집단기억과 트라우마는 양국 간 안보 및 군사 협력의 영역에 영향을 주고 있음을 알 수 있다.

2. 제3국 개입의 한계

미국은 1965년 한일국교정상화를 포함하여 2015년 위안부 합의에 이르기까지 한일관계 개선을 위해 관여를 지속해왔다. 그러나 역사문제에서 기인한 한일 간 불화를 완화시키기에 미국이라는 외부 변수이자 제3국의 역할이 그 한계에 직면한 것 역시 사실이다. 첫 번째 원인은 중개자(mediator)로서의 미국의 중립성 문제이다. 중개(mediation)는 가장 많이 사용되고 가장 오래된 제3자(third-party) 개입의 하나로, 제3국이 당사국들의 타협을 유도하고, 문제 해결을 위한 방법을 직접 제안하는 등 협상을 적극적으로 돕는 방식이다. 중개는 첨예한 정치적 갈등 해소에도 도움이 되는 것으로 알려져 있기도 하다. 중개자의 역할이 원활히 작동하기 위해 가장 전제되어야 하는 조건은 중립성이다(Bercovitch and Jackson 2001; Bercovitch 1996, 11-38; 천자현 2016, 155). 두 갈등 당사국은 중개국이 어느 한쪽에 치우치지 않는 중립적 관점에서 협상에 관여할 때 불이익의 두려움 없이 신뢰를 바탕으로 협상에 임할 수 있기 때문이다.

그러나 한일 갈등에 대해 한국과 미국의 관점이 일치하지 않으며, 미국이 일견 일본에 경사되어 있다는 것이 한국의 입장이다. 일본은 센카쿠 및 인근 동중국 해역에서의 중국과의 군사적 접촉을 대비하여 방위태세 강화를 위한 집단적 자위권 도입을 강력하게 추진하고 있다. 이를 통해 미일동맹의 기틀 안에서 국제안보에 적극적으로 공헌할 수 있는 '적극적 평화주의'를 표방함으로써 미국 안보정책에 대한 지원을 표면화하고 있다. 이러한 일본의 움직임은 미중 전략경쟁 구도 하에서 아시아 지역에 반드시 필요한 것이기에 미국의 입장에서는 적극 지지할 만한 내용이다. 하지만 또 다른 미국의 동맹국인 한국의 입장은 다르다. 일본의 자위권 행사, 평화헌법 개정 등 일련의 움직임을 군국주의 부활의 포석으로 간주하여 강한 반대 여론을 보이고 있기 때문이다. 한국이 2021년 2월 발간한 '2020 국방백서'에서 "일본은 양국 관계뿐만 아니라 동북아시아 세계의 평화와 번영을 위해서도 함께 협력해 나가야 할 이웃 국가"라고 기술함으로써 이전에 쓰였던 '동반자'라는 표현을 삭제한 것도 불만의 우회적인 표현으로 이해할 수 있다(국방부 2021, 173). 한미일 삼각협력을 구상하는 미국의 입장에서 한국의 이러한 반대 목소리는 정책 조율에 불협화음을 초래하는 것으로 보일 수 있는 것이다.[3] 즉, 일본의 재무장화라는 안보정책을 바라보는 한국과 미국의 관점과 이해관계가 다르기 때문에 한일 갈등

---

3   에반 리비어 전 국무부 동아태 담당 수석부차관보는 자유아시아방송(RFA)에서 이에 대해, "북한을 주적이라고 정확히 말하지 못한 국방백서가 일본을 단지 이웃 국가로만 기술한 것은 더 이상 설명이 필요 없는 것"이라고 지적하였다.

해결에 있어 미국에 중립적인 중개자의 역할을 기대하기에는 한계가 있을 수밖에 없는 구조이다.

　　두 번째 원인은 대북정책에서 발생하는 한미 간 의견 차이이다. 미국 의회조사국이 발간한 보고서는 몇 년 동안 북한 핵 협상과 관련하여 유사한 평가를 내리고 있다. "몇 년간, 특히 북한 문제와 관련해 밀접히 공조해왔던 두 나라의 협력이 트럼프와 문재인 행정부 아래서 더욱 일관성 없고 예측할 수 없게 됐다"고 지적하였다(미국의회조사국 2019.8.1.). 2021년 2월 보고서 역시 "문 대통령이 미국과 긴장을 유발할 수 있는 대북 제재 완화를 선호하기 때문에 대북정책에 대한 양자 조율의 어려움이 표면화될 수 있다"고 전망하고 있다(미국의회조사국 2021.2). 북한에 타협을 해야 하는지, 한다면 어떤 조건하에서 해야 하는지에 대해 미국과 한국 사이의 이견이 여전한 것이다. 이와 관련해 "한국이 미국보다 북한에 더 이른 시점에, 더 많은 경제적 혜택을 주는 것을 선호하고 있다"고 지적하기도 하였다(미국의회조사국 2019). 미일관계 보고서에도 "북한의 위협이 그동안 한미일 협력을 강화하는 역할을 했지만 최근 대북정책에 대한 이견과 북한의 도발 유예로 삼국 공조가 약화되었다"는 유사한 분석이 눈에 띈다. "한일 양국의 정치적 긴장에도 불구하고 북한의 위협은 전통적으로 한미일 3국의 긴밀한 공조를 견인해왔다…그러나 문재인 정부는 남북관계 개선을 위해 노력했고, 트럼프 전 대통령은 김정은 북한 국무위원장과 개인적 외교에 집중한 반면 일본은 대북 강경 기조를 유지했다…이런 가운데 북한이 핵과 장거리 미사일 시험 유예를 지속하는 상황은 한미일 3국 간 조율된 행동과 발언 기회를 줄였다"고 분석하고 있다(미국의

회조사국 2021.4.6.).

한국의 정의용 외교부 장관이 취임사에서 "한반도 평화프로세스는 선택이 아니라 반드시 가야만 하는 길"이라고 밝히며, 바이든 행정부를 향해 대북 조기 관여와 제재 완화를 직간접적으로 요구하고 있다. 하지만 이러한 입장과 관련하여, 아미 베라(Ami Bera) 하원 외교위원회 아시아-태평양 소위원장은 "현재 상황에서 북한에 어떤 양보도 해선 안 된다"고 단호하게 반응했다. 특히, '대북전단 살포금지법'의 경우 "(미 의회)는 적절한 시점이 아니라고 생각했지만, 한국 국회와 문재인 정부는 법안 처리를 강행했다···더 큰 규모의 대북협상의 일부가 되었어야 하는데, 북한에 무언가를 주고 아무것도 받지 못하는 상황이 되어선 안 된다"고 비판했다(미국의소리 인터뷰 2021.2.8.).

한국의 대북정책에 대한 미국의 불만족은 미 정부 매체를 통한 전직 관리들의 비판적 견해들을 통해 보다 높은 수위로 표현되고 있다. 최근 방송한 한국 정부의 대북정책에 대한 비판 기사들의 제목을 보면, 다음과 같다.

"문재인 '김정은 비핵화 의지'···바이든 '설득' 말아야 (미국의 소리방송 2021.2.9.)

"미, 한국에 '섣부른 대북양보 주의' 권고해야" (자유아시아방송 2021.2.25.)

"미국과 한국 '대북인식' 단절 위헌···조율해야" (미국의소리방송 2021.2.20.)

"미 국부무 '한국 통일장관 발언 논란'에 지독한 북한인권 주시할 것"

(미국의 소리방송 2021.2.23.)

"미 국무부, 한국 통일장관 '대북제재 우려'에 주민 어렵게 만든 건 북한 정책" (미국의 소리방송 2021.3.1.)

"미 전문가들, 한국 통일장관, 제재 아닌 김정은 실정 비판해야…북한 '자체 제재'가 민생 파괴" (미국의 소리방송 2021.3.2.)

'미국의 소리(VOA, Voice of America)'는 미국 정부 국영 국제방송이며, '자유아시아방송(RFA, Radio Free Asia)'은 미국 의회의 출자에 따라 세워진 국제방송이다. 이들 방송의 본질을 고려했을 때, 대북정책을 비판하는 일련의 흐름에 대해 개인의 의견으로 평가절하하기에는 무리가 있음이 분명하다. 미국과 엇박자를 내는 혹은 사전에 협의되지 않은 한국의 대북정책들에 대한 우회적인 비판으로 이해하는 것이 보다 합리적인 분석일 것이다. 이처럼 한국과 미국의 대북정책 목표가 다른 상황에서는 정책 조율이 쉽지 않다. 자연스럽게 한일 갈등에 대한 미국의 관여 역시 중립적이고 공정한 중개가 아닌, 편파적인 편들기로 인식될 가능성이 높아 관계 개선의 가능성이 낮아지게 되는 것이다.

IV 한-미, 미-일 동맹의 '병렬적 협력' 모델

기존 연구들이 한국, 미국, 일본의 협력을 삼각 구도 혹은 삼각 유사동맹으로 분석해왔다면, 본 논문은 탈냉전 이후 이들 관계를 설명하기 위한 대안적 분석틀로써 두 동맹의 '병렬적 협력' 모델을 제시하고자 한다. 삼각 협력 속에서 한-미, 미-일이라는 두 변(邊)은 견고한 동맹 관계를 유지해왔으며, 미중 전략 경쟁의 격화 속에서 그 중요성과 필요성이 더욱 증대되는 상황이다. 그러나 한-일이라는 변이 삼각동맹 혹은 삼각협력체제를 이룰 정도의 신뢰를 구축하기 위해서는 여전히 현재진행형인 한일 갈등이 해결되어야 함은 주지의 사실이다. 따라서 한국과 일본의 관계가 당장 군사 협력을 본격화하기에는 어려운 부분이 많고, 한미일 삼국협력의 관점에서도 MD체제에 편입되기는 쉽지 않을 것으로 보이기 때문에 대안적 구도가 필요하다고 판단했다. 그리고 이러한 대안 모델은 탈냉전기 한미동맹의 질적 발전에 따른 정체성 변화와 미일동맹의 견고함을 반영하는 형태여야 할 것이다. 다시 말해, 냉전기 국제체제의 구조와 위계성에 따른 역할분담에서 벗어나 대등한 형태의 두 동맹이 병렬적으로 연대할 수 있는 조건과 환경이 충족되었다고 분석할 수 있다.

1. 한미동맹의 전략적 발전

최근 한미동맹은 지리적, 영역적 차원에서 협력의 범위를 확대해나가고 있다. 협력의 지리적 확장은 한미동맹이 양자관계를 넘어 지역 수준으로 확장, 나아가 글로벌 파트너 관계로의 진화를 의미한다. 한미정상회담에서 한반도를 벗어나 미국의 인도·태평양 구상과 한국의 신남방정책의 결합을 모색하겠다는 뜻을 밝히기도 했다(한미정상회담 2021). 한편, 영역의 확장은 가치와 규범, 경제, 보건, 사이버 및 우주 안보에 이르기까지 동맹의 협력 범위가 확대되었음을 의미한다. 특히, 보건 협력 영역은 미국의 원부자재 공급과 한국의 바이오 생산역량을 결합하게 됨으로써 한국이 백신 공급 허브 역할을 담당할 가능성이 높아졌다고 볼 수 있다. 이러한 변화들을 통해 기존에 '군사 동맹', '후원-피후견인(patron-client)' 관계, '안보-자주 교환 동맹(security-autonomy trade-off)' 등 비대칭 동맹으로 설명되었던 한미동맹이 한국의 국력 성장과 상호 인식의 변화로 인해 이전보다 균등한(equivalent) 관계로 발전하고 있음을 알 수 있다.[4]

이와 같은 한미관계의 발전은 미국의 전략적·인식적 변화에 바탕하고 있다. 미중 전략경쟁이 치열하게 지속되고 있는 상황에서 미국에게는 그 어느 때보다 동맹국의 지지와 지원이 중요해지고 있다. 2021년 3월 17일 토니 블링컨(Antony J. Blinken) 미 국무장관과 로이드 오스틴(Lloyd Austin) 미 국방장관이 한국을 방문하여 한미 외교·국방(2+2) 장관회의를 개최한 것이 이를 방증한다. 2016년 이후 5년 만에 재개된 '한미 2+2회의'는 높은 협력 수준을 상징하는 것으로 한국은 미국 및 호주와 2+2회의를 개최하고 있고, 미국은 한국 외에 호주, 일본, 인도 등 소수의 핵심동맹국 및 파트너국과 2+2회의를 개최하고 있다(김도희 2021).

한편, 한미 양국 간 상징적이자 실질적인 협력과 신뢰의 강화를 보여주는 것이 미사일 지침 종료이다.[5] 1979년 '한미 양국 간

---

4   이는 국력 관점에서의 비대칭을 부정하는 것이 아닌, 협력 역할 분담에서 균등한 관계로 발전해나가고 있음을 의미한다. 힘의 차이는 있으나 크기에 따라 역할을 나누어 가진다는 균등성으로 '평등한(equal)' 관계와는 의미가 다르다(김기정 2021, 6).

5   미사일 지침은 1979년 9월, 사거리 180km, 탄두중량 500kg이라는 한국의 자

체결된 탄도미사일 개발 규제에 대한 지침' 체결 이후, 미사일 개발 역량에 제한이 있었으나 2017년 미사일 탄두 중량 제한 해제, 2020년 고체연료 제한 해제 등 4차례 개정을 통해 완화되어 왔다. 이어 2021년 한미 정상회담에서는 미사일 개발에 관한 모든 제한의 해제가 결정됨으로써 미사일 주권을 회복하게 된 것이다. 한국의 입장에서는 지속적인 자주국방론 추구의 결과물인 한편, 미국의 입장에서는 한국을 신뢰할 수 있는 안보 협력 파트너로 인식하고 있다는 의미로 분석할 수 있을 것이다. 현재 미중 전략경쟁 상황에서 사거리 제한 해제는 북한을 넘어선 위협, 즉 중국의 위협에 대한 견제라는 일각의 해석도 있다. 하지만 과거 사드 배치 이후 한국에 대한 중국의 경제 보복과 같은 후폭풍을 방지하기 위해, 한국 자체 능력을 강화하는 방향을 선택한 것이라는 분석이 보다 타당해 보인다. 연속선상에서 민간 우주탐사, 과학, 항공 등 연구 분야에서 파트너십을 강화하기로 약속하고 '아르테미스 협정(Artemis Accords)'[6]에 공식 서명하였다.

전술한 바와 같이, 한미동맹은 지리적 확장과 영역의 확대를

율적 선언에 의해 만들어진 뒤, 사거리 제한 300km(2001년 1월), 사거리 제한 800km(2012년 10월), 탄두중량 제한 없앰(2017년 9월), 우주발사체에 고체연료 로켓 허용(2020년 7월)에 이르기까지 4차례 개정되었다.

6   아르테미스 협정(Artemis Accords)은 미국 중심의 아르테미스 프로그램에 협력하는 국가들의 협력 원칙에 대한 약속으로 평화적 목적의 탐사, 투명한 임무 운영, 탐사시스템 간 상호 운영성, 비상상황 시 지원, 우주물체 등록, 우주탐사 시 확보한 과학 데이터의 공개, 아폴로 달 착륙지 등 역사적 유산 보호, 우주자원 활용에 대한 기본원칙, 우주활동 분쟁 방지, 우주 잔해물 경감 조치 등을 주요 내용으로 담고 있다. 2021년 기준으로 미국, 영국, 일본, 이탈리아, 호주, 캐나다, 룩셈부르크, 아랍에미레이트(UAE), 우크라이나, 그리고 한국이 합류한 상태이다(동아사이언스 2021.5.31.).

시도하며 이전보다 전략적 의미를 부여하고 있다. 미국이 과거에는 한미동맹을 한미일 삼각협력 관계의 하부 구조로 인식하는 측면이 컸다면, 최근에는 독자적인 양자관계의 틀에 힘을 실어주고 있음을 엿볼 수 있다. 이는 견고한 미일동맹과 함께 두 개의 동맹이 병렬적 형태로 연대 및 협력할 수 있는 공간을 마련해주는 계기이기도 하다.

2. 미일동맹과 인도-태평양 전략 중요성의 지속

일본은 미국의 대중전략 및 코로나19 이후 세계질서 구축의 최전선에 함께할 확고한 파트너로 자리 잡아 왔다. 바이든 행정부에게는 장기전이 되어가고 있는 미중 경쟁에 대응하기 위한 핵심 동맹국이 바로 동일한 목표를 공유하고 있는 일본인 것이다. 2021년 3월 블링컨 국무장관의 방일을 앞두고 미 국무부는 "깨질 수 없는 미일동맹의 재확인(Reaffirming the Unbreakable U.S.-Japan Alliance)"을 통해 미일동맹을 "60년 이상 인도 태평양과 전 세계에서 평화, 안보, 번영의 초석(cornerstone) 역할을 해왔다"고 언급하였다(Department of State 2021). 또한, 2021년 3월 16일에 개최되었던 미일 안보협의위원회(United States-Japan Security Consultative Committee, 이하 미일 2+2회의) 공동성명에서 양국 장관은 미일동맹이 "인도 태평양 지역의 평화와 안보, 번영의 초석으로 남아 있음을 재확인"하고 있음을 발표하였다(Department of State 2021). 일본의 대미 동맹정책도 이에 호응하고 있다. 2020년 일본 외교청서는 일본 외교의 6대 중점 분야 중 "미일동맹 강화"

를 가장 첫머리에 적고 있다(外務省 2020). "지역의 안보 환경이 어려운 가운데 미일동맹의 중요성이 어느 때보다 중요하다"고 기술하고 있다. "북한 문제를 포함한 국제사회의 제 과제 및 '자유롭고 열린 인도태평양(Free and Open Indo-Pacific, FOIP)'의 유지 강화를 위해 미일은 협력하고 있으며, 미일방위협력지침 개정 및 평화안전법제 정비를 통해 미일동맹의 억제적 대처 능력을 강화하고 있다"고 평가하고 있다(김도희·박명희·정민정 2021, 3). 일본 외교안보의 기축인 미일동맹은 전후 일본에게 한결같은 최우선 정책인 것이다.

미일동맹은 군사적·경제적 측면에서 그 결속력을 공고히 하고 있다. 우선, 미일동맹의 군사 전략은 인도·태평양 전략으로 구체화되고 있다. 2019년 6월, 미 국방부의 "인도 태평양 전략보고서(Indo-Pacific Strategy Report)"에 따르면 "미국은 인도·태평양 전략 실행을 위해 지역 내 상호 운용성과 조정을 제고하기 위해 동맹국 및 파트너십 국가들과의 네트워크 구축에 중점"을 두고 있음을 밝히고 있다. 소다자 네트워크 구축의 대표적인 예로 한미일 삼자협력과, 미일호 삼자협력, 미일인 삼자 협력, 그리고 미일인호 4자 안보 대화인 쿼드(Quadrilateral Security Dialogue, Quad) 등을 들 수 있는데, 일본은 이 네트워크 모두에 핵심 파트너로 참여하고 있다. 이러한 이유로 미국은 미일동맹을 '인도·태평양 지역의 평화와 번영의 초석'으로 평가하며, 북한의 도발에 대응하고, 러시아·중국과의 경쟁에 대응하기 위한 핵심 동맹으로 인식하고 있는 것이다. 특히 2021년 개최된 미일 2+2회의에서 양국 장관들은 다양한 분야에서 중국 견제에 힘을 싣고 있다. 기존 국제질서에 부합하지 않는 중국의 행동이 미일동맹 및 국제사회에 정치적·경제적·기술적 과제를 제시하고 있다는 양국 공통의 인식을 확인하였으며, 중국 해경법에 관한 우려 및 남중국해에서의 중국의 불법적인 활동에 대한 반대를 표명하였다. 이와 관련하여 미국은 일본에 중요하고도 민감한 주제인 센카쿠 제도에 대해 미일안보조약 제5조의 적용을 확약(commitment)한다고 표명함으로써,[7] 일본의 기대와 요청에 부응한 것으로 보인다. 2021년 4월 16일 발표된 미일 정상회담 공동성명 역시 "경제적 및 다른 형태의 강압(coercion) 행사를 포함해 규범에 입각한 국제질서와 합치하지 않은 중국의 행동에 대한 우려"를 명시함으로써 센카쿠 열도와 타이완에 대한 중국의 군사행동을 강력히 견제하고 있다. 또한 기시 노부오(岸信夫) 방위상은 "동맹 및 지역의 안전보장을 강화하기 위해 일본의 방위력을 강화하겠다"는 결의를 표명함으로써 일본의 방위력 강화가 대중국 억제력으로 기능할 것임을 강조하고 있다(日本經濟新聞 2021.5.20; 조진구 2021).

미일동맹을 주축으로 한, 경제 분야의 대중국 견제도 본격화 추세에 있다. 미국은 중국의 불공정한 무역 관행을 견제하기 위해 동맹국과의 연대 강화를 강조하고 있으며, 이러한 맥락에서 미일 무역협정과 미일 디지털 무역협정을 통해 일본과의 통상 협력을 강화함으로써 중국에 대한 공동 압박전략을 추진하고 있다. 특히,

---

7 센카쿠에 대한 미일안보조약 제5조의 적용은 2014년 오바마 대통령 시기 처음으로 언급된 것으로, 미일안보조약 제5조는 '일본의 시정 하에 있는 영역에서 미일중, 일방에 대한 무력공격에 대해서 공동으로 대처한다'고 규정하고 있다(김도희·박명희·정민정 2021).

미일 디지털 무역협정은 미국이 주도적으로 수립하고자 하는 디지털 통상규범의 표준을 내세우고 있어, 경제 분야에서도 중국 견제에 박차를 가하고 있음을 알 수 있다(김도희·박명희·정민정 2021, 5). 2020년 11월, 중국 주도의 역내포괄적경제동반자협정(RCEP) 서명 이후, 바이든 대통령(당시 당선자)은 미국이 주도적으로 통상규범을 수립할 필요가 있다고 강조하였던 것으로 미루어 봤을 때, 앞으로 일본을 위시한 동맹국들과의 경제 협력 및 대중국 견제는 더욱 심화될 것으로 예상된다(Inside U.S. Trade 2020.11.7.).

V 결론

바이든 정부의 등장으로 미국 외교정책에 있어 보다 긴밀한 한미일 삼각협력이 요구되고 있으며, 이에 따라 자연스럽게 한일관계 역시 관심의 대상이 되고 있다. 미국이 두 동맹국인 한국과 일본이 북한 문제와 지역 현안들에 대해 공조할 수 있도록 관계 개선을 위한 노력을 쏟고 있기 때문이다. 그러나 제3국 관여라는 외부 변수가 한일 간 해묵은 과거사 문제를 한 번에 해결하기에는 역부족으로 보인다. 특히, 미국이 기대하는 두 동맹국 간 안보 및 국방 협력은 더욱 쉽지 않은 과제이다. 2016년 7월 사드(THAAD) 배치 이후 중국의 '3불(不) 정책'[8] 요청으로 인해 한국 정부로서는 군사협

---

8   '3불(不) 정책'은 사드 추가 배치 검토 없으며, 미국의 미사일방어체계(MD)에 참여하지 않고, 한미일 삼국 간 안보협력이 군사동맹으로 발전하지 않을 것이라는 정책으로, 중국은 이를 '3불(不)약속'으로 이름 붙인 바 있다.

력의 제도화에 있어 더욱 조심스러운 상황이 아닐 수 없다. 따라서 안보 및 국방 협력은 한일관계가 다시 정상 궤도에 오른 후 한미일 삼각협력 구도 속에서 그 논의를 시작하는 것이 현실적인 대안으로 보인다.

게다가 한일 간 역사 갈등은 양국의 외교, 사법, 정치의 영역을 지배하며 현재진행의 양상을 띠고 있다. 2021년의 한일 역사 갈등은 보편적 인권의 문제이고, 양국의 외교 문제이기도 하며, 한국의 사법 문제이자 일본의 정치 문제이기도 하다. 이처럼 복잡한 셈법이 얽혀 있는 상황에서 가까운 미래에 한국과 일본이 미국을 중심으로 한 삼각협력 체제를 구축할 것으로 기대하기는 어려울 것이다. 그런 이유로 본 연구는 한미동맹과 미일동맹이라는 두 동맹이 병렬적으로 연대하는 형태의 협력을 대안적 모델로 제시하였다. 과거 한미동맹이 국제정치 구조와 위계질서에 따라 한미일 삼국협력의 하부구조로 인식되었다면, 최근의 한미동맹은 미일동맹과 대등한 수준의 전략 동맹으로 자리매김하고 있다. 특히, 미중 간 갈등적 경쟁의 심화에 따라 한국은 미국에 있어 아시아의 중요한 파트너 국가임이 분명하다. 따라서 한일 간 역사 갈등을 미봉책 수준으로 봉합하고 무리하게 삼각협력 체제를 구축할 것이 아니라, 두 동맹이 병렬적으로 연대 및 협력하는 형태로 아시아 전략을 추진할 것을 제안하는 바이다. 한국과 일본이 과거사 문제를 충분히 해결할 수 있는 시간이 필요한 것이다. 그리고 이 과정에서 양국은 현재처럼 과거사 문제를 입구에 두어 다른 문제에 대한 논의나 협력을 원천 배제하는 형태에서 벗어나 역사 갈등 해결 노력과 전략적 협력·정책 공조를 병행하는 외교적 태도를 보일 수 있어야 할 것이다. 결국 한일 협력과 한미일 삼각협력으로 인해 얻게 될 이익은 미국만의 것이 아닌, 아시아 지역의 안정적 평화와 번영 이라는 것을 기억할 필요가 있다.

참고문헌

김기정. 2021. "2021년 한미 정상회담과 한국 외교의 비전." 서울: 국가안보전략연구원.

김도희. 2021. "한미 외교·국방장관(2+2) 회의의 주요 내용과 쟁점 및 과제." 『NARS 현안분석』 191. 국회입법조사처.

김도희·박명희·정민정. 2021. "바이든 시기 미일 관계 주요 현안과 시사점." 『NARS 현안분석』 199. 국회입법조사처.

박선원. 2001. "냉전기 한미일관계에 대한 체계이론적 분석." 『한국정치외교사논총』 23(1).

박철희. 2019. "한일 갈등의 심화와 한일안보협력의 미래." 『한국국가전략』 10.

박철희 외. 2016. 『일본의 집단적 자위권 도입과 한반도』. 서울: 서울대출판문화원.

신욱희. 2019a. "'한국조항'의 문제: 한미일 관계 속의 한일관계." 『한국과 국제정치』 35(3).

_____. 2019b. 『한미일 삼각안보체제-형성, 영향, 전환』. 서울, 사회평론아카데미.

우승지. 2003. "냉전 시기 한국-일본 협력의 퍼즐." 『한국정치학회보』 37(3).

조진구. 2021. "한미정상회담 공동성명의 평가와 과제." 『IFES 브리프』 경남대 극동문제연구소.

허종준. "일본의 집단적 자위권과 한국의 대응 방향." 『GRI 퍼스펙티브』 2013.10.23.

Bell, Duncan ed.. 2006. *Memory, Trauma and World Politics: Reflections on the Relationship Between the Past and Present*. New York: Palgrave.

Cha, Victor D. 1999. *Alliance Despite Antagonism: The United States-Korea-Japan Security Triangle*. Stanford, California: Stanford University Press.

_____. 2000. "Abandonment, Entrapment, and Neoclassical Realism in East Asia." *International Studies Quarterly* 44, June.

Chun, Jahyun. 2021. "Who decides foreign policy? The role of national trauma in shaping the influence of public opinion in South Korea." *Policy Studies* (Online First) https://www.tandfonline.com/doi/abs/10.1080/01442872.2021.1895980 (검색일: 2021년 10월 12일)

CRS. 2020. "Japanese Prime Minister Abe's Resignation and the U.S.-Japan Alliance" *In Focus*. September 24. https://sgp.fas.org/crs/row/IF11644.pdf

Department of State. 2021. "Reaffirming the Unbreakable U.S.-Japan Alliance." Fact Sheet. March 14.

_____. 2021. "U.S.-Japan Joint Press Statement." Media Note. March 14.

Edkins, Jenny. 2002. "Forget Trauma? Responses to September 11." *International Relations* 16(2).

Lee, Michelle Ye Hee. 2021. "As Biden Seeks to restore alliances, a souring

Japan–South Korea relationship presents a challenge." *Washington Post*.
March 2.

Resende, Erica and Dovile Budryte eds. 2013. *Memory and Trauma in International Relations: Theories, Cases and Debates*. London: Routledge.

Snyder, Glenn H. 1997. *Alliance Politics*. Ithaca and London: Cornell University Press.

"Japanese Prime Minister Abe's Resignation and the US-Japan Alliance." *IN FOCUS*. CRS. IF11644. 2020.9.24. https://crsreports.congress.gov/product/pdf/IF/IF11644/8 (검색일: 2021년 9월 5일)

"Addressing RCEP, Biden says U.S. should ensure it sets trade rules." *Inside U.S. Trade*. 2020.11.16. https://insidetrade.com/daily-news/addressing-rcep-biden-says-us-should-ensure-it-sets-trade-rules (검색일: 2021년 8월 27일)

김민수·조승한. 2021. "미 주도 유인 달탐사 '아르테미스' 참여 굳힌 한국…'신 우주 질서 한복판으로'" 『동아사이언스』 5월 31일. https://www.dongascience.com/news.php?idx=46877 (검색일: 2021년 10월 1일)

한국일보 2017.6.12.

한국갤럽, 데일리 오피니언. 2016. 제236호. 11월 셋째 주 한일군사협력관련 조사.

外務省. 2020. 『外交靑書』.

日本經濟新聞 2021.5.20.

필자 소개

천자현 Chun, Jahyun

연세대학교 미래캠퍼스 국제관계학과 부교수
연세대학교 정치외교학과 졸업, 연세대학교 정치학 박사

논저 "Varieties of International Reconciliation", "Enforced Reconciliation Without Justice", "Alliance and social division: The changing nature of the anti-US base movement and THAAD Deployment", "Clashing Geostrategic Choices in East Asia, 2009-2015: Re-balancing, Wedge Strategy, and Hedging"

이메일 jhreine@yonsei.ac.kr

17권 동아시아에서 정책의 이전과 확산

정책의 혁신과 확산, 그리고 변형·유은하 | 중국에서의 환경정책 도입 및 확산의 실패와 한계·조정원 |동아시아 이동통신 기술표준의 확산·김웅희 | 분권화 개혁론의 일본적 변용·이정환 | 지방자치시대의 정책혁신의 확산·김대진, 안빛 | 한국 복지국가 형성에서 정책이전의 역할·최영준, 곽숙영

18권 커뮤니케이션 세계정치

냉전과 인터넷 커뮤니케이션의 구조·최인호 | ICT 교역의 글로벌 거버넌스·강하연 | 전자정부와 정부개혁·정종필, 손붕 | 문화 간 커뮤니케이션과 세계정치·김범수 | 국제정치경제의 변화와 미디어 지구화론·문상현 | 중국과 한국의 사이버민족주의 비교연구 서언·서이종, 탕레이 | 커뮤니케이션, 초국가적 공론장, 그리고 초국가적 연대·신기영

19권 젠더와 세계정치

페미니즘 안보연구의 기원, 주장 그리고 분석·황영주 | 여성, 평화, 안보의 국제규범 형성과 확산·강윤희 | 국제 여성인권운동과 여성인권의 지역적 실천·허민숙 | 개발협력과 젠더·임은미 | 다문화주의와 여성·문경희 | 국제이주와 여성·이지영 | 베트남과 필리핀의 결혼이주 관련 정책 연구·위선주

20권 국제정치학 방법론의 다원성

이론, 방법 그리고 방법론·이왕휘 | 탈실증주의 국제정치학 인식론의 모색·전재성 | '국제안보연구' 방법론 고찰·박재적 | 외교정책 설명과 방법론·은용수 | 세력 균형에서 협조 체제로·안두환 | 구성주의 국제정치경제·이용욱